Corrupção
Ensaios sobre a Operação Lava Jato

Corrupção
Ensaios sobre a Operação Lava Jato

Kai Ambos
Marcos Zilli
Paulo de Sousa Mendes
Organizadores

Fábio Ramazzini Bechara | Gianpaolo Poggio Smanio
Helena Regina Lobo da Costa | Marcos Paulo Veríssimo
Marcos Zilli | Mário Spinelli | Marta Saad
Paulo Adib Casseb | Tiago Cintra Essado

Marcial Pons
MADRI | BARCELONA | BUENOS AIRES | SÃO PAULO

CEDPAL
GEORG-AUGUST-UNIVERSITÄT GÖTTINGEN

Série CEDPAL – Centro de Estudos de Direito Penal e Processual Penal Latino-americano – vol. 5

Corrupção. Ensaios sobre a Operação Lava Jato
Fábio Ramazzini Bechara | Gianpaolo Poggio Smanio | Helena Regina Lobo da Costa | Marcos Paulo Veríssimo | Marcos Zilli | Mário Spinelli | Marta Saad
Paulo Adib Casseb | Tiago Cintra Essado

Organizadores
Kai Ambos | Marcos Zilli | Paulo de Sousa Mendes

Produção
Ida Gouveia | HBLYZ | Oficina das Letras®

CIP-Brasil. Catalogação na Publicação
Sindicato Nacional dos Editores de Livros, RJ

C85 v.5
Corrupção: ensaios sobre a operação lava jato / Fábio Ramazzini Bechara... [et alii]; Organização: Kai Ambos, Marcos Zilli, Paulo de Sousa Mendes - 1. ed. - São Paulo: Marcial Pons; CEDPAL, 2019.
(CEDPAL - Centro de Estudos de Direito Penal e Processual Penal Latino-americano ; v.5)
Inclui bibliografia
ISBN 9788566722673

1. Corrupção na política - Brasil. 2. Lavagem de dinheiro - Brasil. 3. Petrobras - Corrupção. 1. Bechara, Fabio Ramazzini. II. Ambos, Kai. III. Zilli, Marcos. IV. Mendes, Paulo de Sousa. V. Série.

19-55153
CDD: 364.13230981
CDU: 328.185(81)

Platz der Göttinger Sieben 5, 37073, Göttingen, Alemanha
☎ +49 551-39-7834 www.cedpal.uni-goettingen.de – cedpal@uni-goettingen.de

Av. Brig. Faria Lima, 1461, Torre Sul, 17/8 Jardim Paulistano CEP 01452-002 São Paulo-SP
☎ +55 (11) 3192.3733 www.marcialpons.com.br

Impresso no Brasil

"A corrupção dos governantes quase sempre começa com a corrupção dos seus princípios." – Montesquieu

APRESENTAÇÃO

O Centro de Estudos de Direito Penal e Processual Penal Latino-americano (CEDPAL) é uma entidade autônoma do Instituto de Ciências Criminais da Faculdade de Direito da Universidade Georg-August de Göttingen e parte integrante do Departamento de Direito Penal Estrangeiro e Internacional. Foi fundado pela resolução da Reitoria da Universidade na data de 10 de dezembro de 2013 com base na decisão do Conselho da Faculdade de Direito datada de 6 de novembro de 2013. Seu objetivo é promover a pesquisa em ciências penais, processuais penais e em criminologia na América Latina e fomentar, de diversos modos, o ensino e a capacitação nestas áreas. O Centro é integrado por uma Diretoria, uma Secretaria Executiva e um Conselho Científico, assim como por pesquisadores adscritos e externos (mais informações em: http://www.cedpal.uni-goettingen.de/).

Uma das atividades principais do Centro é o desenvolvimento de projetos de pesquisa. Neste livro apresentamos os resultados de um projeto de pesquisa dedicado à prevenção e punição da corrupção no Brasil com especiais reflexões sobre o *Caso Lava Jato*.

O livro, que é composto por oito artigos, conta com uma introdução da autoria de Marcos Zilli e Fabio Bechara. As versões preliminares dos trabalhos foram discutidas em um seminário organizado e financiado pelo CEDPAL, realizado na cidade de Göttingen, na Alemanha, nos dias 13 e 14 de novembro de 2017. Posteriormente, os autores apresentaram a versão definitiva de seus trabalhos procurando levar em consideração as observações feitas pelos participantes do seminário. Essa versão final foi submetida à análise do CEDPAL e é a que aqui se publica.

Gostaríamos de agradecer neste lugar a todos que tornaram a publicação desta obra e a realização do seminário de discussão possível. Nosso agradecimento, dirige-se, especialmente, aos autores dos trabalhos que compõe o livro: Paulo Adib Casseb (doutor, Prof. FMU, Juiz Tribunal Militar SP), Fábio Ramazzini Bechara (doutor, Prof. UPM, Promotor justiça SP), Gianpaolo Poggio Smanio (doutor, Prof. UPM, Procurador justiça SP), Marcos Zilli (doutor, Prof. FDUSP), Marcos Paulo Veríssimo (doutor, Prof. USP, SP) Marta Saad (doutora, Profa. USP, SP), Tiago Cintra Essado (doutor, Promotor de justiça SP), Helena Regina Lobo da Costa (doutora, Profa. USP, SP), Mário Spinelli (doutor, Prof. UFLA, CPEC/UCM, PUC, RJ).

Queremos agradecer a Marcos Zilli e Paulo de Sousa Mendes por suas colaborações no desenho do projecto de pesquisa, por suas valiosas contribuições à discussão dos trabalhos durante o seminário e por seu posterior trabalho de revisão dos artigos.

Também queremos agradecer a Eneas Romero de Vasconcelos por sua participação no seminário e sua inestimável colaboração na respetiva organização e a Inês Freixo por sua revisão final deste livro.

KAI AMBOS	EZEQUIEL MALARINO
Diretor Geral	*Diretor Acadêmico*
Göttingen	Buenos Aires

Agosto de 2018

SUMÁRIO

ABREVIATURAS

ADIn – Ação Direta de Inconstitucionalidade
ADPF – Arguição de Descumprimento de Preceito Fundamental
AgR – Agravo Regimental
Art. – artigo
BCI – Background Check de Integridade
CADE – Conselho Administrativo de Defesa Econômica
CE – Código Eleitoral
CF – Constituição Federal
CGRP – Central de Gerenciamento de Riscos e Prioridades
CGU – Controladoria-Geral da União
COAF – Conselho de Controle de Atividade Financeira
CP – Código Penal
CPP – Código de Processo Penal
CR – Constituição da República
CVM – Comissão de Valores Imobiliários
DDI – Due Diligence de Integridade
Des. – Desembargador
DGC – Diretoria de Governança e Conformidade
DJ – Diário de Justiça
DJe – Diário de Justiça Eletrônico

DoJ – Departamento de Justiça

FCPA – *Foreign Corrupt Practices Act*

FEFC – Fundo Especial de Financiamento de Campanha

Fls. – folhas

GAFI – Grupo de Atuação Financeira

GAFI/FATF – Grupo de Ação Financeira contra a Lavagem de Dinheiro e o Financiamento do Terrorismo

GAFISUD – Grupo de Ação Financeira da América do Sul contra a Lavagem de Dinheiro e o Financiamento do Terrorismo

GAFILAT – Grupo de Ação Financeira da América Latina

GRI – Grau de Risco de Integridade

HC – Habeas Corpus

Inc. – Inciso

j. – Julgado

MC – Medida Cautelar

Min. – Ministro

MP – Ministério Público

MPF – Ministério Público Federal

P.A. – Procedimento Administrativo

Pet. – Petição

PL – Projeto de Lei

PLD/FT – prevenção e combate à lavagem de dinheiro e ao financiamento do terrorismo

PPPC – Plano Petrobras de Prevenção da Corrupção

RE – Recurso Extraordinário

Rel. – Relator

RG – Repercussão Geral

RHC – recurso em habeas corpus

RIF – Relatório de Inteligência Financeira

SEC – Securities and Exchange Commission

s.a. – Sem Ano

SISCOAF – Sistema de Controle de Atividades Financeiras

STF – Supremo Tribunal Federal

STJ – Superior Tribunal de Justiça

TCE – Tribunal de Contas do Estado

TCM – Tribunal de Contas do Município

TCU – Tribunal de Contas da União

TRF – Tribunal Regional Federal

TSE – Tribunal Superior Eleitoral

UIF – Unidades de Inteligência Financeira

WIN – *Worldwide Independent Network of Market Research*

INTRODUÇÃO

Marcos Zilli e Fábio Ramazzini Bechara

No início de junho de 2005, em entrevista concedida a periódico de circulação nacional,[1] o então deputado federal Roberto Jefferson (PTB), denunciou a existência de esquema de compra de votos de parlamentares que compunham a base aliada do governo do Presidente Luis Inácio Lula da Silva (PT). A referência ao pagamento de mesadas a congressistas no valor de R$ 30.000,00 (trinta mil reais) serviu de inspiração para que o neologismo *Mensalão* se consagrasse na linguagem popular em alusão àquele escândalo de corrupção política.

Dois anos após, o Supremo Tribunal Federal acatou a denúncia, oferecida pelo Procurador Geral da República, contra quarenta pessoas envolvidas naquele esquema. Na *Ação Penal 470* – como assim ficou conhecida –, imputou-se a prática de formação de quadrilha, peculato, lavagem de dinheiro, corrupção ativa, gestão fraudulenta e evasão de divisas, condutas executadas, de forma reiterada e coordenada, por três núcleos distintos da quadrilha.

Segundo a acusação, o núcleo político-partidário, formado por dirigentes do Partido dos Trabalhadores (PT), indicava ao núcleo

1. A entrevista foi concedida ao jornal *Folha de S.Paulo* e publicada no dia 06 de junho de 2005. Disponível em: <http://www1.folha.uol.com.br/folha/brasil/ult96u69403.shtml>. Acesso em 19.01.2018.

empresarial, controlado por Marcos Valério, as necessidades dos aportes financeiros. O empresário, sócio-diretor de agências de publicidade que detinham vários contratos com órgãos públicos, obtinha empréstimos vultosos junto ao Banco Rural e ao BMG, com a ciência e a anuência de seus respectivos diretores os quais integravam o núcleo financeiro. Eram, contudo, empréstimos fraudulentos, pois jamais seriam – como, aliás, não foram – quitados. À época, não foram apuradas as fontes exatas daqueles recursos. Os valores, no entanto, foram destinados ao pagamento de parlamentares, dirigentes partidários da base governamental e publicitários responsáveis pela condução de campanhas eleitorais de diversos políticos.

Independentemente das inúmeras controvérsias jurídicas que o julgamento suscitou – e ainda suscita –, é inquestionável a sua importância no cenário histórico nacional. De um lado, pelo escancaramento de escândalo político que envolveu, como protagonistas, destacadas figuras do principal partido político que formava a colisão que ocupava o governo federal. De outro, pelo ineditismo do processamento e das condenações de agentes públicos, muitos dos quais detentores de competência especial informada pela prerrogativa de função.

Após aquele julgamento, significativas alterações legislativas foram feitas no marco do enfrentamento da corrupção e da criminalidade organizada. Não há suficientes elementos que permitam relacionar o julgamento – e o seu impacto – com as alterações que se seguiram. Até mesmo porque, no meio do caminho postaram-se as manifestações populares de 2013 que, pela dimensão assumida, provocaram grande impacto político. A pauta de reivindicações era fluida, assim como a ausência de uma liderança catalisadora daquele movimento. Reinava, contudo, um sentimento de esgotamento e de aversão ao sistema político tradicional e de suas mazelas. Um sentimento, diga-se de passagem, replicado em várias democracias modernas.

Ainda no ano de 2012, procedeu-se à alteração de dispositivos da Lei de lavagem de ativos (Lei 9.613/1998). A versão original, que fixava um rol taxativo de crimes antecedentes cujos direitos, bens e valores, obtidos ilicitamente, poderiam ser objeto de lavagem, abriu espaço para um modelo sensivelmente mais abrangente o qual passou a admitir, no campo das condutas antecedentes, a prática de qualquer infração penal, incluídas nestas, portanto, as simples contravenções.

Em 2013, em meio à energia irradiada pelas manifestações populares, duas importantes alterações legislativas se destacaram. A primeira, cristalizada pela Lei 12.846, trouxe um novo marco para o enfrentamento do fenômeno corruptivo ao fixar a responsabilidade civil e administrativa objetiva das pessoas jurídicas por atos ilícitos praticados contra a Administração Pública. Dentre as inovações, previu-se a possibilidade de aplicação das sanções diretamente pelos órgãos administrativos. As sanções, por sua vez, são rigorosas. Com efeito, para além da reparação do dano causado, previu-se a imposição de multa, no valor de 0,1% a 20% do faturamento bruto anual. E, para os casos mais graves – a exigirem a intervenção do Judiciário –, previu-se a suspensão das atividades da empresa ou mesmo a sua própria dissolução. As inovações, contudo, não se restringiram aos marcos punitivos. Com efeito, o legislador previu um sistema de benefícios que poderiam ser ajustados por acordos de leniência. Para obtê-los as empresas, além de engajarem-se em programas de *compliance*, deveriam fornecer colaboração efetiva para a identificação de corresponsáveis.

Já no âmbito do combate à criminalidade organizada, a Lei 12.850/2013 trouxe significativos avanços na regulamentação dos mecanismos de investigação. A começar pela delimitação dos elementos definidores da organização criminosa, vácuo normativo que rondava o ordenamento brasileiro desde a primeira iniciativa legislativa sobre a matéria realizada no fim da década de noventa do século passado. A fórmula agora adotada, com clara inspiração nos documentos internacionais relativos ao tema, representou passo crucial em direção à delimitação do espaço de incidência dos meios de obtenção de prova que foram previstos. Quanto a estes, para além dos meios já regulados – interceptação das comunicações telefônicas, telemáticas e quebra de sigilo bancário –, o legislador melhor detalhou os procedimentos da colaboração premiada, da infiltração policial e da ação controlada.

A despeito das iniciativas legislativas, não se enfrentou um dos pontos nevrálgicos do fenômeno corruptivo, o qual fora escancarado pelo *Mensalão*: a reforma do sistema político, incluída aqui a reestruturação do modelo das campanhas eleitorais e o seu financiamento. Os eventos que se seguiram confirmaram essa percepção.

De fato, em março de 2014, várias ações policiais deram azo ao que se convencionou denominar de *Operação Lava Jato.*[2] O uso de uma rede de postos de combustíveis para a lavagem de recursos ilícitos inspirou o nome da operação. As primeiras investigações indicaram que Alberto Youssef, doleiro, mantinha negócios escusos com Paulo Roberto Costa, ex-diretor da Petrobras. Preso cautelarmente, Costa firmou, meses após, acordo de colaboração premiada. Os seus relatos e informações abriram um imenso flanco de investigação de diversos desvios de recursos da empresa petrolífera ocorridos na última década.

A *Operação*, que já se antevia como emblemática, assumiu proporções gigantescas. Em quatro anos, foram realizadas 47 operações policiais, contabilizando-se um total de 881 mandados de busca e apreensão expedidos e 101 mandados de prisão preventiva. Além disso, foram apresentados 340 pedidos de cooperação internacional e celebrados 163 acordos de colaboração premiada e 11 de leniência. 72 acusações criminais foram ajuizadas. 113 pessoas foram condenadas, dentre as quais um ex-Presidente da República.[3] São números que impressionam seja qual for a perspectiva que se tome em consideração.

Os procedimentos investigatórios, as acusações e os julgamentos proferidos identificam um quadro complexo e estruturado de desvio de recursos públicos em diversos contratos celebrados entre a Petrobras e empresas prestadoras de serviço, especialmente, as grandes empreiteiras.

Conforme apurado, as empreiteiras atuavam em esquema de cartel nas licitações públicas. Os valores e os vencedores eram estipu-

2. Em realidade, as origens mais antigas da *Operação* remontam ao ano de 2009, quando da investigação de crimes de lavagem de recursos praticados pelo então deputado federal José Janene. As investigações revelaram que além daquele parlamentar estavam envolvidos dois doleiros, sendo um deles Alberto Youssef, o qual, por sua vez, já tinha sido investigado anteriormente pelo Ministério Público Federal no caso que ficou conhecido pelo *Caso Banestado*.

3. Conforme dados fornecidos pelo Ministério Público Federal. Ver: <http://www.mpf.mp.br/para-o-cidadao/caso-lava jato/atuacao-na-1a-instancia/parana/resultado>. Acesso em 19.01.2018.

lados em reuniões secretas com o conhecimento de altos executivos da petrolífera. Os valores superfaturados permitiam o pagamento de propina em montante variável de 1% a 20%. A indicação de funcionários para ocuparem altos postos da empresa atendia a critérios políticos, assegurando-se, assim, a continuidade do esquema criminoso e a manutenção da conjugação de forças políticas que sustentavam o governo. Os valores superfaturados dos contratos enriqueciam uma oligarquia empresarial que, em retribuição, fazia doações – contabilizadas ou não – às campanhas eleitorais. Para tanto, operadores financeiros, indicados pelas direções partidárias, garantiam a entrega dos valores mediante complexas operações de lavagem de ativos. Cálculos, fundados nas acusações ajuizadas, revelam o pagamento de R$ 6.4 bilhões de reais em propinas.[4]

A *Operação*, iniciada perante a Justiça Federal de Curitiba, ampliou os seus horizontes à medida que novos fatos foram revelados e identificados novos responsáveis. Perante o Supremo Tribunal Federal, há 193 inquéritos instaurados por força do suposto envolvimento de agentes públicos para os quais assiste a regra especial de competência pela prerrogativa de função. Ali foram oferecidas 36 denúncias contra 100 acusados. Até o momento, foram celebrados, perante o STF, 121 acordos de colaboração premiada.[5]

Há, igualmente, desdobramentos que tocam a Justiça Federal do Rio de Janeiro, mas que não envolvem os desvios de recursos da Petrobras. De fato, as questões ali tomaram por base as denúncias, levantadas ainda no âmbito das investigações da *Operação Lava Jato*, acerca de irregularidades em contratos da construção da usina nuclear Angra 3. Com o aprofundamento das investigações, apurou-se a existência de organização criminosa sob o comando de ex-governador daquele Estado.

Em São Paulo, uma força tarefa foi instalada a fim de apurar os fatos revelados nos acordos de colaboração premiada, firmados por executivos da empresa Odebrecht e homologados pelo STF, sobre os quais não incidiam as regras de competência por prerrogativa de foro.

4. Em valores atuais, cerca de dois bilhões de dólares.

5. Conforme dados fornecidos pelo Ministério Público Federal. Ver: <http://www.mpf.mp.br/para-o-cidadao/caso-lava jato/atuacao-no-stj-e-no-stf/resultados-stf/a-lava jato-em-numeros-stf>. Acesso em 19.01.2018.

Em sua grande maioria, os fatos envolvem o pagamento de vantagens não contabilizadas em diferentes campanhas eleitorais.

A *Operação Lava Jato* é alvo de intensos e acalorados debates. Há, claramente, uma disputa por narrativas políticas que almejam a consagração histórica. Nesse ambiente, as análises tornam-se maniqueístas, porquanto contaminadas pelo debate político, comprometendo, por óbvio, as conclusões.

A obra que ora se apresenta não se coloca nesse caminho.

A análise que se faz é jurídica. E aqui não faltam pontos controversos. Afinal, a *Operação* pôs em prática, em quantidade avassaladora, diversos mecanismos de investigação e de persecução que tinham sido introduzidos na legislação brasileira em recente data. Não havia, portanto, amadurecimento sobre muitos temas. Os acontecimentos atropelaram tudo e a todos.

Análises são especialmente difíceis quando o objeto examinado ainda se encontra em movimento e em transformação. É, portanto, prematuro fincar posições acerca do legado da *Operação* sobre o processo penal brasileiro. Somente com o distanciamento histórico dos fatos é que será possível obter um quadro menos nebuloso e menos emotivo. De qualquer modo, a quantidade de dados e elementos produzidos até o momento é substancial, permitindo o desenvolvimento de estudos e a construção de algumas conclusões sem qualquer pretensão de que estas sejam definitivas.

Tais premissas orientaram a escolha dos temas objeto da pesquisa que ora vem a público.

Desde logo percebeu-se a necessidade de um corte transversal que ampliasse os horizontes estritos do direito penal e do direito processual penal, tendo em vista a revelação pela *Operação*, a partir da complexidade das questões que tocam o fenômeno da corrupção, uma dimensão interdisciplinar. Por outro lado, alguns cortes empíricos foram impostos sem os quais o resultado da pesquisa estaria comprometido. Com efeito, os estudos tomaram por base os procedimentos e processos em curso perante a 13ª Vara Federal de Curitiba e perante o STF. Isso porque o núcleo rígido da *Operação* é dado pelas ações criminosas cometidas em prejuízo da Petrobras.

Definidos os temas e os seus respectivos pesquisadores deu-se início ao trabalho de imersão e discussão, sendo que as primeiras conclusões foram apresentadas – e intensamente debatidas – em novembro de 2017, por ocasião de seminário realizado nas dependências da Universidade de Göttingen, sob os auspícios do Centro de Estudos de Direito Penal e Processual Penal Latino-americano dirigido pelo Prof. Kai Ambos. As ricas discussões ali travadas reforçaram o acerto da perspectiva interdisciplinar. Foram ainda mais enriquecidas com o envolvimento ativo e percuciente do Prof. Paulo de Sousa Mendes e do Dr. Eneas Romero. A partir daqueles debates seguiu-se novo período de imersão.

A obra é, portanto, produto de imenso esforço coletivo e de lenta decantação intelectual.

Como se disse, um dos vácuos deixados pelo *Caso Mensalão* foi a reforma política. O sistema político partidário brasileiro há muito demonstrava sinais de esgotamento. A questão veio novamente à luz dos holofotes com a *Operação Lava Jato*. De fato, muitos dos valores ilicitamente auferidos nos contratos públicos celebrados com a Petrobras destinaram-se ao financiamento de campanhas eleitorais de partidos e de candidatos comprometidos com a manutenção dos benefícios da oligarquia empresarial. Nesse sentido, o financiamento das campanhas eleitorais constituiu o tema central enfrentado por Casseb.

A falta de consenso político em torno do tema por parte daqueles que seriam os naturais atores do jogo levou o STF a exercer um discutível protagonismo no cenário brasileiro. As críticas não se colocam apenas quanto à forma, mas também quanto ao conteúdo da inconstitucionalidade do financiamento eleitoral privado afirmada por aquela Corte. Não há ainda dados suficientes que possam sustentar o acerto daquela decisão a não ser a experiência das eleições municipais em 2016. E, de fato, a dinâmica daquele pleito foi sensivelmente diversa das campanhas anteriores, o que talvez possa ser creditado ao esvaziamento dos recursos. A decisão do STF acabou impulsionando o legislador em direção à regulamentação do financiamento público de campanhas eleitorais. Lamentavelmente, tal deliberação deu-se à margem de um debate mais aprofundado com a sociedade. Ao enfrentá-lo Casseb faz uma análise dos diferentes modelos de financiamento de campanhas eleitorais para, ao final, examinar, criticamente, a própria decisão do Supremo.

A *Operação Lava Jato* suscita inúmeras questões penais e processuais que, certamente, demandarão estudos e análises por muito tempo. Dentre essas chama especial atenção a atividade de inteligência financeira e o valor probatório das informações colhidas no processo penal. O relatório elaborado pelo Conselho de Controle de Atividade Financeira (COAF) escancarou um sistema fraudulento que rondava o posto de combustível que, ao final, batizou a própria *Operação*. As informações revelaram o funcionamento de uma empresa de fachada que tinha por alvo operações ilícitas com moedas estrangeiras em benefício de traficantes e agentes públicos corruptos.

A atividade de inteligência financeira é instrumento de especial eficácia para o monitoramento de atividades ilícitas que guardam na mobilidade e na transnacionalidade características genéticas. Os estudos sobre a temática são, contudo, escassos. Nesse ponto, Bechara e Smanio chamam atenção para a valoração probatória das informações oriundas daquela atividade. Afinal, muitas das decisões proferidas no contexto daquela *Operação*– seja no exame das medidas cautelares, seja no julgamento do mérito das imputações –, se socorreram daqueles dados como suporte fundamentador. Assim, o trabalho busca enfrentar duas questões: qual a natureza jurídica da prova obtida com a atividade de inteligência financeira? Qual é a sua eficácia probatória?

Ainda sobre as questões processuais, Zilli apresenta um exame sobre o acordo de colaboração premiada, cuja recorrente utilização na *Operação Lava Jato* proporcionou as dimensões antes inimagináveis. No entanto, os acordos de colaboração negociados despertam inúmeras inquietações sobre os rumos da persecução penal. Muito embora a Justiça negociada não constitua uma novidade na realidade brasileira, não é ela traço genético de nossa cultura processual, a qual foi construída sobre os pilares da obrigatoriedade da ação penal, do protagonismo judicial e da limitação dos poderes e do campo de disponibilidade das partes sobre o processo. As alterações de rumo são naturais, especialmente em tempos de intercâmbio entre sistemas jurídicos. Mas, mesmo em modelos acostumados com o ambiente da negociação processual, como aqueles vinculados à matriz adversarial, a barganha em torno de elementos de prova sempre foi recebida – e tratada – com cautela.

As centenas de acordos celebrados suscitam dúvidas sobre o campo da excepcionalidade a que foram reservados. Há que se aprimorar os mecanismos que permitam uma análise acurada da voluntariedade que cerca o ato de disposição do exercício do direito ao silêncio e da garantia da não autoincriminação. O conteúdo das cláusulas é outro ponto tormentoso. Os parâmetros fixados em lei têm sido operados como se fossem meramente exemplificativos. Tal exegese, se factível fosse, tornaria a indicação legal desnecessária. Não há, igualmente, um posicionamento claro e definido quanto ao papel reservado ao juiz no controle homologatório do acordo. A valoração da prova é outro ponto cercado de dúvidas que não foram respondidas pelo legislador, a despeito da tentativa de submetê-las ao regime de controle dado pela incorporação de restrições dadas pelo sistema das provas legais negativas.

O tema da colaboração na *Operação Lava Jato* não se resumiu aos acordos de colaboração premiada no âmbito das investigações criminais, mas também se materializou por meio dos acordos de leniência tanto no âmbito do combate a cartéis como nos casos de corrupção. Veríssimo procura demonstrar que faltam, no caso do combate à corrupção, incentivos suficientes à procura do programa por empresas que ainda não estejam na iminência de ser condenadas pelas autoridades. Isso se dá em larga medida pela inexistência de certos elementos institucionais que estão presentes nos programas de leniência antitruste e que foram, paulatinamente, introduzidos à luz da experiência prática e com base na teoria dos comportamentos estratégicos.

A ampla defesa mereceu um estudo próprio. Afinal, há vários aspectos que circundam aquela garantia e que foram tocados pela *Operação* em suas diferentes fases e em seus vários processos. No exame do problema, Saad deu especial atenção para o direito à informação. A informação, como se sabe, é pressuposto para o exercício de uma reação defensiva minimamente eficaz. A sua importância não passou despercebida dos documentos internacionais de proteção dos direitos humanos que o consagram de forma eloquente. No caso da *Lava Jato*, contudo, não foram poucas as situações conflituosas.

De fato, muito embora a cisão da *Operação* em várias fases tenha conferido racionalidade e eficiência à investigação, dificuldades adicionais foram suportadas pela defesa. Não foram raras as situações em que os elementos informativos sustentadores de uma denúncia se encontravam em autos diversos dos quais a defesa do acusado não tinha acesso por conta do sigilo imposto. Este problema, note-se, também se estendeu para os acordos de colaboração premiada. Para o colaborador, o conhecimento pleno das provas até então obtidas é crucial para que uma decisão sobre as vantagens e desvantagens do acordo seja adequadamente tomada. Para o delatado, o levantamento do sigilo após o oferecimento da denúncia dificulta a preparação de uma defesa que possa se opor, eficazmente, à acusação.

No campo processual, ainda, é possível reconhecer os desafios relativos à recuperação dos valores econômicos desviados e ilicitamente apropriados. Coube a Essado uma análise sobre a medida de sequestro de bens, direitos e valores no âmbito da *Operação*. O foco do estudo envolveu a fundamentação das medidas constritivas e o atendimento dos requisitos exigidos sob a perspectiva da eficiência e do garantismo.

No campo penal, a delimitação do conceito de autor é certamente uma das questões mais intrigantes, considerando tratar-se de responsabilidade penal de dirigentes de grandes empresas, partidos políticos ou mesmo estruturas hierarquizadas dentro do próprio Estado e que foram acusados por condutas omissivas ou por coautoria ou participação. Nesse sentido, Lobo reflete sobre a aplicação da teoria do domínio do fato. O estudo parte do *Caso do Mensalão* – onde a corrente teórica foi citada – para, em seguida, examinar as sentenças proferidas no contexto da *Operação Lava Jato*. Aqui, a Autora chama a atenção para a ausência de referências à teoria do domínio do fato. Por fim, destaca a importância de se buscar delimitar os critérios definidores da autoria e da participação em casos especialmente complexos como o que foi aqui estudado.

A perspectiva multidisciplinar da obra é reforçada com o trabalho desenvolvido por Spinelli. O Autor reconheceu uma tendência mundial de se promover a estruturação de sistemas de integridade em empresas públicas ou privadas, com vista a prevenir e combater a corrupção e, como consequência, reduzir o efeito de eventuais sanções e preservar a reputação dessas organizações e de seus dirigentes. O enfoque foi direcionado às ações realizadas pela estatal brasileira Petrobras para aperfeiçoar o seu sistema de integridade após a deflagração da *Operação Lava Jato*. Destacou, assim, as várias iniciativas no aprimoramento do sistema de integridade as quais enfocaram múltiplas dimensões. Segundo o Autor, as medidas incluíram as ações relacionadas ao comportamento individual dos agentes, aos aspectos da cultura organizacional e, ainda, ao fortalecimento institucional. Todas, note-se, estão alinhadas com as mais diversas correntes da literatura que se propôs a estudar a corrupção e as suas causas.

Conforme explanado, a obra não teve qualquer pretensão de esgotar o estudo do fenômeno corruptivo, o qual, como se sabe, apresenta múltiplos fatores. O foco foi mais fechado. E, mesmo assim, não seria possível destacar os inúmeros aspectos controversos que gravitam em torno da *Operação Lava Jato*. O que aqui se apresenta ao público leitor é uma análise, multidisciplinar, não exauriente e não definitiva do quadro até o momento desenhado por aquela *Operação*. Não se trata, portanto, de um ponto final, mas sim de um ponto de partida para novos enfoques sobre fenômeno que é recorrente no mundo contemporâneo e persistente em várias sociedades. Há, no entanto, um consenso. O problema da corrupção exige um enfrentamento interdisciplinar e menos fragmentado. Há que se superar a visão monocular calcada, exclusivamente, na dimensão punitiva. Os diálogos devem se estabelecer não só entre os diferentes ramos do Direito, mas também entre outras áreas do conhecimento.

Afinal, não há respostas simples para problemas complexos. Esperamos que a leitura reflita essa provocação e contribua para o processo contínuo de aperfeiçoamento da ciência, da legislação e das instituições.

São Paulo, junho de 2018.

1

OPERAÇÃO LAVA JATO E O FINANCIAMENTO DE CAMPANHAS ELEITORAIS

PAULO ADIB CASSEB[1]

RESUMO: Este texto estuda os modelos de financiamento político, relatando a discussão doutrinária sobre os aspectos positivos e negativos dos sistemas público e privado, expondo o funcionamento do financiamento público da política no Brasil e examina as consequências da *Operação Lava Jato* nessa matéria, inclusive da decisão da Suprema Corte brasileira que declarou a inconstitucionalidade da previsão legal que autorizava doações eleitorais por parte de pessoas jurídicas.

1. Doutor e Mestre em Direito pela Faculdade de Direito da USP. Professor Titular de Direito Constitucional da Faculdade de Direito da FMU. Professor de Direito Constitucional da Faculdade de Direito do Instituto de Direito Público de São Paulo – IDP. Juiz do Tribunal de Justiça Militar do Estado de São Paulo, no qual ocupou os cargos de Corregedor-Geral da Justiça Militar (2012/2013) e Presidente do Tribunal (2014/2015).

PALAVRAS-CHAVE: campanhas eleitorais; doações eleitorais; financiamento político; financiamento privado, financiamento público; partidos políticos.

SUMÁRIO: 1. Introdução; 2. O financiamento político e seus modelos; 3. Panorama atual do financiamento público de campanhas e dos partidos no Brasil; 4. Financiamento público das campanhas e dos partidos – aspectos favoráveis; 5. Financiamento privado das campanhas e dos partidos – aspectos favoráveis; 6. *Lava Jato* e as doações às campanhas eleitorais; – 7. A declaração de inconstitucionalidade, pelo STF, da permissão legal de doações eleitorais por parte de pessoas jurídicas; 8. Considerações finais.

1. Introdução

A análise jurídica dos contundentes de corrupção no setor público do Brasil, mais especificamente daqueles que desencadearam a famosa *Operação Lava Jato*, conduzida pela Polícia Federal e Ministério Público Federal brasileiros, comporta vários ângulos e exame interdisciplinar. Por esse motivo, o presente trabalho centrará sua atenção ao aspecto do financiamento dos partidos e das campanhas, inserindo o estudo nas órbitas do direito constitucional e do direito eleitoral.

A fim de alcançar o episódio da *Operação Lava Jato*, este trabalho partirá do exame dos modelos de financiamento político, para que se tenha um panorama geral daquilo que há nos estados democráticos em termos de custeio dos partidos e das campanhas.

O ponto subsequente envolve o estudo do sistema brasileiro de financiamento público da política, haja vista que mesmo antes da reforma eleitoral de 2017 já havia no Brasil considerável aporte de verbas públicas para os partidos políticos, em razão do fundo partidário e do tempo gratuito reservado na televisão e no rádio para propaganda partidária e de campanhas. A esses mecanismos de financiamento público, nova legislação acrescentou o fundo especial de financiamento de campanha. Fundo público, obviamente, o que já tem gerado sérios questionamentos na doutrina especializada.

Na sequência, enfrenta-se a discussão que persiste, ou até se intensifica, após a criação do fundo especial de campanha, sobre os aspectos favoráveis e, evidentemente, desfavoráveis, dos financiamentos público e privado da política, para então chegar aos acontecimentos relacionados à *Operação Lava Jato* que expuseram à sociedade estarrecida a utilização do mecanismo das doações para campanhas como forma de ocultação de espúrios acordos de contraprestação de interesses privados de agentes políticos e de grandes empresários.

Outro ponto abordado será a consequência da repercussão das doações ilícitas para campanhas no âmbito do funcionamento dos Poderes Públicos, mais precisamente, compelindo as instituições a agirem na tentativa de sanearem o processo político, o que levou o Supremo Tribunal Federal a declarar a inconstitucionalidade da previsão legal autorizativa de doações de pessoas jurídicas privadas para campanhas eleitorais.

O presente trabalho ressalta o impacto causado na sociedade brasileira pela divulgação de todo o robusto conjunto de práticas criminosas apuradas pela *Operação Lava Jato*, considerando que esse clima de indignação conduziu a Suprema Corte a afastar a possibilidade de doações eleitorais por parte de empresas privadas.

O tema ora debatido toca em feridas, revela as dificuldades para evitar confusão entre o combate à corrupção eleitoral e a verdadeira eficiência dos sistemas existentes de financiamento da política. Tema que ganha ainda maior relevância em um momento histórico em que, por vezes, chega-se ao ponto de se tolerar a corrupção se agentes corruptos adotaram medidas interpretadas como favoráveis ao bem-estar social. Apenas a título ilustrativo, não é demais citar enquete realizada em Portugal, ainda que em 2006, mencionada por Ary Ferreira da Cunha,[2] segundo a qual "no inquérito Corrupção e Ética em Democracia: O Caso de Portugal, realizado em 2006, verificou-se que 63,6% dos portugueses toleram a corrupção desde que essa produza efeitos benéficos para a população em geral".

É patente a complexidade da discussão da corrupção no âmbito do financiamento de campanhas eleitorais, esfera que une a atuação

2. Cunha: *Combate à corrupção,* 71.

de atores dos segmentos público e privado no desenrolar da democracia partidária.

2. O financiamento político e seus modelos

Os sistemas de financiamento político, que abrangem o custeio das campanhas eleitorais e dos partidos políticos, podem ser público e privado. Dificilmente apenas público ou apenas privado. Modelos mistos prevalecem, inegavelmente. Na verdade, embora seja possível e até fora defendido no Brasil, dificilmente vinga modelo de financiamento puro, isto é, exclusivamente privado ou público.

O financiamento privado divide-se em duas principais modalidades: a) os recolhimentos dos filiados; b) doações emanadas de não filiados, compreendendo pessoas físicas e pessoas jurídicas, conforme o modelo de cada país.

Por sua vez, o financiamento público pode ser direto e indireto. O direto se faz mediante direcionamento de dinheiro público, como ocorre com as verbas do orçamento público no Brasil remetidas ao fundo partidário. O custeio indireto decorre de concessão de bens ou serviços gratuitos ou subsidiados, tal como o horário reservado nas emissoras de televisão e rádio para propagandas partidária e eleitoral.

Um dos dilemas da implementação do financiamento público é a decisão política que deve emergir da normatização desse custeio, em relação ao alcance do acesso a esses fundos públicos pelos partidos. Em síntese, o dilema da destinação de verbas públicas a todos ou a apenas alguns partidos.

Se por um lado pode parecer justo que todos os partidos tenham acesso aos fundos públicos, de outro isso geraria o risco de criação de partidos oportunistas, tão somente para usufruírem dos recursos públicos. É o que destaca Magnus Ohman,[3] para quem é notório o desperdício de dinheiro público com partidos que não possuem apoio do eleitorado. Muitas vezes se estabelece um limiar de apoio do eleitorado para o partido ter acesso aos fundos públicos, normalmente determinado com base na quantidade de votos nas eleições ou na de cadeiras obtidas.

3. Ohman: *Introdução*, 50-51.

A fixação de um limiar extremamente alto (por exemplo, com 10% dos votos), conforme análise de Ohman, pode gerar significativa dificuldade para a consolidação de novas forças políticas. E mais, o modelo de critério definido para a elegibilidade depende também do "*timing da divisão*".[4] Examinando o panorama mundial, constata-se que 21% dos países com financiamento público direto adotam um limiar para todo esse financiamento com fulcro nos votos recebidos (3,5%, em média). Por outro lado, 18% restringem o financiamento aos partidos que possuam representação no parlamento e 15% promovem uma combinação desses dois critérios. Exigências mais simples são implementadas em 14% dos países, nos quais, no máximo requer-se a existência do registro do partido e que a agremiação participe de eleições, enquanto que os demais países adotam combinações diversas de critérios de elegibilidade e ainda com critérios diversificados para cada parte do financiamento. Segue o Autor comentando que, quanto aos critérios de alocação, embora enquanto se analisa rasamente a questão possa parecer mais democrático o modelo que contempla, com igualdade de apoio, todos os partidos elegíveis, ou os candidatos, na verdade é preciso observar que conferir o mesmo grau de suporte a partidos com apoio ínfimo de eleitores e a outros expressivamente votados, implicaria total desprezo à opinião do eleitorado, significando, de forma patente, desperdício de dinheiro do contribuinte. Havendo muitos partidos elegíveis, seria necessária a distribuição de considerável montante, para que essa verba fizesse "*alguma diferença para a política partidária*".[5] Destaca, igualmente, o risco de fragmentação dos partidos políticos, haja vista que cisões de partidos poderiam gerar fundos públicos adicionais, enquanto, por outro lado, fusões poderiam implicar recebimento de menos fundos. Em certos casos, "os regimes têm usado essa abordagem para fragmentar a oposição".[6]

Diante dessas ponderações, Ohman pontua que, no cenário mundial, é mais frequente a opção pelo modelo que confere a totalidade ou parte dos fundos na proporção do apoio eleitoral recebido pelos partidos, geralmente com base em sua quota de votos ou cadeiras

4. Ohman: *Introdução*, 50-51.
5. Ohman: *Introdução*, 50-51.
6. Ohman: *Introdução,* 51-52.

obtidas. Contudo, a grande desvantagem da distribuição proporcional dos fundos é o fato de que a maior parte dos valores acaba por ser destinados ao partido do governo que, indiscutivelmente, é o que menos precisa.

Além do financiamento público direto, afigura-se considerável o custeio público indireto que, na maioria dos países materializa-se mediante acesso gratuito ou subsidiado aos meios de comunicação, tanto para as campanhas eleitorais quanto para a divulgação periódica dos programas partidários, em razão da distinção entre propaganda eleitoral e propaganda partidária.

Há também financiamento público indireto sob a forma de isenção fiscal para partidos e candidatos, bem como para os doadores, pessoas físicas ou jurídicas. Magnus Ohman[7] enfatiza que uma das vantagens do sistema de financiamento público indireto em relação ao direto é a maior facilidade de controle estatal, mas, em contrapartida, pode não ser tão útil ao desenvolvimento das atividades políticas dos partidos e candidatos, uma vez que o financiamento indireto é de direcionamento restrito, enquanto que o direto permite ao destinatário dos fundos públicos empregar os recursos naquilo que considerar mais importante para a atuação política do partido ou candidato.

Globalmente, o financiamento da política é fonte de ações corruptas, como anota Juan Pablo Pío Guarnieri,[8] de tal modo que a tendência mundial, nessa esfera, parece ser o endurecimento das sanções e o correspondente fortalecimento dos órgãos responsáveis por sua aplicação. Esclarece que em alguns países chegou-se a estabelecer uma tipificação penal específica para as práticas corruptivas relacionadas ao financiamento partidário e de campanhas, colocando o financiamento ilegal como um tipo penal autônomo. Destacou também outras posturas de combate à corrupção advinda do financiamento, como a previsão de inelegibilidades, anulação ou perda do mandato e privação de liberdade.

Guarnieri acrescenta que, além da clássica divisão dos sistemas de financiamento político em público e privado, há também a que distingue os modelos em *ingressos*, *gastos* e *transparência*. Os

7. Ohman: *Introdução,* 52.
8. Guarnieri: *Financiación,* 13 e 15.

ingressos podem ser público (direto e indireto) e privado (captado dos filiados ou externo, de pessoas físicas e jurídicas). Quanto aos gastos, podem-se fixar limites de valores e de itens, sem contar que a previsão de limites de gastos repercute nos ingressos, haja vista que a impossibilidade de gastar além do autorizado torna desnecessária a busca por financiamento excessivo. "Se não se pode gastar, não há porque aumentar a arrecadação",[9] como observa Juan Pablo Guarnieri, segundo o qual, nas hipóteses em que se restringe ao grau máximo o gasto global despontam duas complicações evidentes: a) a fixação do valor pode beneficiar o partido que detém o poder, o qual possui o controle do aparato estatal, manejado para sua participação no pleito eleitoral; b) auditoria das despesas. Constitui uma restrição contundente de gastos, embora confira autonomia aos atores políticos em relação aos interesses privados. Igualmente, em certos cenários, prejudica principalmente os partidos "desafiantes do que os titulares do governo".[10] Em geral o controle é mais simples no momento em que se atém a itens pontuais e não a valores globais. A título ilustrativo, vale lembrar que uma forma indireta de se limitar despesas com publicidade é a delimitação do tempo de campanha.[11]

Em relação à transparência, Juan Pablo Guarnieri considera factível a criação de auditorias dos ingressos e dos gastos partidários, mas admite as dificuldades na normatização do tema, principalmente na busca por uma disciplina equilibrada, afinal uma regulação desmedida poderá incentivar práticas ilegais no que diz respeito à origem e valor dos aportes privados.[12]

Não é de hoje que se discute, na doutrina jurídica e nos parlamentos de todo o mundo, qual seria o melhor modelo de financiamento político, especialmente diante dos problemas de ambos os sistemas, público e privado de custeio. O que se infere é que o pêndulo das discussões, ora inclinando mais para o público, ora para o privado, decorre dos acontecimentos políticos de cada momento histórico nos Estados democráticos, tal como ocorre atualmente nos países afetados pela *Operação Lava Jato*.

9. Guarnieri: *Financiación,* 26 e 27.
10. Guarnieri: *Financiación,* 26 e 27.
11. Guarnieri: *Financiación,* 26 e 27.
12. Guarnieri: *Financiación,* 27.

3. Panorama atual do financiamento público de campanhas e dos partidos no Brasil

Debate antigo nas universidades e nos parlamentos, a utilidade e a imprescindibilidade dos partidos políticos no processo eleitoral são questões que reaparecem nos campos de discussão política com mais vigor em períodos de escândalos políticos, como os descortinados pela *Operação Lava Jato*, despertando ou reavivando propostas que afastam a essencialidade dos partidos, como a ideia das candidaturas avulsas, independentes, sem filiação partidária.

No Brasil, por enquanto, perdura o modelo de filiação partidária obrigatória como condição de elegibilidade (art. 14, § 3.º, da Constituição da República). Manoel Gonçalves Ferreira Filho explica que a democracia partidária tem no partido político seu sustentáculo, contudo é o partido político "depurado de seus vícios", a começar pela adoção de verdadeira estrutura democrática, com seus dirigentes escolhidos pelas bases, bem como "limpo de corrupção, com fontes puras de financiamento" e com atuação permanente – não apenas nos períodos eleitorais – colaborando, autenticamente, para a formação política dos cidadãos, nutrindo ideais democráticos, respeitando os outros partidos, reverenciando os direitos fundamentais e almejando o poder mediante instrumentos tipicamente democráticos, quais sejam, o convencimento e o voto, nunca a força, o que só se concretiza em cenários de partidos políticos pasteurizados.[13]

Um dos ingredientes que dificulta a existência de partidos pasteurizados repousa na questão do financiamento partidário, problema este agravado na época da sociedade da informação, na qual a atuação dos partidos é conduzida pelos meios de comunicação, entre os quais se destaca há muito tempo a televisão e, mais recentemente, a *internet* e redes sociais.

A televisão provocou o aparecimento de um modelo partidário caracterizado pela redução da importância dos filiados e dos militantes de base, pois estes deixaram de constituir a alavanca das campanhas, sendo que os meios de comunicação assumiram esse papel, gerando a profissionalização das campanhas, conforme sublinha Eduardo

13. Ferreira Filho: *Sete vezes,* 48.

Saffirio Suárez.[14] Esse fenômeno encareceu a atividade política, acarretando perigosos desdobramentos uma vez que a fonte de custeio não mais repousa na cotização individual e emana, principalmente, dos grupos de interesse.

O aspecto do financiamento partidário ganhou maior importância a partir da carestia das campanhas, que, como sublinhou Eduardo Suárez, muito se deve à "*videopolítica*". Esse contexto ampliou a defesa do sistema de financiamento público dos partidos e das campanhas.

Não se encontra modelo puro de financiamento, somente público ou apenas privado. O Brasil segue essa mesma linha, de financiamento misto, cuja legislação ainda mantém o modelo privado de financiamento, embora acolha os fundos partidários e de campanha, além da disponibilidade de horário reservado no rádio e na televisão para os partidos e para as campanhas eleitorais.

O fundo partidário, oficialmente denominado Fundo Especial de Assistência Financeira aos Partidos Políticos, encontra-se disciplinado pela Lei n. 9.906/1995, cujo art. 38 preceitua sua constituição, da seguinte maneira: integram, o fundo, as multas e sanções pecuniárias impostas com base no Código Eleitoral (CE) e leis conexas, os recursos financeiros a ele destinados por lei (de modo permanente ou eventual), doações de pessoas físicas ou jurídicas mediante depósitos bancários na conta do Fundo e dotações orçamentárias da União.[15]

O aporte de verba pública no fundo partidário não pode ser considerado insignificante, como se depreende dos dados de 2016, ano em que se destinou aos partidos o valor de R$ 737.890.048,00 de duodécimos do orçamento público e o montante de R$ 81.241.412,00 de multas, de acordo com as informações do Tribunal Superior Eleitoral – TSE.[16]

14. Saffirio Suárez: *Impactos dela vídeo política*, 32 (tradução minha).
15. Em montante nunca inferior, anualmente, ao número de eleitores inscritos em 31 de dezembro do ano anterior ao da proposta orçamentária, multiplicados por trinta e cinco centavos de real. Sobre a gestão partidária dessas verbas públicas, v. Pinto: *Direito eleitoral*, 291; Niess; Souza; Kahhn: *Direito eleitoral*, 215s e Velloso; Agra: *Elementos*, 123-130.
16. Tribunal Superior Eleitoral: *Fundo partidário*.

A disponibilidade de horário nas emissoras de TV e rádio, para veiculação de campanhas eleitorais e divulgação partidária, também revela-se substancial. Há gratuidade para candidatos e partidos, mas não para a sociedade, afinal a legislação pátria (Lei n. 9.096/1995, Lei n. 9.504/1997 e Decreto n. 5.331/2005) contempla compensação fiscal para as emissoras de TV e rádio, o que implica considerável perda de receita da União.

A renúncia fiscal compensa as empresas atuantes com comunicação social pelas perdas que teriam ao deixarem de veicular a publicidade de anunciantes. Desse modo, a legislação autoriza a dedução do imposto de renda, 80% daquilo que as emissoras receberiam na hipótese de comercialização do horário reservado à política.

Notícia publicada no *site* "Contas Abertas",[17] em 2010 (ano eleitoral), revela que a Receita Federal estimava que as emissoras deixariam de pagar o montante de R$ 851,1 milhões em impostos, acrescentando que:

> "(...) nos últimos oito anos, incluindo 2009, o ônus aos cofres públicos devido à isenção fiscal concedida as empresas de comunicação chega a R$ 2,8 bilhões, já descontada a inflação acumulada no período. Este ano, a modalidade de gasto tributário 'horário eleitoral' está na 30ª posição no ranking de perdas de arrecadação, atrás do Simples Nacional e do Programa Nacional de Apoio à Cultura. Apesar de corresponder a apenas 0,7% do total de benefícios tributários da Receita previstos para este ano, a isenção concedida às empresas de rádio e televisão superam os benefícios tributários com o Programa Universidade para Todos (Prouni), por exemplo, estimado em R$ 502,8 milhões."

Malgrado o panorama exposto de financiamento público das campanhas e de propaganda partidária, que já implicava vultoso custo aos cofres públicos, a pretexto de se evitar os problemas decorrentes do custeio privado, evidenciados por ocasião da *Operação Lava Jato* e em razão da vedação de doações por parte de pessoas jurídicas privadas, conforme será analisado em tópico próprio, o Congresso Nacional aprovou, no final de 2017, o incremento do financiamento público da política, agora com valores ainda mais expressivos.

17. <http://contasabertas.uol.com.br/WebSite/Noticias>. Acesso em 09.11.2011.

A emenda à Constituição n. 97, de 4 de outubro de 2017, alterou a Constituição brasileira ao vedar coligações partidárias nas eleições proporcionais e também estabelecendo normas sobre o acesso dos partidos ao fundo partidário e ao tempo de propaganda gratuito no rádio e na televisão. A partir do ano de 2030, apenas terão direito a recursos do fundo partidário e a tempo gratuito em televisão e rádio os partidos que preencherem, alternativamente, um dos seguintes requisitos previstos na emenda, ou seja, a obtenção, nas eleições para a Câmara dos Deputados, de ao menos 3% dos votos válidos (distribuídos em um terço dos Estados-membros da Federação, com um mínimo de votos em cada um deles), ou então se conseguir eleger no mínimo quinze deputados federais (distribuídos em pelo menos um terço dos Estados-membros).[18] Caso determinado candidato seja eleito por partido que não atenda os citados requisitos, poderá o eleito, sem risco de perder o mandato, filiar-se a outro partido que tenha preenchido ao menos um dos dois requisitos,[19] previsão esta que estimula o desaparecimento gradual das siglas que nada representam e as de aluguel.

Por enquanto, antes de chegarmos ao ano de 2030, a emenda à Constituição n. 97/2017 fixou uma transição gradual de sistema para acesso ao fundo partidário e ao tempo gratuito de televisão e rádio. Para as eleições legislativas de 2018, somente terão acesso aos mencionados benefícios os partidos que atingirem, alternativamente, os seguintes requisitos: a) atingir, nas eleições para a Câmara dos Deputados, no mínimo, 1,5% dos votos válidos, distribuídos por pelo menos um terço dos Estados-membros da Federação, com um mínimo de um por cento dos votos válidos em cada um deles; b) tiver elegido pelo menos nove deputados federais distribuídos em pelo menos um terço dos Estados-membros da Federação. Na escala gradual até 2030, a mesma Emenda prevê que a obtenção dos benefícios em comento nas eleições de 2022 e 2026 somente ocorrerá com a superação, alternativamente, dos requisitos: 2022, obtenção de ao menos 2% dos votos válidos distribuídos por no mínimo um terço dos Estados (com no mínimo 1% dos votos válidos nesses Estados) ou eleição de pelo menos onze deputados federais em pelo menos um

18. Art. 17, § 3º, da Constituição.
19. Art. 17, § 5º, da Constituição.

terço dos Estados e em 2026, obtenção de no mínimo 2,5% dos votos válidos em pelo menos um terço dos Estados (com no mínio 1,5% dos votos válidos nesses Estados) ou eleição de ao menos treze deputados federais distribuídos em pelo menos um terço dos Estados.

Decididamente, não faltará tempo para adaptação dos partidos com o novo modelo até 2030. É inequívoco que o sistema implementado pela emenda n. 97/2017 favorecerá a redução do número de partidos políticos, em razão do desestímulo criado ao dificultar o acesso ao fundo partidário. A mudança certamente inibirá posturas nada democráticas de formação de partidos desprovidos da mais irrisória representatividade, criados apenas com intuito arrecadatório.

Na mesma semana da promulgação da emenda à Constituição n. 97/2017, o Congresso Nacional promulgou também, em 06 de outubro de 2017, as Leis 13.487 e 13.488, ambas alterando a legislação eleitoral brasileira. A primeira delas criou mais um fundo de custeio público da atividade política, que não se confunde com o fundo partidário, anteriormente analisado e que continua existindo, com as modificações introduzidas pela emenda n. 97/2017, quanto ao acesso. A Lei n. 13.487/2017 criou o novo fundo especial de financiamento de campanha (FEFC) e vedou a propaganda partidária paga no rádio e na televisão.

A fim de evitar confusão sobre o modelo brasileiro atual, alerta-se, de plano, que o ordenamento jurídico pátrio passou a contemplar dois fundos públicos de custeio da política: o fundo partidário e o novo fundo especial de financiamento de campanha. Este último, de acordo com a Lei n. 13.487/2017, é composto por dotações orçamentárias da União Federal em ano eleitoral, cujo valor deriva de duas fontes:[20] um montante definido pelo TSE, a cada eleição (somatória da compensação fiscal das emissoras de televisão e rádio referente aos anos de 2016 e 2017[21]), bem como uma porcentagem dos recursos da reserva específica tratada no inciso I do § 3º do art. 12 da Lei n. 13.473/2017 (emendas das bancadas parlamentares). Os recursos oriundos desse fundo de campanha que não forem utilizados na campanha devem ser devolvidos ao Tesouro Nacional, por ocasião da prestação de contas. Saliente-se que a Lei n. 13.488/2017 estabeleceu

20. Art. 1º da Lei n. 13.487/2017.
21. Art. 3º da Lei n. 13.487/2017.

os critérios de repartição dos recursos do fundo especial de financiamento de campanha entre os partidos.[22]

Na distribuição dos recursos do fundo especial de financiamento de campanha, com disciplina totalmente inédita, chama a atenção também o fato de se levar em conta, para 15% do montante, o desempenho partidário nas eleições para o Senado Federal, sendo que a tradição nacional de distribuição de recursos de fundo público (fundo partidário) sempre tomou por base, exclusivamente, as eleições para a Câmara dados Deputados.

É forçoso admitir que o incremento do financiamento público da política provoca apreensão e sérias dúvidas quanto aos benefícios que possa acarretar. Indagado se havia "ambiente" no cenário nacional para a implantação do fundo especial de campanha, Alexandre Rollo respondeu negativamente, entendendo que o desenho atual do financiamento destina apenas 2% dos recursos a todos os partidos, de forma igualitária, o que significa que "os grandes continuarão grandes e os pequenos permanecerão assim, sem maiores perspectivas de crescimento".[23]

Outro ponto preocupante da reforma eleitoral que implantou o fundo público de campanha é o fato de que as verbas públicas desse fundo serão transferidas aos partidos, mas não se estabeleceu qualquer regramento para a repartição dos recursos entre os candidatos de cada partido. Alexandre Rollo alerta que, em razão do princípio constitucional da autonomia partidária (art. 17, da Constituição), os partidos terão ampla liberdade para a divisão dos recursos entre seus candidatos o que, obviamente, "beneficiará os cardeais", ou seja, recursos públicos controlados pelos líderes dos partidos.[24]

A repercussão prática da inovação legislativa de 2017, no que diz respeito ao custo desse fundo de campanha, faz emergir certa

22. 2% divididos igualitariamente entre todos os partidos com registro no TSE; 35% divididos entre os partidos com pelo menos um deputado federal, na proporção do percentual de votos por eles obtidos na última eleição geral para a Câmara dos Deputados; 48% divididos entre os partidos, na proporção do número de deputados federais, consideradas as legendas dos titulares (bancadas); 15% divididos entre os partidos na proporção do número de senadores, consideradas as legendas dos titulares.

23. Rollo: *Financiamento de campanha.*

24. Rollo: *Financiamento de campanha.*

apreensão quanto ao emprego do dinheiro público. Pelo cálculo relativo ao ano de 2018, o montante global do fundo público de campanha aproxima-se de dois bilhões de reais, sendo um bilhão e trezentos milhões oriundos das emendas de bancada e quatrocentos e cinquenta milhões de reais originários do somatório das compensações fiscais das emissoras de televisão e rádio. Para atender ao novo fundo foi preciso que o Congresso Nacional remanejasse quatrocentos e setenta milhões de reais das áreas de saúde e educação e oitocentos e vinte e oito milhões das áreas de segurança, agricultura e infraestrutura.[25]

4. Financiamento público das campanhas e dos partidos – argumentos favoráveis

São clássicos os argumentos favoráveis ao financiamento público da política. Em momentos de grandes escândalos de corrupção, relacionados à doação eleitoral, esses argumentos emergem com alta intensidade na mídia e nos parlamentos. O principal deles é a busca pela independência dos candidatos, especialmente dos eleitos, diante da contundente força do poder econômico daqueles que financiam as campanhas.[26] Nessas ocasiões sempre é relembrado o fato de que muitas vezes esse auxílio financeiro não é efetuado por mero ideal, mas na expectativa de uma contraprestação em formato de favorecimentos diversos, havendo indireta devolução do dinheiro recebido durante a campanha. Avulta-se, assim, o financiamento privado não como autêntica doação, mas como investimento, no aguardo dos juros e correção monetária do valor aplicado.[27]

Sob essa perspectiva, o financiamento público da política atenderia ao princípio inserido no art. 14, § 9º, da CF, que estatui a prevalência da legitimidade das eleições contra a influência do poder econômico. Esta é a grande preocupação de todos os que defendem

25. Frazão: *Saúde e educação*.

26. O abuso do poder econômico relacionado à corrupção eleitoral pode legitimar a propositura, perante a Justiça Eleitoral, da ação de impugnação de mandato eletivo (sobre o tema, v. Rollo: *Ação de impugnação*, 204 e 205).

27. Luiz Carlos dos Santos Gonçalves define o financiamento de campanhas como importante foco de corrupção, "favores ilícitos e venalidade" de muitos atores políticos (cf. *Direito eleitoral*, 155). Em contraposição, José Jairo Gomes considera esse entendimento como "rematado exagero retórico" (cf. *Direito eleitoral*, 116).

o financiamento público dos partidos, como alude Hervé Trnka,[28] ao afirmar que o apoio público aos partidos possui objetivos específicos, ao partir da regulamentação das relações entre dinheiro e política, finalidades estas consubstanciadas nas garantias de independência e liberdade dos partidos, os quais não podem tornar-se dependentes de certos setores devido à carência de meios financeiros para dar suporte ao desenvolvimento de suas atividades.

O segundo argumento de porte levantado a favor do financiamento partidário público é o princípio da igualdade. O sistema público de custeio das campanhas proporcionaria condições paritárias, igualitárias, aos candidatos no momento da contenda eleitoral, o que, ao menos em tese, permitiria a busca pela vitória a partir do convencimento do eleitorado, da divulgação das propostas e programa partidário e não em razão da robustez financeira da campanha, especialmente dos candidatos que arrecadaram volumosos valores a título de donativos privados.[29]

Cumpre ressaltar que o sistema de financiamento público impõe rígido controle estatal, que no Brasil ficou a cargo da Justiça Eleitoral. Como opinam Paulo Hamilton Siqueira Jr. e Marisa Amaro dos Reis,[30] o financiamento público exclusivo possui "potencial" para assegurar isonomia e paridade de armas nos pleitos eleitorais, mas desde que a repartição dos recursos obedeça a regras imbuídas de tal finalidade, com o intuito de reduzir a influência do poder econômico "com a exclusão de doações milionárias que acabam por vincular políticos e partidos aos seus doadores". Advertem os autores que o sucesso dessas medidas depende de rígido controle da distribuição das verbas públicas e da transparência da movimentação financeira.

28. Trnka: *Droit comparé*, 21 (tradução minha).

29. Mônica Caggiano, em trabalho publicado em 1980, sustentou que o financiamento público desponta única solução viável para promover a igualdade de oportunidades entre candidatos e partidos, assegurando a independência da organização partidária, afastando-se os interesses de grupos e a "ingerência corrosiva de elementos abastados que procuram influir na tomada da decisão política através de ação infiltrada" (cf. Caggiano: *Finanças partidárias*, 133).

30. Siqueira Jr.; Reis: *Partidos políticos*, 148.

5. Financiamento privado das campanhas e dos partidos – argumentos favoráveis

Não se ignora, ainda mais em tempos de *Lava Jato*, os problemas oriundos do financiamento privado de campanhas, uma vez que o poder dos grupos econômicos financiadores é marcante na condução da atividade política dos candidatos eleitos. O caso *Lava Jato* escancarou o lado perverso das doações privadas, mas essa faceta negativa não pode colocar toda a sociedade sob suspeição, afinal nem sempre os donativos privados estão impregnados de expectativa de contraprestação de favores pessoais. Herbert E. Alexander[31] ressalta que não há apenas um motivo pelo qual as pessoas em geral doam para campanhas. São inúmeras as razões, por vezes apenas porque lhes pedem a contribuição, ou por nutrirem uma noção especial de dever cívico, como também por simpatizarem com a pessoa do candidato ou a causa que ele defende, sem contar os casos de doações por motivo de ego ou auto-estima, como por exemplo, para ser convidado para jantar na Casa Branca, permanecer no palanque, ao lado do candidato durante um discurso, ou para ter a liberdade de chamar o político pelo seu primeiro nome ou assim ser por ele chamado. Enfim, como espirituosamente comenta Herbert E. Alexander, "para buscar status, alguns milhões de dólares merecem ser sacrificados".

Inúmeros outros motivos que incitam os indivíduos a financiarem campanhas eleitorais, sem que tais doações representem, necessariamente, a exigência de benefícios pessoais posteriores provam que, nessa matéria, não se pode generalizar, lançando um preconceito ou suspeição geral em relação aos agentes políticos.

Na "Era da *Lava Jato*" não é simples reconhecer que existem motivos legítimos e por vezes até louváveis, motivadores das "oferendas" privadas para campanhas eleitorais. Por outro lado, a lembrança da *Lava Jato* deve trazer também a certeza de que a sua proibição ou substituição das doações privadas pelo financiamento público, ou o incremento do público, como foi aprovado no Brasil em 2017, não inibirá a continuidade do financiamento privado, que passaria para o campo da informalidade, da clandestinidade.

31. Alexander: *Financing politics,* 49 e 50 (tradução minha).

Num panorama de financiamento privado clandestino, estimulado pela vedação de doações por pessoas jurídicas, enfim, de falta de transparência das doações eleitorais, visualiza-se a persistência da pressão do poder econômico no processo político, acentuado pelas operações ocultas, obscuras e descontroladas.

Antes de penalizar ainda mais os cofres públicos, haveria que se tentar enfrentar a carestia das campanhas eleitorais. Não parece razoável o emprego de dinheiro público no enriquecimento dos atores que constroem as campanhas políticas. Ter-se-ia o injusto enriquecimento de alguns, beneficiados pelo dinheiro público, em vez de se adotar medidas de redução de custos eleitorais. Os elevados preços que orbitam em torno das campanhas eleitorais derivam, principalmente, dos exorbitantes honorários cobrados pelas empresas de *marketing* político, os quais se revelaram, no curso da *Operação Lava Jato*, instrumentos de lavagem de dinheiro.

É inconcebível que em vez de se debater formas de barateamento de campanhas, simplesmente se acomode em encontrar nos cofres públicos a fonte de custeio dos caríssimos profissionais da área de propaganda política. Novamente os profissionais do *marketing* político seriam os grandes vencedores das eleições, muito mais que os próprios candidatos, graças às verbas públicas destinadas aos partidos. Triste situação esta, que o Brasil consagrou com a ampliação do financiamento público em 2017, de enriquecimento de alguns particulares em decorrência de recebimento indireto de dinheiro público.

Em países como o Brasil, o financiamento público das campanhas ainda revela inconvenientes adicionais, relacionados aos cenários de crise social e econômica. A prestação de serviços públicos não tem propiciado a esperada efetividade dos direitos sociais, sendo, neste contexto, absolutamente inadequada a destinação de vultosos valores do orçamento público com custeio de campanhas.

É evidente que a participação política também constitui direito fundamental e, em tese, merecedora de verba pública. Mas é preciso estabelecer uma ordem de preferência, principalmente em Estados que padecem de aguda crise econômica. Não se pode esquecer que a participação política decorre da existência do Estado, o qual foi criado para garantir o bem comum. A participação política, que visa ao exercício do poder, tem também como meta o bem comum. Consequentemente, há possibilidade de se definir uma ordem de preferência para o destino do dinheiro público, entre os direitos políticos e os direitos sociais. Como o primeiro visa a assegurar o segundo, nada mais justo que prestigiar financeiramente a própria finalidade da participação política, que é o bem-estar geral, cuja consecução depende, em boa parte, da efetividade dos direitos sociais.

Além disso, a legislação aprovada pelo Congresso Nacional em 2017 contempla apenas o financiamento público das campanhas eleitorais, não dispondo sobre custeio público da atividade regular dos partidos, fora do período de campanha. Presume-se, então, que a atividade regular dos partidos será financiada por verba privada. Ora, se o objetivo da criação do fundo especial de campanha é acabar com a corrupção acarretada pelos compromissos entre candidatos/partidos e financiadores privados, conclui-se que tal meta não será atingida, pois persistirá a pressão do poder econômico, que continuará mantendo a atuação partidária. Os financiadores poderão fazer doações aos partidos em períodos anteriores aos anos eleitorais e os partidos usarão parte desses valores também durante as campanhas.

O financiamento público às campanhas eleitorais, assim como o próprio custeio oriundo do fundo partidário, faz despontar a cogitação de inconstitucionalidade desse sistema, uma vez que o art. 17, § 1º, da CF de 1988, consolidou a natureza do partido político como pessoa jurídica de direito privado. Daí a contrariedade à Constituição do financiamento público de entes privados.

Vale considerar, ainda, que o art. 5º, XX, da CF prescreve que ninguém poderá ser compelido a associar-se, o que atinge também os partidos. Se ninguém pode ser obrigado a associar-se, ou a aderir a partidos, é inconstitucional compelir os indivíduos a contribuírem, financeiramente, a todos os partidos. Isto contraria a liberdade política, filosófica e ideológica, ou seja, afronta a liberdade de pensamento, pois todos encontram-se obrigados a contribuir até mesmo para os partidos que contrariam ideologicamente suas mais íntimas convicções políticas, sem contar que, no modelo de sistema público de financiamento partidário e de campanhas, as verbas destinadas a esses entes políticos são obtidas pelo Estado a partir dos tributos pagos pela sociedade. Sublinhe-se que esse raciocínio vale para o fundo partidário e para o fundo especial de campanha.

6. *Lava Jato* e as doações às campanhas eleitorais

No curso das investigações do caso *Lava Jato*, hoje mundialmente conhecido, detectou-se entre os ingredientes ilícitos dos fatos geradores da operação a estratégia das doações a campanhas eleitorais, por parte de empresas privadas, com o intuito de conferir roupagem jurídica, aparência de licitude, a pagamentos de propinas, para a compensação de favores recebidos e de outros tantos ainda a serem percebidos.

Como já analisado anteriormente, o fenômeno não é inédito na história do financiamento de campanhas eleitorais, como asseverou o Min. Marco Aurélio Mello,[32] pontuando que as pessoas jurídicas, "que não são altruístas", doam e posteriormente recebem "o troco", complementando que certas empresas são até mesmo pressionadas a doarem e constituem doações altas, na expectativa de contraprestação bem "cara para a sociedade [...]. Não há nenhuma ideologia, não há o interesse em ver um representante do segmento econômico no qual esteja a empresa".

Mesmo não padecendo de ineditismo, no Brasil e no mundo, a grandiosidade da rotina de corrupção nos acontecimentos que despertaram a *Operação Lava Jato* foi ímpar. Houve verdadeiro assenhoramento do Estado por parte de certas empresas privadas que, mediante o pagamento de propinas sob vários disfarces, dentre os quais doações para campanhas, obtinham inúmeros favores do Poder Público, especialmente em contratos e licitações. Postura corruptiva desse porte acabou por evidenciar, para além do meio jurídico, essa relação promíscua entre doadores e receptores.

Encontra-se também na doutrina[33] a análise da corrupção no contexto das escolhas públicas, examinada entre as atividades de *rent-seeking*, definida como atividade de um agente econômico direcionada para a manipulação do contexto em que este atua, com intuito de criar ou manter uma situação em que explora recursos cuja oferta é reduzida ou mesmo fixa, como por exemplo, no momento em que uma empresa obtém uma autorização do Estado para o exercício de determinada atividade, sem concorrência, cria-se uma renda. Da

32. Mello et alii: *Um Brasil,* 33 e 34.
33. Cf. Cunha: *Combate à corrupção*, 94.

mesma forma, quando o Estado estabelece restrições para algumas atividades, favorecendo empresas que já estão ajustadas a tais exigências, criam-se barreiras quantitativas à entrada de novos agentes. Em suma, o *rent-seeking* é, portanto, "o esforço que os agentes econômicos, diretamente ou através de *lobbies* ou associações, despendem para a manipulação do contexto político-legal de forma a conseguir o estabelecimento das barreiras referidas".[34]

No contexto da *Lava Jato* havia nítidas barreiras à livre disputa em contratos e licitações, geradas pelas propinas, permitindo o favorecimento das empresas doadoras, ou seja, panorama de evidente *captura de rendas*. A dimensão a que chegou a relação promíscua de certas empresas privadas e os detentores do poder, relação esta oculta muitas vezes sob a forma de doações para campanhas, levou o país ao ápice, ou, melhor dizendo, ao mais (des)qualificado grau de corrupção, conforme apurado pela *Operação Lava Jato*.

Extrai-se da doutrina diversas tipologias ou classificações do fenômeno da corrupção, merecendo destaque a que consagra três principais modalidades, conforme ensina Ary Ferreira da Cunha.[35] A denominada *pequena corrupção* é aquela praticada por inúmeros agentes, em geral administrativos, que emprestam seus poderes para aceitar e/ou solicitar subornos, promover intercâmbio de influências, desviar fundos públicos de sua destinação ou direcionar dinheiro público para finalidade privada. Isoladamente esses atos exprimem valores pequenos, mas tomados no seu valor agregado o resultado chega a ser substancial. A segunda modalidade, a *grande corrupção*, alude à ilegítima apropriação por uma elite político-administrativa de verbas públicas mediante desvio de fundos públicos para finalidades privadas. O terceiro tipo, denominado *captura do Estado*, compreende o conluio entre diversos atores políticos e administrativos para, em proveito comum, repartirem as verbas públicas com fins privados. Essa ação pressupõe a manipulação do setor público pelo privado, isto é, chega-se a este grau de corrupção no momento em que um grupo poderoso no âmbito privado ingressa na máquina política ou a manipula de tal modo que torna "ineficientes os mecanismos institu-

34. Cf. Cunha: *Combate à corrupção*, 94.
35. Cf. Cunha: *Combate à corrupção*, 75.

cionais de controle recíproco, para em seguida usar impunemente os recursos públicos para fins privados".[36]

A dimensão das práticas criminosas dos fatos geradores da *Operação Lava Jato* explicita clara situação de *captura do Estado*, inclusive na seara do custeio de campanhas eleitorais, mediante doações de empresas disfarçando e ocultando pagamento de propinas, representou contundente manipulação do setor público pelo privado. Tal quadro agravou a discussão sobre a conveniência ou não da manutenção do permissivo legal às doações privadas por parte de pessoas jurídicas.

Apressou-se, até mesmo, o debate que ultrapassou a perspectiva da mera conveniência da manutenção do referido modelo e das discussões sobre os pontos positivos e negativos acerca de sua preservação, para incidir no campo da verificação da constitucionalidade do regramento autorizativo das doações eleitorais por empresas.

Essa discussão foi apressada inclusive no STF, em razão da proporção alcançada pelas descobertas da *Operação Lava Jato*, no campo das doações eleitorais, provocando o julgamento de ação direta de inconstitucionalidade que questionava esse ponto da legislação eleitoral.

7. A declaração de inconstitucionalidade, pelo STF, da permissão legal de doações eleitorais por parte de pessoas jurídicas

A redução da corrupção gerada pelo financiamento privado de campanhas também pode ocorrer por meio de medidas ousadas, como a vedação de doações por pessoas jurídicas. Afinal, é mais fácil a fiscalização estatal direcionada a pessoas físicas do que a pessoas jurídicas. Esse tipo de restrição é perfeitamente compatível com o ordenamento constitucional vigente. Primeiramente porque a figura da doação eleitoral decorre do exercício dos direitos políticos, da liberdade individual de expressão das preferências política, partidária e ideológica. Obviamente, apenas pessoa física possui convicções políticas e ideológicas e não pessoa jurídica. Em segundo lugar, a

36. Cf. Cunha: *Combate à corrupção*, 75.

própria CF prevê a intervenção estatal, inclusive legislativa, para coibir o abuso do poder econômico e sua influência nas eleições, como se verifica do § 9º do art. 14. É verdade que eventuais efeitos positivos dessa medida restritiva dependeriam da previsão de vedação de doações promovidas por pessoas jurídicas não apenas às campanhas eleitorais, mas também aos partidos, mesmo fora do período eleitoral.

A vedação de doações de pessoas jurídicas às campanhas eleitorais acabou por ser implementada no Brasil pela justiça constitucional, ou seja, pelo STF, que declarou a inconstitucionalidade da autorização legal das doações promovidas por pessoas jurídicas, o que ocorreu no julgamento da Ação Direta de Inconstitucionalidade (ADIn) n. 4650[37] que havia sido proposta pelo Conselho Federal da Ordem dos Advogados do Brasil, muito antes do surgimento da *Operação Lava Jato*.

Embora a ADIn n. 4650 tivesse sido proposta antes dos escândalos de corrupção apurados pela *Operação Lava Jato*, as descobertas desta investigação quanto à utilização da via das doações para campanhas como instrumento de garantir a contraprestação espúria ou o pagamento a favores ilegais oferecidos por agentes detentores do poder político, apressaram a conclusão do julgamento dessa ação direta. O resultado dessas investigações também influenciaram o sentido do julgado, reconhecendo-se a inconstitucionalidade dos preceitos das Leis 9.096/1995 e 9.504/1997, nos pontos que autorizavam as doações para campanhas eleitorais por parte de pessoas jurídicas privadas.

Os fundamentos da aludida declaração de inconstitucionalidade encontram-se delineados no voto do relator, Min. Luiz Fux, ao reconhecer que cabe ao STF, no exercício do controle de constitucionalidade, a salvaguarda das condições de funcionamento das instituições democráticas, tanto para “corrigir as patologias que desvirtuam o sistema representativo”, obstruindo a expressão e participação políticas, quanto para amparar os direitos dos grupos minoritários, “cujas demandas dificilmente encontram eco nas deliberações majoritárias”. Assim justificou o Min. Fux a ingerência do STF nessa matéria, sustentando a necessidade de uma postura mais “expansiva” da Corte

37. STF, ADInn n. 4650/DF, 17.09.2015.

"sobre as escolhas políticas exercidas pelas maiorias no seio do Parlamento, instância, por excelência, vocacionada à tomada de decisão de primeira ordem sobre a matéria". A partir da assunção dessa postura "expansiva", pontuou que a Constituição brasileira, mesmo não tendo adotado um modelo normativo

> "(...) pré-pronto e cerrado de financiamento de campanhas, forneceu uma moldura que traça limites à discricionariedade legislativa, com a positivação de normas fundamentais (*e.g.*, princípio democrático, o pluralismo político ou a isonomia política), que norteiam o processo político."[38]

Referida moldura acaba por reduzir, consideravelmente, o espaço de ação do legislador ordinário para estabelecer critérios para doações a candidatos e partidos políticos. Ao mesmo tempo em que defendeu essa expansividade da atuação do STF, em paragens essencialmente políticas, como é o caso da conveniência ou não do financiamento político por empresas privadas, o Min. Fux ressaltou que a posição firmada pelo Tribunal representa apenas a abertura do diálogo sobre o tema com outras instituições. Lembrou que, em matéria de hermenêutica constitucional, não há "instituição detentora do monopólio do sentido e do alcance das disposições magnas",[39] de maneira que o constituinte de 1988 não edificou "um sistema de supremacia judicial material (ou definitiva)", atribuindo ao STF o poder de emitir pronunciamentos "compreendidos como última palavra provisória".

38. O voto do Ministro Fux fez referência a *Constituição moldura*, expressão utilizada por juristas estrangeiros, tais como Matthias Jestaedt, Karl-Eberhard Hain, dentre outros, ao tratarem do tema sobre os limites jurídico-funcionais da interpretação constitucional, conforme explica Virgílio Afonso da Silva, esclarecendo que "diante da dificuldade em se separar, no campo constitucional, o que é exclusivamente político do que é exclusivamente jurídico, tem sido frequente a utilização da metáfora da constituição-moldura, que seria aquela que apenas define limites à atividade legislativa. Segundo essa teoria, ao Tribunal Constitucional caberia uma tarefa meramente negativa, isto é, controlar se o legislador respeita os limites da moldura. Não caberia ao Tribunal, entretanto, controlar a forma como o legislador 'preenche' o interior da moldura. Isso seria reservado ao campo da política" (Silva: *Interpretação constitucional*, 128 e 129).

39. Estas considerações seguem a linha de Peter Häberle, segundo o qual a interpretação constitucional não é tarefa exclusiva dos juízes. Ao contrário, está aberta a todos os segmentos estatais e sociais (v. Häberle: *Hermenêutica constitucional*).

Competiria, então, ao STF a "formulação de um modelo constitucionalmente adequado de financiamento de campanhas" com o propósito de "abrir os canais de diálogo com os demais atores políticos (Poder Legislativo, Poder Executivo e entidades da sociedade civil)".

Iniciando o diálogo constitucional sobre o tema, o Min. Fux acentuou que as limitações contidas na legislação acerca das doações de pessoas jurídicas para campanhas eleitorais se afiguravam insuficientes para impedir a "captura do político pelo poder econômico", especialmente porque a

> "(...) doação por pessoas jurídicas a campanhas eleitorais, antes de refletir eventuais preferências políticas, denota um agir estratégico destes grandes doadores, no afã de estreitar suas relações com o poder público, em pactos, muitas vezes, desprovidos de espírito republicano."[40]

Inferiu, portanto, que doações por parte de pessoas jurídicas atentam contra os princípios democrático e da igualdade política, a partir da "captura" do político pelo econômico.

Esta decisão, proferida em meio à avalanche de notícias sobre corrupção eleitoral no caso *Lava Jato*, no dia 17 de setembro de 2015, acabou inclusive por influenciar os Poderes Executivo e Legislativo durante o processo legislativo do projeto que, nesse mesmo período, visava a alterar alguns aspectos da legislação eleitoral, o que ficou conhecido como a *minirreforma eleitoral*.

Conforme visualizou o Min. Fux, em voto proferido no julgamento da ADIn n. 4650, a posição firmada pelo STF representou tão somente o ponto de partida dos diálogos constitucionais sobre financiamento político, diálogos que teriam continuidade nos demais Poderes da República, de tal forma que serviu de inspiração para a definição do texto final aprovado da Lei n. 13.165/2015, promulgada aos 29 de setembro de 2015, ou seja, pouco tempo depois da decisão sobre a matéria.

Na realidade, o texto originário do projeto de alteração da legislação eleitoral, tal e qual seguiu para sanção ou veto presidencial, contemplava a possibilidade de doações por parte de pessoas jurídicas. Finda a apreciação legislativa da proposição, a então presidente da

40. STF, ADIn n 4650/DF, 17.09.2015.

República vetou os artigos que continham tal previsão, o que acabou por ser mantido pelo Congresso Nacional. Em razão do veto presidencial, mantido pelo Poder Legislativo, a nova lei (13.165/2015) não prevê mais a hipótese de doações eleitorais por pessoas jurídicas. Na justificativa presidencial, anotou-se que o STF "determinou, inclusive, que a execução desta decisão aplica-se às eleições de 2016 e seguintes, a partir da sessão de julgamento, independentemente da publicação do acórdão".[41] Aí está a prova documental – além da política – da influência da decisão da Justiça Constitucional no processo legislativo, este de essência puramente política.

Não posso deixar de registrar que, embora em duas publicações precedentes[42] tenha firmado e confirmado a possibilidade de se alterar a legislação para o estabelecimento da vedação de doações eleitorais por parte de pessoas jurídicas – por entender mais conveniente para fins de controle estatal das doações –, jamais considerei a hipótese legal que as autorizava como inconstitucional. A questão sempre residiu no plano de opções políticas a serem selecionadas. Na verdade, o cenário exposto pela *Lava Jato* levou ao STF a optar por definir o modelo político de financiamento de campanhas, a partir de declaração de inconstitucionalidade. A afirmação é comprovada pelo voto vencedor do Min. Fux. De fato, ao justificar o proceder daquela Corte, sustentou a necessidade de uma atuação "expansiva" do Tribunal, a qual seria traduzida pela fixação de uma posição inicial sobre a temática, alimentada pelo objetivo de se inaugurar diálogos constitucionais com os demais Poderes, como de fato ocorreu.

7. Considerações finais

Conforme analisado anteriormente, implementou-se no Brasil a vedação às doações de pessoas jurídicas aos partidos políticos em razão dos resultados das investigações da *Operação Lava Jato*, que evidenciou a presença de doações espúrias, apenas para dar roupagem de legalidade a favores e contraprestações ilícitas entre empresas e governantes. Esse fato levou o STF a declarar a inconstitucionalidade dos dispositivos legais que autorizavam referidas doações, o

41. Justificativa do veto no projeto transformado na Lei 13.165/2015.
42. Cf. *Financiamento público*, 55s e *Vantagens e desvantagens,* 167s, respectivamente publicados em 2007 e 2013.

que inspirou a lei aprovada pouco depois da decisão do Tribunal. A constatação de que o sentido da decisão do STF foi definido pela repercussão gerada pela *Operação Lava Jato* foi registrada pelo Min. Teori Zavascki,[43] segundo o qual o resultado do julgamento, pelo STF, da ADIn 4.650:

> "(...) confirmou um sólido veredicto de censura ao modelo de financiamento da política então vigente. (...) é possível inferir – tanto do teor de alguns dos votos que compuseram a maioria, como dos debates registrados nas sessões plenárias – que a rejeição deveu-se muito mais à compreensão da ineficácia do modelo, na sua globalidade, do que à afirmação da inviabilidade de toda e qualquer forma de participação financeira de pessoas jurídicas para o custeio de agremiações partidárias ou mesmo de campanhas eleitorais."[44]

As considerações de Teori Zavaski confirmam a assertiva consignada neste trabalho, de que a questão objeto da comentada decisão do STF, na realidade, não envolve juízo de inconstitucionalidade, mas sim de avaliação da conveniência política da aceitação da ideia do financiamento político por parte de empresas privadas no contexto histórico da *Lava Jato*.

Essa avaliação política foi acolhida em 2015 pelos Poderes Legislativo e Executivo, no processo legislativo que culminou com a minirreforma eleitoral, mas evidencia que é ainda uma questão aberta para o futuro. Como o próprio STF sinalizou, pelas palavras de Teori Zavaski, em outro contexto nada impede o retorno da autorização do financiamento político pelas empresas privadas.

De todo modo, o presente momento, ainda em meio ao clima propiciado pela *Lava Jato*, a tendência tem sido restritiva quanto ao financiamento privado, de sorte que o Congresso Nacional enveredou também para o caminho do robustecimento do financiamento público da política, com a aprovação das Leis 13.487/2017 e 13.488/2017.

43. Zavaski: *Financiamento empresarial*, 737 e 738.

44. Na sequência, o ministro ainda pontua que "O Tribunal proferiu um recado bastante expressivo contra os excessos então verificados, mas parece não ter fechado absolutamente a reconsiderar a ideia da participação empresarial na política num contexto diferente, com outra regulamentação. Partindo desse pressuposto – ou seja, de que essa questão ainda não está inteiramente resolvida sob o aspecto constitucional..." (Zavaski: *Financiamento empresarial*, 738).

Diante dessa nova realidade, em que se optou pela não discussão de mecanismos de barateamento das campanhas eleitorais, como a eventual adoção do voto distrital, preferindo-se onerar ainda mais os cofres públicos com a criação do fundo especial de campanha, não se pode deixar de recordar importantes pontos desfavoráveis ao financiamento público da política, que podem ser assim resumidos:

a) O financiamento público das campanhas não afastará a pressão do poder econômico, pois continua existindo o financiamento privado de pessoas físicas e, certamente, de pessoas jurídicas, mas de forma clandestina, camuflada;

b) Países que vivem permanente crise econômica enfrentam necessidades emergenciais de aplicação da verba pública nos setores sociais, não havendo receita suficiente para destinar às campanhas eleitorais uma considerável parcela do orçamento público;

c) Não é admissível a defesa da opção pelo financiamento público fundamentada, exclusivamente, na ideia de que todos os donativos efetuados aos partidos decorrem de intenções espúrias;

d) O financiamento público das campanhas provoca o enriquecimento indevido de particulares (de todos os que prestam serviços na preparação da propaganda nas campanhas) com dinheiro público;

e) Inconstitucionalidade do financiamento público aos partidos, cuja natureza é de pessoa jurídica de direito privado, nos termos do art. 17, § 1º, da Constituição brasileira;

f) Violação das normas constitucionais de direitos fundamentais que asseguram a liberdade política, filosófica e ideológica, haja vista que o financiamento público de campanhas eleitorais pressupõe a remessa, aos partidos, de verbas públicas, provenientes dos tributos pagos pela sociedade, o que implica dizer que todos são obrigados a contribuir para os partidos que contrariam suas convicções políticas, ideológicas e programáticas;

g) No caso específico do fundo especial de campanha criado em 2017, recursos públicos são distribuídos aos partidos e estes é que os remanejam para os candidatos, decidindo quais serão mais beneficiados, ou seja, tal sistema confere aos comandantes dos partidos ampla disponibilidade sobre dinheiro público.

O cenário mundial revela inúmeros e frequentes episódios de atos ilícitos praticados no âmbito da administração pública na Europa e nos Estados Unidos, permitindo inferir que o financiamento público das campanhas eleitorais não evita a corrupção e ainda representa desperdício de recursos públicos sem que seus objetivos sejam alcançados.

A corrupção eleitoral não se combate mediante ampliação de financiamento público da política, mas sim por meio do fortalecimento dos instrumentos fiscalizatórios, da previsão de limites às doações e da corajosa adoção de medidas de barateamento das campanhas, o que é gerado pelo voto distrital. É perfeitamente viável o aperfeiçoamento dos mecanismos de fiscalização. A título ilustrativo, vale aqui mencionar que, em trabalho publicado em 2007 por este autor,[45] defendeu-se a implementação de um sistema de cruzamento de dados pela Receita Federal, ou seja, um processo de circularização de informações para permitir à Receita proceder ao cruzamento de dados dos candidatos com, por exemplo, os de empresas de serviços gráficos contratadas para as campanhas. Essa circularização de dados tornou-se realidade, em razão de convênio firmado entre a justiça eleitoral e a Receita. Isso demonstra que existem alternativas de combate à corrupção eleitoral e que o robustecimento do financiamento público está longe de servir a esse propósito.

Bibliografia

ALEXANDER, Herbert E: *Financing politics – Money, elections, and political reform.* 4ª ed. Washington: Congressional Quartely Inc. Press, 1992.

CAGGIANO, Mônica Herman Salem: *Finanças partidárias.* São Paulo, 1980.

CUNHA, Ary Ferreira da: *Combate à corrupção – da teoria à prática.* Lisboa: Quid Juris, 2015.

FERREIRA FILHO, Manoel Gonçalves: *Sete vezes democracia.* São Paulo: Convívio, 1977.

FRAZÃO, Felipe: *Saúde e educação perdem R$ 472 milhões para campanhas,* <http://politica.estadao.com.br/noticias/geral,saude-

45. Cf. *Financiamento público*, 68.

e-educacao-perdem-r-472-mi-para-campanhas,70002142094> (25.01.2018).

Gomes, José Jairo: *Direito eleitoral.* 12ª ed. São Paulo: Gen/Atlas, 2016.

Gonçalves, Luiz Carlos dos Santos: *Direito eleitoral.* 2ª ed. São Paulo: Atlas, 2012.

Guarnieri, Juan Pablo Pío: *Financiación de partidos políticos en Uruguay*. Montevideo: Fundación de Cultura Universitária, 2015.

Häberle, Peter: *Hermenêutica constitucional – a sociedade aberta dos intérpretes da constituição: contribuição para a interpretação pluralista e 'procedimental' da constituição.* Tradução de Gilmar Ferreira Mendes. Porto Alegre: Sergio Antonio Fabris Ed., 1997.

Mello, Marco Aurélio. *Um Brasil – análises e discussões sobre um povo em busca de uma identidade.* São Paulo: Fecomércio-SP, s.a., 31-35.

Niess, Pedro Henrique Távora– Souza, Luciana Toledo Távora Niess de – Kahhn, Andréa Patrícia Toledo Távora Niess: *Direito eleitoral.* São Paulo: Edipro, 2016.

Ohman, Magnus: "Introdução ao financiamento político", em Elin Falguera – Magnus Ohman – Samuel Jones (Org.), *Financiamento de partidos políticos e campanhas eleitorais.* Rio de Janeiro: FGV, 2014, 23-35.

Pinto, Djalma: *Direito eleitoral.* 5ª ed. São Paulo: Atlas, 2010.

Rollo, Alberto Luis Mendonça: "Ação de impugnação de mandato eletivo", em Mônica Herman S. Caggiano, *Direito eleitoral em debate*, São Paulo: Saraiva, 2013, 191-208.

Rollo, Alexandre Luis Mendonça: *Financiamento de campanha e transparência na prestação de contas eleitorais.* Palestra proferida da Ordem dos Advogados do Brasil – Subseção de Santo André – SP, em 25.10.2017.

Saffirio Suárez, Eduardo: "Impactos dela vídeopolitica en los partidos políticos", em *A democracia como projeto ara o século XXI*, São Paulo: representação da Fundação Konrad-Adenauer-Stiftung, n. 17, 1998, 27-38.

Siqueira Jr., Paulo Hamilton – Reis, Marisa Amaro dos: *Partidos políticos.* São Paulo: Instituto Paulista de Magistrados – IPAM, 2016.

Silva, Virgílio Afonso da: *Interpretação constitucional.* 1ª ed. 2ª tiragem. São Paulo: Malheiros, 2005.

Tribunal Superior Eleitoral: *Fundo partidário*. <http://www.tse.jus.br/partidos/fundo-partidario> (22.09.2017).

Trnka, Hervé. "Droit comparé du financement des partis politiques, des campagnes électorales et de la transparence des patrimoines des hommes politiques", em *Campagnes électorales príncipe d'égalité et transparence financière*. Paris: Economica, 1989, 7-41.

Velloso, Carlos Mário da Silva – Agra, Walber de Moura: *Elementos de direito eleitoral*. 2ª ed. São Paulo: Saraiva, 2010.

Zavaski, Teori: "Financiamento empresarial de partidos políticos: a questão constitucional", em *Sistemas políticos e direito eleitoral brasileiros – estudos em homenagem ao Ministro Dias Toffoli*. São Paulo: Gen/Atlas, 2016, 737-757.

Referências jurisprudenciais e legislativas

Decreto n. 5.331/2005

Lei n. 9.906/1995 – Lei dos Partidos Políticos

Lei n. 9.504/1997 – Lei das Eleições

Lei n. 13.165/2015

Lei n. 13.487/2017

Lei n. 13.488/2017

STF. ADIn n. 4650/DF, Plenário, rel. Min. Luiz Fux, julgado em 17.09.2015.

2

MINISTÉRIO PÚBLICO E ESTRATÉGIA DE INVESTIGAÇÃO NO *CASO LAVA JATO*: LEGALIDADE E EFICÁCIA PROBATÓRIA DA INFORMAÇÃO DE INTELIGÊNCIA FINANCEIRA

FÁBIO RAMAZZINI BECHARA[1-2]

GIANPAOLO POGGIO SMANIO[3]

1. Professor dos Programas de Graduação e Doutorado/Mestrado da Universidade Presbiteriana Mackenzie. Doutor em Direito Processual Penal pela Universidade de São Paulo. Pesquisador do Instituto de Relações Internacionais da Universidade de São Paulo. *Global Fellow* no *Woodrow Wilson Center* de Washington, DC. Promotor de Justiça em São Paulo. Foi Coordenador do Centro Integrado de Inteligência de Segurança Pública do Estado de São Paulo e do Laboratório de Tecnologia contra a Lavagem de Dinheiro do Ministério Público do Estado de São Paulo, e Secretário Executivo do Grupo de Atuação Especial de Combate ao Crime Organizado do Ministério Público de São Paulo.

2. A revisão e a conclusão do artigo ocorreram no mês de janeiro de 2018, com apoio nas informações e nos acessos disponibilizados pelo *Woodrow Wilson Internacional Center for Scholars*, em Washington, DC.

3. Professor e Coordenador do Programa de Doutorado/Mestrado em Direito Político e Econômico da Universidade Presbiteriana Mackenzie. Doutor e Mestre em Direito das Relações Sociais pela Pontifícia Universidade Católica de São Paulo. Procurador de Justiça do Estado de São Paulo. Procurador-Geral

Resumo: O artigo tem por objetivo a análise da legalidade e da eficácia probatória do relatório de inteligência financeira produzido pelo Conselho de Controle de Atividade Financeira – COAF (unidade de inteligência financeira no Brasil), a partir das decisões judiciais proferidas no *Caso Lava Jato*. O recurso à inteligência financeira constituiu um dos principais mecanismos de obtenção de informações utilizados pelo Ministério Público nas investigações e nas ações penais do *Caso Lava Jato*. A relação entre a atividade de inteligência financeira e o processo penal no Brasil reflete o atendimento aos compromissos assumidos no plano internacional, notadamente no que se refere ao movimento de padronização do sistema financeiro para a prevenção e repressão à lavagem de dinheiro e à corrupção, ao financiamento ao terrorismo e à criminalidade organizada transnacional.

Palavras-chave: inteligência financeira, investigação e processo penal, Ministério Público prova, garantias do processo justo.

1. Introdução

O ponto de partida da investigação criminal do *Caso Lava Jato* foi o relatório de inteligência financeira do Conselho de Controle de

de Justiça do Estado de São Paulo. Foi Secretário Executivo do Grupo de Atuação Especial de Combate ao Crime Organizado do Ministério Público de São Paulo.

Atividades Financeiras – COAF, unidade de inteligência financeira brasileira no sistema anti-lavagem de dinheiro, que detectou uma movimentação financeira atípica atribuída a um estabelecimento comercial, cujo objeto social era um lava a jato. A referência ao estabelecimento acabou por adjetivar toda a operação. Na realidade tratava-se de um posto de gasolina, que nunca funcionou como lava a jato, que era utilizado como *empresa de fachada* para operações de compra e venda de moeda estrangeira, beneficiando tanto traficantes de drogas como agentes públicos corruptos.[4]

O uso das informações de inteligência financeira para fundamentar o início das investigações e das ações penais, os requerimentos de medidas cautelares, os pedidos de condenação, as solicitações de assistência jurídica internacional, constituiu uma prática recorrente pelo Ministério Público ao longo de todo o *Caso Lava Jato*.[5]

As decisões judiciais proferidas em dezenas de procedimentos cautelares e nas ações penais igualmente foram fundamentadas também com base nos relatórios de inteligência financeira para a comprovação dos crimes de lavagem de dinheiro, corrupção e organização criminosa.

O artigo tem por objetivo examinar a interação entre a inteligência financeira e o processo penal no *Caso Lava Jato*, não somente do ponto de vista da legalidade, mas principalmente do valor como prova a ser atribuído ao relatório de inteligência financeira, segundo os parâmetros do processo justo incidentes sobre a atividade probatória.

Nesse sentido, a expressão *inteligência financeira* será contextualizada no plano internacional a partir dos esforços de governança sobre problemas transnacionais, como a lavagem de dinheiro e a corrupção, uma vez que as *atividades de inteligência* usualmente estiveram reservadas aos denominados *serviços secretos*, responsá-

4. Valente: *Posto de gasolina no DF motivou operação,* <http://www1.folha.uol.com.br/poder/2014/11/1548828-posto-de-gasolina-no-df-motivou-operacao.shtml> (acesso em 04.03.2017).

5. O *Caso Lava Jato* possibilita outras importantes reflexões sobre o papel do Ministério Público ao longo de toda a investigação, na condução dos acordos de colaboração, nos esforços de transparência, dentre outros, contudo, não constituem objeto de análise do artigo.

veis pelas atividades de segurança pública e defesa nacional, historicamente distantes da investigação criminal e do processo penal, principalmente pela diversidade de objetivos.[6]

As atividades de inteligência passaram a desempenhar um papel cada vez mais relevante nos denominados crimes de risco,[7] ao assessorar a prevenção e a investigação de crimes como o terrorismo,[8] a criminalidade organizada, a lavagem de dinheiro e a corrupção.[9]

O terrorismo, a lavagem de dinheiro, a corrupção, o crime organizado transnacional, o tráfico de drogas, armas e pessoas, constituem temas cada vez mais submetidos a um regime de governança internacional, seja no plano global como regional, na medida em que se beneficiam do comércio e do sistema financeiro internacional, das comunicações, dos deslocamentos, que fazem com que o mundo esteja cada vez mais interconectado e interdependente. A globalização cria novas oportunidades de expansão da liberdade política e econômica, fortalece a paz e o entendimento entre diferentes culturas, mas cria vulnerabilidades, ao facilitar as atividades criminosas transnacionais, proliferação de armas e o aumento das doenças infecciosas.[10]

A variável chave para o enfrentamento dessa nova realidade por meio das ações de vigilância e monitoramento é a mobilidade dos comportamentos ilícitos, associada à habilidade dos criminosos de mudar de um negócio ilícito para outro, de modo que os esforços de intervenção do Estado devem estar concentrados nos canais por meio dos quais essa mudança se desenvolve. A mobilidade é uma variável crucial para entender os diferentes tipos de criminalidade, principalmente a financeira, na medida em que descreve os privilégios usufruídos pelos criminosos e também o objeto do ilícito, com circulação livre, não documentada, cruzando qualquer fronteira, com o propósito de esconder e valorizar seu dinheiro.[11]

6. Sommovigo: *Attivitá di intelligence*, 241-264, 242 e 244. No mesmo sentido Orlandi: *Attività di intelligence*, 227-240, 230.

7. International Commission of Jurists Assessing Damage, Urging Action. *Report of the Eminent Jurists*, 67.

8. Treverton: *Intelligence*, 15 e ss.

9. Trapero Álvarez: *Rev. Catalana de Seguretat Pública*, maio 2010, 183-205.

10. German: *Strengthening Intelligence Oversight*, 9.

11. Ruggiero: *Dirty Money*, 216-218.

A proatividade da inteligência financeira na vigilância e monitoramento do sistema financeiro aumenta o nível de governança sobre a movimentação de recursos de natureza ilícita e repercute, quase que inevitavelmente, nas investigações criminais.[12] O COAF passa a ser mais um ator nos procedimentos de persecução penal, principalmente porque a tecnologia tem lhe possibilitado uma capacidade cada vez mais robusta e qualificada no processamento e análise de grande quantidade de dados e informações.[13]

A transformação do processo penal tradicional é impulsionada por essa nova realidade antes ignorada pelas normas processuais, cujo objeto é caracterizado pela multidisciplinaridade, o que motiva a extensão e a intersecção com a atividade de inteligência.[14]

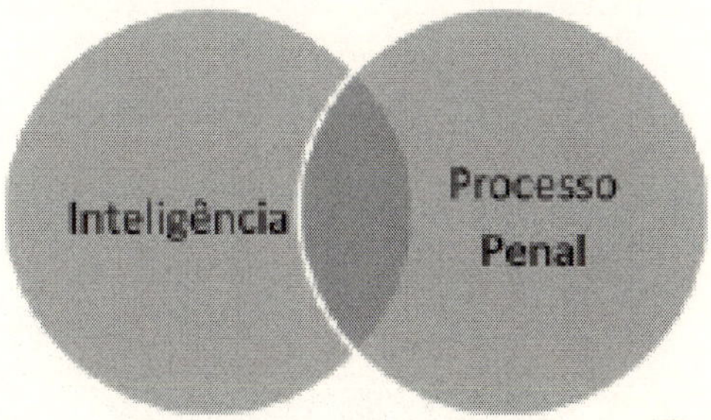

A lógica e a eficiência impõem que se arbitre um regime de cooperação e coordenação entre ambas as atividades, cujo intercâmbio de resultados observe os parâmetros do processo justo, principalmente aqueles incidentes sobre a atividade probatória, para resguardar a sua legalidade e eficácia, seja como elemento de informação, meio de obtenção de prova, meio de prova ou argumento de prova,[15] e evitar abusos, muitas vezes decorrentes do excesso de discricionariedade na sua valoração.

12. Vervaele: *International Review of Penal Law*, n. 80. 1º/2º trimestre de 2009, 88. O autor aponta para uma redefinição do papel das instituições na investigação criminal, bem como a participação de novos atores, como órgãos administrativos de controle e a comunidade de inteligência.

13. Schermer: *Amsterdam Law Forum*, v. 1, n. 4, ago. 2009, 64 e seguintes.

14. Winter: *Información de inteligencia*, 47-49.

15. Vervaele: *Special procedural measures*, 115 e seguintes.

Por tais razões é que propomos um diálogo entre a literatura sobre inteligência financeira e prova penal, com as decisões judiciais proferidas no *Caso Lava Jato*, em que a informação de inteligência financeira foi valorada na formação do convencimento judicial.

Não constitui escopo do estudo a análise da estrutura do sistema financeiro brasileiro e de todos os mecanismos e procedimentos de intervenção do Estado.

2. Contextualização do problema: as decisões judiciais no *Caso Lava Jato* em que o relatório de inteligência financeira do COAF foi utilizado na fundamentação

Durante as investigações e as ações penais do *Caso Lava Jato*, foram proferidas dezenas de decisões judiciais, cuja fundamentação foi lastreada, dentre outros meios, também no relatório de inteligência financeira produzido pelo COAF.

Foram relacionadas cinco dessas decisões, proferidas tanto pelo Tribunal Regional Federal da 4ª Região, como pelo juízo da 13ª Vara Criminal da Justiça Federal de Curitiba, estado do Paraná.

2.1. Decisões do Tribunal Regional Federal da 4ª Região

- Apelação criminal n. 5023135-31.2015.4.04.7000/PR:[16]

> "De igual forma não assiste razão ao réu no que tange à alegação de ausência de fundamentação da decisão que decretou tal quebra, proferida nos autos n. 5072512-05.2014.4.04.7000 (evento 8), visto que bem relata os fatos apontando *(i)* o delito investigado, *(ii)* os indícios de autoria, *(iii)* as provas já produzidas e *(iv)* a necessidade da medida.
>
> Destaco trecho da aludida decisão:
>
> *Em síntese, valores desviados das obras, em montantes milionários, tendo por origem recursos da empresa estatal, foram, segundo a acusação, repassados sucessivamente para o Consórcio Nacional Camargo Correa, responsável pelas obras, deste para as empresas SankoSider e Sanko Serviços, fornecedoras de material para as obras, e destas para empresas*

16. Apelação criminal n. 5023135-31.2015.4.04.7000/PR, 49-50. Julgado e publicado em 15.06.2016.

controladas por A. Y., especialmente a MO Consultoria e a GDF Investimentos, em pagamentos simulados de serviços por estas prestados.

No caso presente, pretende a autoridade policial rastrear pagamentos efetuados por A. Y., com provável origem no aludido desvio de recursos.

A origem da investigação remonta ao conteúdo do correio eletrônico '____@uol.com.br', interceptado de A. Y., em que usuário não identificado indicou quatro contas e respectivos valores depositados em nome de: P. N. (R$ 20.000,00); M. O. (R$ 25.000,00), I. T. J. (R$ 25.000,00) e J. L. (R$ 30.000,00).

Foi ainda noticiado pelo COAF, no RIF 13962, que a conta vinculada a I. V. recebeu, no dia 22/12/2012, três depósitos estruturados, dois nos valores de R$ 9.000,00 e um no valor de R$7.000,00, realizados em agências localizadas no bairro paulista de Itaim, próximas ao local de residência de A. Y..

Consta ainda do RIF 13962 que a conta de I. V. teria apresentado movimentação financeira no valor de R$ 3.418.074,00, no período de 01/2010 a 07/2014, na conta mantida no Banco do Brasil, montante incompatível com os seus rendimentos declarados.

Instaurado o inquérito policial foram requisitadas novas informações ao COAF, as quais resultaram na elaboração do RIF 14082. Segundo consta nesse relatório, as pessoas de V. S. e R. S., secretárias parlamentares, teriam transferido créditos para a conta de I. V., nos valores de R$ 92.350,00 e R$ 41.400,00. Outros R$ 63.998-72 tiveram a sua origem identificada como sendo o próprio P. C.. Quanto aos destinos dos valores, P. C. recebeu R$ 41.681,94 e R. B. S. R$ 34.670,00. No RIF ainda consta a informação de que M. R. teria recebido em sua conta, no período de 01/06/2010 a 10/06/2010, transações desdobradas no valor de R$ 86.000,00. M. R., à época, ocupava cargo comissionado junto ao Ministério das Cidades.

[...]

Especificamente quanto a I., ainda, bem mencionou o órgão ministerial em parecer que '*o indício da participação do apelante nos crimes está evidenciado na indicação por P. C. a A. Y. de sua conta bancária para receber recursos de origem ilícita. Da mesma forma, a constatação, pelo COAF, de um expressivo fluxo financeiro em sua conta bancária reforçou – corretamente – a percepção de que havia 'causa provável' para a intensificação da investigação, através da quebra do sigilo bancário e fiscal'* (destaques no original)."

- Apelação criminal n. 5025692-25.2014.4.04.7000/PR:[17]

"Tais suspeitas foram confirmadas pela autoridade policial mediante consulta a relatório do Conselho de Controle de Atividades Financeiras (COAF), que identificou 568 (quinhentos e sessenta e oito) comunicações de operações suspeitas em nome de V. F., em sua maioria relacionadas a depósitos em espécie realizados em favor da Districash, empresa administrada por R. (evento 1, ANEXO 3, dos autos n. 50497477420134047000).

[...]

Desse modo, verifica-se que havia indícios suficientes e concretos da autoria e da materialidade de crimes contra o sistema financeiro praticados por R., que não se resumiam a informações prestadas por N. K., como alegado pela defesa, uma vez que estas foram confirmadas pela autoridade policial a partir de dados do COAF, os quais embasaram o pedido de quebra de sigilo.

[...]

Conforme apontado pelos relatórios do COAF, constam ainda comunicações suspeitas nas contas das pessoas físicas R. S. – filho de R. –, da namorada daquele, J. P., bem como de V. F., empregado da Districash (evento 14, ANEXO 4, dos autos n. 50497477420134047000). Nas contas deste último, por exemplo, foram verificadas movimentações, no Banco Itaú, de R$ 3.530.088,00, entre março e setembro de 2011, e, no Banco do Brasil, de R$ 4.838.390,23, entre janeiro e abril de 2012, e de R$ 5.491.816,54, entre julho de novembro de 2012 – incompatíveis com a sua capacidade financeira (evento 14, ANEXO 6, dos autos n. 50014431020144047000)."

No mesmo sentido, às fls. 76:

"Os relatórios do COAF são muito fartos e apontam justamente esse período de janeiro de 2013, que são os meses antecedentes à aquisição do veículo, que se deu em meados do ano; aquilo é uma demonstração das operações irregulares realizadas. Não é exaustivo, mas aponta movimentações e operações irregulares, portanto bastante contemporâneas à questão da lavagem realizada. E no próprio depoimento do réu ele reconhece as operações ilícitas que acabaram gerando aqueles valores utilizados na aquisição."

17. Apelação criminal n. 5025692-25.2014.4.04.7000/PR, 30, 31, 49 e 76. Julgado e publicado em 17.07.2017.

- Apelação criminal n. 5026212-82.2014.4.04.7000/PR:[18]

"O procedimento investigatório reuniu informações e documentos, como comprovantes de depósito e recibos de pagamento de valores compatíveis com os números citados na notícia de crime, notadamente pagamentos realizados para Ferramentas Gerais Ltda. pelas empresas Angel Serviços Terceirizados e Torre Comércio de Alimentos, no valor de quase R$ 275.000,00. Confirmada por diligências preliminares a verossimilhança das informações originais, prestadas por H. M., bem como diante de outros elementos de prova colhidos na sequência, a Autoridade Policial formulou pedido de quebra de sigilo bancário e fiscal das empresas Dunel, Torre Comércio, Angel Serviços, J N Rent a Car e CSA Project Finance. Por meio desta medida, e com base em Relatórios Financeiros do COAF, verificou-se expressiva movimentação financeira na empresa CSA Project Finance, bem como a recorrência de transações envolvendo a empresa MO Consultoria, cujo sigilo fiscal e bancário também restou afastado."

2.2. Decisões do Juízo da 13ª Vara da Justiça Federal

- Pedido de busca e apreensão n. 500143885.2014.404.7000/PR:[19]/[20]

"Segundo informações recebidas do COAF, a empresa Aquiles e Moura teve movimentação de cerca de oitenta milhões de reais entre janeiro de 2012 e julho de 2013, sendo a sua procuradora a pessoa de I. S.. Foi ainda verificado que a mesma pessoa seria procuradora da empresa Da Vinci Confecções Ltda., CNPJ 02.100.009/0001-08, com movimentação entre janeiro de 2012 a abril de 2012 de cerca de vinte milhões de reais, e da empresa Greta Comércio de Confecções Ltda., CNPJ 09.618.975/0001-52, com movimentação de cerca de três milhões."

18. Apelação criminal n. 5026212-82.2014.4.04.7000/PR, 170. Julgado e publicado em 14.04.2016.

19. Pedido de busca e apreensão n. 500143885.2014.404.7000/PR, publicada em 06.05.2015.

20. Nos mesmos termos no julgamento do pedido de busca e apreensão criminal n. 500144310.2014.404.7000/PR, pedido de busca e apreensão criminal n. 500146131.2014.404.7000/PR e pedido de quebra de sigilo de dados e/ou telefônico n. 508627306.2014.404.7000/PR.

- Ação penal n. 502621282.2014.4.04.7000/PR:[21]

"157. Inicialmente pela identificação de transações dela com outras empresas ou pessoas relacionadas a A. Y.. Sobre esse fato, transcrevo o que já consignei na decisão na qual decretei a prisão preventiva de A. Y. (evento 22 do processo 500144662.2014.404.7000):

'*Segundo o laudo pericial 190/2014 da Polícia Federal (evento 37 do processo 502777548.2013.404.7000), referida empresa movimentou a expressiva quantia de R$ 89.736.834,02 no período de 2009 a 2013.*

Relativamente à conta da MO Consultoria também constam informações de operações suspeitas em relatórios do COAF (fls. 7 em diante do anexo 3 do evento 1 do processo 502777548.2013.404.7000).

Foram identificadas transações da conta da MO Consultoria com pessoas relacionadas a A. Y., como A. P., que esteve com ele envolvido na lavagem de recursos desviados da Copel (conforme delação premiada), e cujo escritório de advocacia figura como proprietário de veículo utilizado por A. Y., como ver-se-á adiante. Também foram identificadas transações para a empresa JN Rent a Car Ltda., que foi de propriedade de J. J., e Angel Serviços Terceirizados, que é empresa controlada por C. C. com o qual A. Y., como revelou a interceptação mantém intensas relações no mercado de câmbio negro.

Há apontamento de diversos e vultosos saques em espécie sofridos pela conta da empresa, estratégia usualmente utilizada para dificultar o rastreamento de dinheiro'." (destaques no original).

21. Ação penal n. 502621282.2014.4.04.7000/PR, 24. Publicada em 22.04.2015.

3. Inteligência financeira e processo penal[22]

3.1 Notas conceituais

A expressão *inteligência* pode ser definida em diversos sentidos, ora como informação, como metodologia de análise ou como atividade. Do ponto de vista da defesa e segurança nacional, *inteligência* é uma informação sobre planos ou operações de organizações ou pessoas suspeitas, que pode ser utilizada para prevenir atos hostis a partir das suas fontes ou a partir de um lugar.[23]

A inteligência enquanto informação pode viabilizar a penetração em células adversárias e criar discórdias, fragilizando-os por eles mesmos, assim como pode providenciar a compreensão sobre como eles pensam, e antecipar como eles vão agir em determinadas situações. Inteligência combina *informação passiva*, que propicia relevantes históricos descritivos sobre grupos suspeitos, indivíduos, modos de operação e objetivos, com *informação ativa* sobre planos atuais e atividades específicas. A informação passiva é obtida a partir de fontes de vigilância e fontes públicas abertas, como jornais, revistas e internet. Já a informação ativa é usualmente obtida a partir de informantes, interceptação das comunicações e outras fontes sigilosas, classificadas.[24]

Mas na atualidade a atividade de inteligência, não somente no Brasil, mas no mundo, constitui uma atividade de gestão de risco, e é desafiada cada vez mais quanto à sua governança, principalmente do ponto de vista regulatório, do respeito à lei, e das exigências de transparência.[25]

22. A atividade de inteligência abrange o ciclo do conhecimento, que implica a percepção de uma necessidade, o planejamento, a reunião de dados, o processamento, a formalização e a difusão, a partir do método de análise do profissional de inteligência, com o objetivo de orientar o processo de tomada de decisão, mas não se confunde com a motivação nem mesmo com a decisão propriamente dita.

23. Forst: *Terrorism*, 341.

24. Forst: *Terrorism*, 342.

25. Rascoff: *Southern California Law Review*, 83, 2010, 585: "Primeiro, é proativo: procura obter e dar sentido a informações sobre um perigo antes do risco subjacente se materializar. Em segundo lugar, é agregado, o que significa que a inteligência doméstica procura adquirir vastas quantidades de dados para

No Brasil, a Lei n. 9.883/1999, que criou o Sistema Brasileiro de Inteligência, no artigo 2º, definiu inteligência como uma *atividade* que objetiva a obtenção, análise e disseminação de conhecimentos, dentro e fora do território nacional, sobre fatos e situações de imediata ou potencial influência sobre o processo decisório e ação governamental e sobre a salvaguarda e a segurança da sociedade e do Estado. A mesma lei definiu a Agência Brasileira de Inteligência como o órgão central de articulação com os demais órgãos de inteligência.

A *inteligência financeira,* por sua vez, é uma espécie da atividade de inteligência, porém, com um campo de incidência mais delimitado e com particularidades próprias, e é reconhecida como uma das principais estratégias para o monitoramento do fluxo de recursos de origem ilícita.[26]

A atividade de *inteligência financeira* insere-se como um dos instrumentos inerentes ao poder de regulação no sistema financeiro. No mesmo sentido,- o emprego da expressão *inteligência fiscal* em relação ao poder de regulação das autoridades fazendárias, ou ainda *inteligência criminal* em relação aos órgãos de segurança pública.

O emprego da expressão *inteligência financeira*[27]data dos anos 90, quando passou a se notabilizar em razão da preocupação dos países e organismos internacionais em relação à prevenção e repressão da lavagem de dinheiro de origem ilícita e o financiamento

tirar conclusões informadas. A agregação é evidente na aquisição em massa e na análise por computador de comunicações telefônicas, correio eletrônico e registros comerciais, dos quais padrões de atividade potencialmente sugerindo uma ameaça terrorista podem ser discernidos. A tendência agregada na coleta e análise de inteligência não é, no entanto, limitada às comunicações eletrônicas. Ele também se expressa na inteligência humana, onde um foco recente na identificação de padrões sociais (por exemplo, no que diz respeito à 'radicalização' dos jovens muçulmanos) levou os funcionários a coletar e analisar a inteligência em relação a comunidades ou bairros inteiros em busca de tendências significativas (como opor-se à inteligência em relação a indivíduos específicos sobre os quais as autoridades já haviam nutrido suspeitas). Terceiro e, de modo afim, a inteligência doméstica como avaliação de risco oferece uma vantagem na análise rigorosa dos dados. Se a inteligência doméstica é essencialmente uma atividade reguladora, segue-se que a lei regulatória deve fornecer a estrutura para pensar sobre sua governança adequada".

26. Biersteker *et alii*: *International initiatives*, 234-253.
27. Banco Central do Brasil: *Recomendações de Basileia.*

ao terrorismo, em que o sistema financeiro tanto no plano doméstico como internacional passou a desempenhar um papel de extrema relevância. Nesse sentido, os acordos multilaterais da Basileia firmados no âmbito da rede de cooperação entre Bancos Centrais de todo o mundo, e as recomendações do GAFI – Grupo de Atuação Financeira,[28] dentre outras iniciativas, impulsionaram importantes modificações no plano normativo e institucional no nível internacional e doméstico, ampliando o ambiente de vigilância e controle sobre o sistema financeiro.

No Brasil, a Lei n. 9.613/1998, posteriormente alterada pela Lei n. 12.683/2013, estabeleceu o regime de governança sobre a política brasileira de enfrentamento à lavagem de dinheiro, e dentre outras providências, previu a inteligência financeira como uma das formas de controle e repressão.

A nova governança contemplou um conjunto de regras de *accountability* e *compliance*[29] em relação à lavagem de dinheiro, cuja responsabilidade pela prevenção e repressão passou a ser compartilhada pelo Estado com uma série de outros agentes, públicos e privados, representativos de determinados setores da economia, como o sistema financeiro, por exemplo, mais expostos e vulneráveis à circulação de recursos de origem suspeita.

Foi criado, ainda, o Conselho de Controle de Atividades Financeiras – COAF[30] – unidade brasileira de inteligência financeira

28. FATF: *International standards*.

29. Foi implantado um regime obrigatório de cooperação a inúmeras pessoas jurídicas, que passaram a ter o dever de cadastrar e conhecer seus clientes, como também o dever de comunicação em relação a determinadas operações, sejam elas financeiras, imobiliárias, mercado de luxo, obras de arte, pedras preciosas, dentre outros, sob pena de responsabilidade no plano administrativo.

30. A atuação do COAF na regulação e supervisão de pessoas obrigadas está pautada pela gestão de riscos, governança corporativa e o investimento em pessoas e tecnologia. O desafio de supervisionar milhares de pessoas físicas e jurídicas que atuam nos setores obrigados exige atuação focada na eficiência. No desempenho da sua função de regulação, o COAF edita as normas que norteiam os setores obrigados no cumprimento das obrigações previstas na supracitada lei. Atualmente, existe uma resolução específica para cada setor regulado (vide item "pessoas supervisionadas pelo COAF"). No âmbito internacional, o COAF coordena a participação brasileira em diversas organi-

seguindo as recomendações internacionais vinculada ao Ministério da Fazenda – como o órgão competente para centralizar e gerenciar as ações de monitoramento das eventuais movimentações de recursos de origem suspeita.

A expressão *Conselho* serve para designar a sua composição colegiada e multidisciplinar, formada pelos órgãos que integram o sistema financeiro nacional, mas também a Agência Brasileira de Inteligência, o Ministério da Justiça por meio do Departamento de Recuperação de Ativos e Cooperação Jurídica Internacional, e o Ministério das Relações Exteriores.

Oficializou-se, assim, a regulamentação da atividade de *inteligência financeira* no sistema jurídico brasileiro, muito mais do que um método ou uma informação, uma atividade de vigilância e de análise de risco, voltada à correção proativa de toda e qualquer situação capaz de viabilizar a circulação de bens, direitos ou valores de origem duvidosa, protegendo, assim, a livre concorrência, os direitos e a segurança do consumidor, o interesse dos investidores, cuja competência foi atribuída ao COAF.

O COAF, no desempenho das funções de monitoramento do sistema financeiro em geral, para a prevenção e repressão da lavagem de dinheiro, compreendido o mercado de seguros, valores mobiliários e imobiliários, tesouro nacional etc., não somente assessora o órgão regulador, como também os órgãos de investigação criminal. Tanto em uma como em outra situação a atividade do COAF é sempre qualificada como de inteligência financeira, cuja pesquisa e análise

zações multigovernamentais de prevenção e combate à lavagem de dinheiro e ao financiamento do terrorismo (PLD/FT). Dentre estes, o Brasil integra, desde 1999, o Grupo de Ação Financeira contra a Lavagem de Dinheiro e o Financiamento do Terrorismo (GAFI/FATF) e o Grupo de Egmont de Unidades de Inteligência Financeira. Por sua vez, o Brasil faz parte, desde 2000, do Grupo de Ação Financeira da América do Sul contra a Lavagem de Dinheiro e o Financiamento do Terrorismo (GAFISUD), agora denominado Grupo de Ação Financeira da América Latina (GAFILAT). Periodicamente, o GAFI realiza avaliação dos países membros acerca da implementação de medidas de prevenção e combate à lavagem de dinheiro e ao financiamento do terrorismo. O Relatório de Avaliação Mútua do Brasil, publicado em 2010: <http://www.coaf.fazenda.gov.br/links-externos/Sumario%20Executivo%20 Brasil%202010.pdf>.

possibilitam identificar as situações de anormalidade ou risco ao sistema financeiro em relação a pessoas físicas e jurídicas.

O COAF entre 2002 e 2017 identificou 5,2 milhões de comunicações de operações financeiras suspeitas, que não significam necessariamente crime de lavagem de dinheiro.[31]

As comunicações encaminhadas pelos setores e pessoas obrigadas pela Lei n. 9.613/1998 são recebidas pelo SISCOAF que, programado com regras de inteligência previamente definidas, efetua, eletronicamente, uma análise sistêmica e distribui as comunicações que deverão ser tratadas individualmente pelos analistas.

Todas as comunicações recebidas e as análises realizadas são armazenadas no próprio SISCOAF, o que possibilita a construção de uma base de dados com volume crescente de informações, utilizadas como subsídios para a realização das análises subsequentes.

Por meio da análise individualizada, o conteúdo das comunicações recebidas dos setores obrigados é avaliado e relacionado com outras informações disponíveis. Quando detectados sinais de alerta, é calculado o risco inerente à comunicação. Esse cálculo é efetuado de forma automatizada, pela Central de Gerenciamento de Riscos e Prioridades – CGRP. De acordo com o risco apurado na CGRP, são abertas pastas virtuais, chamadas *Caso*, para aprofundamento da análise. Além do cálculo do risco das comunicações, a CGRP efetua o gerenciamento e a hierarquização dos Casos abertos, permitindo a priorização daqueles com risco mais alto.

O resultado das análises é registrado em documento denominado Relatório de Inteligência Financeira – RIF, que, por sua vez, é objeto de compartilhamento por meio da cooperação e a troca de informações com outras autoridades do setor regulatório como do sistema de justiça criminal, no caso o Ministério Público e a polícia judiciária.[32]

31. <https://siscoaf.discovery.fazenda.gov.br/coaf/servletmstrWb?src=mstrWeb.3140&evt=3140&documentID=8DC81DD1172FF300000080EF756E0B&Server=161.148.236.17&Port=0&Project=D-COAF&> (acesso em 05.03.2018).

32. Além das autoridades nacionais, o COAF realiza intercâmbio de informações também com as Unidades de Inteligência Financeira – UIF integrantes do Grupo de Egmont. As informações trocadas entre as Unidades

O Relatório de Inteligência Financeira – RIF é produzido pelo COAF de forma espontânea e proativa, conforme já exposto, a partir das comunicações ou denúncias recebidas. Mas o RIF também pode ser elaborado por provocação, através de uma solicitação de intercâmbio de informações feita por outras unidades de inteligência estrangeiras ou, ainda por órgãos de investigação criminal, a partir de um fato determinado.

Quando o resultado das análises feitas pelo COAF indicar a existência de fundados indícios de lavagem de dinheiro, ou qualquer outro ilícito penal, os Relatórios de Inteligência Financeira serão encaminhados às autoridades com poder de investigação criminal, na forma do artigo 15 da Lei n. 9.613/1998.

Toda atividade de inteligência, em especial a financeira, principalmente quando a vigilância incide sobre as movimentações bancárias, provoca importantes discussões quanto à proteção e a eventual violação da privacidade.[33]

Uma das características da informação de inteligência é o seu caráter sigiloso. Sua natureza sigilosa não significa inacessibilidade ou clandestinidade em relação à forma ou quem a produz. O sigilo não é manifestação de desconfiança, mas proteção, responsabilidade,

de Inteligência Financeira não podem ser divulgadas sem o consentimento prévio e formal da UIF requerida.

33. O Supremo Tribunal Federal, no julgamento da Ação Direta de Inconstitucionalidade n. 2.859 – Distrito Federal (julgado em 24.02.2016), por maioria de votos, ao analisar a possibilidade de acesso aos dados bancários pela Receita Federal do Brasil, sem ordem judicial, concluiu tratar-se de transferência de sigilo e não de quebra de sigilo bancário. A diferença entre a transferência de sigilo e a quebra de sigilo decorre fundamentalmente da natureza e da finalidade entre uma e outra situação. Na transferência de sigilo o que se tem é uma atividade típica de inteligência, em que a responsabilidade pela custódia do dado sigiloso é compartilhada, e a finalidade do compartilhamento é potencializar as ações de arrecadação do Fisco, e não a sua utilização no processo penal, seja na investigação ou na ação criminal. Diferentemente, na quebra de sigilo bancário, que igualmente não deixa de ser também um compartilhamento de dados, porém, com o objetivo de utilização desses dados na investigação ou na ação penal, o que em outras palavras significa, em tese, influir na quebra do estado de inocência. Daí o porquê da diferença de tratamento. Na transferência de sigilo o que se produz é um informe de inteligência, na quebra de sigilo bancário o que se produz é um meio de prova, e eis aí razão da necessidade de ordem judicial para permitir o uso do dado bancário como meio de prova.

de modo a evitar que a sua exposição produza danos irreparáveis a pessoas, por exemplo.

Os procedimentos de coleta de dados e informação de inteligência podem ou não prescindir de medidas intrusivas, mas sempre legitimados pela lei e submetidos a um regime de controle e auditoria.[34]

Nesse sentido, a Lei Federal n. 9.883/1999 prescreveu a necessidade de classificação da informação produzida pela atividade de inteligência, ou seja, torná-la sigilosa, sempre que considerada imprescindível à segurança da sociedade ou do Estado, circunstâncias, aliás, reconhecida pela Lei Brasileira de Acesso à Informação (artigo 23 – Lei n. 12.527/2011).

O sigilo é ao mesmo tempo uma providência de proteção e controle que acarreta a restrição do acesso, da divulgação e do tratamento às pessoas que tenham a necessidade do conhecimento, bem como a obrigação daquele que recebe a informação classificada, de resguardar o sigilo.[35]

Na hipótese da inteligência financeira no Brasil, embora o tratamento não seja diferente, há importantes peculiaridades.

As comunicações enviadas ao COAF pelas pessoas obrigadas pela Lei n. 9.613/1998, principalmente as relativas às movimentações financeiras, são protegidas pelo sigilo na forma da Lei Complementar n. 105/2001. Constituem, na realidade, transferência ou compartilhamento da responsabilidade sobre a informação sigilosa e não afastamento do sigilo.

Diferentemente da atividade de inteligência em matéria de defesa nacional, na atividade de inteligência financeira, o contexto de coleta, produção, análise e difusão é delimitado na própria lei, principalmente no que se refere ao tratamento do sigilo.

A exigência do sigilo, em razão da natureza da atividade e da informação de inteligência, não é impeditiva para sua utilização no

34. "Democratic and Effective Oversight of National Security Services". Council of Europe. Commissioner for Human Rights. 2015, p. 63. Disponível em <https://rm.coe.int/democratic-and-effective-oversight-of-national-security-services-issue/16806daadb> (acesso em 05.03.2018).

35. Forst: *Terrorism*, 344-350.

processo penal. Pelo contrário, o recurso à atividade de inteligência no curso de uma investigação ou ação penal, ou o uso de uma informação de inteligência para iniciar uma investigação, notadamente a inteligência financeira, é uma estratégia cada vez mais utilizada no processo penal.

O ponto de atenção é que o uso da informação de inteligência financeira deve ser submetido ao mesmo padrão de garantias exigido na atividade probatória.[36]

3.2 A admissão da informação de inteligência financeira no processo penal

Questão relevante no uso da informação de inteligência financeira no Brasil no processo penal, nos casos em que o seu conteúdo faz referência à movimentação bancária, submetida ao regime jurídico da Lei Complementar n. 105/2001, é se haveria ou não a necessidade controle judicial prévio para afastar o sigilo. E tal preocupação decorre do fato de que o afastamento do sigilo significa admitir a possibilidade do seu uso como prova, na forma da Lei Complementar n. 105/2001, que exige nesses casos prévia autorização judicial.

Muito embora haja entendimento em sentido contrário, entendemos não ser necessária a prévia autorização judicial para utilização do relatório de inteligência financeira, e pelos seguintes fundamentos:

1º. Os compromissos internacionais assumidos pelo Brasil nas Convenções das Nações Unidas contra o Financiamento ao Terrorismo (art. 12), Crime Organizado Transnacional (art. 12) e Corrupção (art. 40), prescrevem que o sigilo bancário não pode constituir um obstáculo na sua prevenção e repressão;

2º. A atividade de inteligência financeira desenvolve-se no contexto da prevenção e da repressão à lavagem de dinheiro, e nesse sentido, o compartilhamento com os órgãos de investigação criminal, seja o Ministério Público ou a polícia judiciária, legitima o uso da informação de forma compatível com as atribuições destes. O que não elimina a liberdade de convencimento desses órgãos quanto à pertinência e relevância do conteúdo;

36. Vervaele: *Utrecht Law Review*, vol.1.1 (September), 2005, 1-27.

3º. A Lei Complementar n. 105/2001, que trata do sigilo bancário no Brasil, prevê no § 6º do artigo 2º, que o Banco Central, a Comissão de Valores Mobiliários, e demais órgãos fiscalizadores do sistema financeiro, fornecerão informações sobre dados cadastrais e movimentação de valores ao COAF, para os fins da Lei n. 9.613/1998, ou seja, para que o COAF cumpra a sua função de prevenção e repressão à lavagem de dinheiro, notadamente quando compartilhar o relatório de informação financeira com os órgãos de investigação criminal;

A utilidade da inteligência financeira no processo penal, tanto na fase pré-processual como judicial, justifica-se pela necessidade de se saber quem são as pessoas, quais são as organizações, os respectivos processos, o caminho do dinheiro, as transações financeiras, os beneficiários, que podem ou não levar a uma investigação criminal.[37]

É fato que a inteligência financeira, e o procedimento formal de investigação criminal se assemelham nos métodos utilizados e, algumas vezes nos próprios fins pretendidos. Tome-se como exemplo o recurso à atividade de inteligência financeira para identificar a existência de conta bancária que auxilie no procedimento cautelar de indisponibilidade de bens. Mas há diferenças importantes. De fato, enquanto a atividade de inteligência é de natureza sigilosa, a atividade de investigação é marcada pela publicidade. Por outro lado, a produção de uma informação de inteligência sobre uma pessoa que vai ingressar no país não tem por finalidade a imputação de um fato, a menos em princípio. Já a atividade de investigação criminal, como se sabe, é sempre orientada a um fato determinado.[38] Por fim, a atividade de investigação criminal toca a garantia da presunção de inocência o que nem sempre ocorre na atividade de inteligência.[39]

Admitido o uso da informação de inteligência financeira no processo penal, e compreendida a respectiva forma de interação, como, aliás, verificado nas decisões judiciais proferidas no *Caso Lava Jato* já referidas anteriormente, cumpre-nos examinar qual seria a sua eficácia na formação do convencimento judicial.

37. Lyman – Potter: *Organized Crime*, 426.
38. Saccone: *La raccolta*, 165.
39. Lyman – Potter: *Organized Crime*, 26.

3.3 Eficácia probatória da informação de inteligência financeira

Se o termo *prova* é tomado no sentido amplo, como qualquer meio de convencimento para estabelecer a verdade sobre determinado fato, a informação de inteligência financeira poderia ser qualificada como prova.[40]

Ocorre que a lei processual brasileira elegeu o contraditório judicial como critério diferenciador entre a prova e o elemento informativo. Com efeito, o art. 155 do CPP prescreve que o juiz deverá formar a sua convicção com base na prova produzida em contraditório judicial, proibindo-o de fundamentar a sua decisão com base, exclusivamente, nos elementos informativos colhidos na investigação, a exceção da prova cautelar, não repetível e antecipada.

A relevância da distinção entre prova e elemento informativo decorre da constatação de que a participação, seja das partes, seja do juiz, exigida no procedimento para a produção de prova, não é a mesma que se verifica no procedimento para a obtenção de um elemento de informação.

A distinção entre prova e elemento informativo pode ser analisada a partir de dois critérios.[41] O primeiro em relação ao momento

40. Gomes Filho: *Notas*, 305. O ciclo da prova compreende a descoberta da fonte de prova (pessoa ou coisa), a sua instrumentação através do meio de prova, a sua produção através do procedimento probatório, a coleta do elemento de prova e, finalmente, a valoração do dado probatório. As *fontes de prova* são as pessoas ou coisas a partir das quais pode se extrair o dado probatório. O *meio de prova* é a atividade por meio da qual os dados probatórios são fixados no processo, ou tudo aquilo que permite conhecer os fatos relevantes da causa. Os *meios de pesquisa, de obtenção* ou *investigação de prova* são atividades desenvolvidas com o objetivo de identificar fontes de prova, sejam coisas materiais ou declarações dotadas de força probante. Na realidade, os meios de pesquisa de prova, diferentemente dos meios de prova, não constituem por si só fonte de convencimento. O *procedimento probatório* constitui a atividade a partir da qual o meio de prova desenvolve-se com o objetivo de fixar os dados probatórios no processo. Os *elementos de prova* por sua vez, constituem os dados objetivos que confirmam ou negam uma afirmação, como, por exemplo, a declaração de uma testemunha, o conteúdo de um documento.

41. Há ainda no CPP brasileiro o uso da expressão *peças de informação*. Essa terminologia está prevista no Código de Processo Penal para designar as hipóteses em que a atividade de investigação não se desenvolve por meio do inquérito policial, mas por meio de outro procedimento ou pela simples

do procedimento: enquanto a prova é produzida judicialmente e durante o processo, o elemento informativo é colhido durante a investigação. O segundo critério refere-se ao método de produção: enquanto a prova é produzida de forma dialética, com incidência do contraditório na prova ou sobre a prova, o elemento informativo não observa tal procedimento. Tanto a prova como o elemento de informação possuem função persuasiva e cognitiva. A prova exerce uma função persuasiva em relação à formação da convicção do julgador, e uma função cognitiva em relação à demonstração de veracidade de uma afirmação. O elemento informativo possui função persuasiva em relação à convicção das partes, da autoridade que preside a investigação e até mesmo do julgador nas hipóteses de mero juízo de admissibilidade. A função cognitiva do elemento informativo está relacionada à demonstração da verossimilhança ou probabilidade de determinada afirmação.

A prova tem, portanto, como pressuposto de plena eficácia persuasiva, como meio idôneo para se projetar sobre a presunção de inocência, a observância das garantias da imediação e do contraditório.[42]

reunião de informações sem qualquer formalidade mais precisa, mas cujo conteúdo possui força ou capacidade persuasiva. Assim, por exemplo, uma ação penal pode ser ajuizada tendo como lastro probatório não somente o inquérito policial, mas também as peças de informação, cujo conteúdo revela a existência de indícios de autoria e prova da materialidade delitiva. A distinção que ora interessa está relacionada com a forma como se apresenta uma determinada informação, e não o seu conteúdo propriamente dito.

42. Por exemplo, na hipótese da prova emprestada, por exemplo (repetição), tais garantias manifestam-se de forma distinta a depender da natureza da prova, se pessoal ou documental. No que se refere à prova emprestada de natureza documental, a garantia do contraditório, pela própria natureza da prova documental, manifesta-se de forma diferida ou prorrogada. De modo que somente a partir da sua juntada, é que as partes terão a oportunidade de se pronunciar. Já no que se refere ao princípio da imediação não há grandes questionamentos, na medida em que a prova não se forma perante o juiz, mas sim extrajudicialmente. De acordo com a professora Ada Pellegrini Grinover, a prova emprestada somente poderá ser admitida se houver sido produzida no procedimento originário perante a parte contra quem se pretende utilizá-la e perante o mesmo juiz. Segundo a professora, é essencial a participação da parte na formação da prova, sob pena de violação da garantia do contraditório.

A garantia da imediação está associada à garantia do juiz natural,[43] e procura resguardar a intensidade no contato e na atuação do juiz na coleta dos elementos de prova, assegurada, assim, uma cognição mais aprofundada. A garantia da imediação sofre limitações, como, por exemplo, na hipótese de carta precatória, carta rogatória e carta de ordem, em que juiz, perante o qual a prova se forma, não é o mesmo juiz da causa.[44]

A garantia do contraditório por sua vez, decorre da própria natureza dialética do processo judicial, que tem no confronto e na participação das partes muito mais do que uma garantia contra eventuais abusos, mas sim a garantia de que se trata do melhor método de conhecimento da verdade a legitimar uma decisão final mais justa. O contraditório abriga não somente a garantia da informação e do conhecimento, mas principalmente a oportunidade de participação, seja por meio do direito à prova, seja por meio de uma atividade argumentativa, persuasiva e racional.

O direito à prova,[45] como parte do núcleo essencial da garantia do contraditório, significa não somente o direito a postular a produção de provas, mas também a possibilidade de participação na formação da prova, sua complementação, o direito à contraprova e o direito de acesso à prova, à respectiva fonte, meio e procedimento.

Para que a informação de inteligência financeira possua plena eficácia probatória, deverá atender às exigências do contraditório e da imediação, que constituem os parâmetros do processo justo sobre a prova.[46]

No caso da informação de inteligência financeira, diferentemente da informação de inteligência sobre organizações terroristas, por exemplo, a fonte do conhecimento é sempre conhecida, na medida em que a sua base de produção, como no caso do relatório do COAF, advém das pessoas obrigadas por lei a comunicar.

43. Fluja, Vicente C, Guzmán. *Anticipación y preconstitución...*, 115.
44. Nery Junior: *Princípios*, 141.
45. Magalhães Gomes Filho: *Direito à prova,* 83.
46. Coster Van Voorhout: *Utrecht Law Review*, vol.2-2 (December) 2006, 121.

Caso a informação de inteligência não revele quem produziu o conteúdo, ou como os dados foram coletados e analisados, a sua utilização como prova, com plena eficácia persuasiva na formação do convencimento, fica prejudicada. Nesse sentido é o Relatório Especial das Nações Unidas de Direitos Humanos e Contraterrorismo, de fevereiro de 2009, que criticou o uso de informação de inteligência estrangeira como prova, por não permitir o questionamento quanto à sua credibilidade, confiabilidade e presteza.[47]

Não há dúvidas quanto à necessidade e utilidade da informação de inteligência financeira, principalmente porque a sua apresentação é sempre acompanhada de explicações e ilustrações, inclusive, gráficas, as quais possibilitam a compreensão mais contextualizada de um determinado problema. A admissibilidade dos informes, e principalmente das fontes de prova em que se apoia, deve permitir a sua contextualização e confronto com os meios de prova produzidos no processo.

A eficácia probatória da informação de inteligência financeira dependerá, em primeiro lugar, do seu caráter genérico ou determinado, à clareza em relação ao método como o dado foi obtido, e o tipo de relação que o analista que elabora o informe e comparece ao processo tem com os fatos e informações sobre os quais se manifesta. O que significa dizer que a generalidade do objeto e a obscuridade em relação à origem e procedimento comprometem a sua idoneidade probatória, seja porque não geram oportunidade de contradição seja porque a sua relevância é questionável e de duvidosa efetividade, mas não a sua legalidade.

Com efeito, na medida em que a informação de inteligência revelar um fato penalmente relevante, cuja fonte da informação é conhecida, o juízo de valor do analista no informe de inteligência não substitui, mas apenas influencia o juízo de valor do órgão com atribuição para investigar, seja a polícia ou o Ministério Público. A

47. Keene: *Threat Finance*, 241-242. A autora faz referência ao caso *Kadi v. Conselho da Europa e a Comissão,* em que foi ressaltado o problema do uso da prova secreta nos procedimentos de indisponibilidade de bens, porque os acusados não tiveram a oportunidade de contestar as descobertas, bem como alegaram a violação do seu direito de ser ouvido.

consistência da informação e das suas fontes é que determinará a sua suficiência ou não para justificar o início da investigação.

Mas a informação de inteligência financeira pode se qualificar também como um meio de pesquisa ou de obtenção de prova sobre fato definido como crime, toda vez que apontar outras fontes de prova, como testemunhas e documentos, hipótese em que o meio de prova com força persuasiva não estará na informação em si, mas no depoimento da pessoa ou no documento em que se apoiar, por exemplo. Nesse caso, a eficácia probatória não é da informação de inteligência, mas sim do conteúdo revelado por outras fontes de prova, cujo procedimento para obtenção seja devidamente respeitado.

Todavia, caso não seja possível a irrestrita observância da contradição e da imediação, a informação de inteligência financeira terá o valor de elemento de informação, nos termos do artigo 155 do CPP, com função de caráter argumentativo, de reforço de outros meios de prova.

Os argumentos de prova não são propriamente provas, mas instrumentos lógico-críticos para valorar as provas típicas. Não podem constituir uma cadeia completa e suficiente de anéis presuntivos, mas apenas concorrer na formação do juízo do fato com outros elementos gerados pelas provas típicas ou dos fatos notórios e não contestados.[48]

Por fim, a informação de inteligência financeira também pode constituir meio de prova, com plena capacidade persuasiva, por exemplo, o diagrama do fluxo de movimentações financeiras feito pelo analista.

A questão é analisar a natureza desse meio de prova, se documental, pericial, testemunhal ou atípica. A informação de inteligência financeira pode ser definida como meio de prova documental, e não simplesmente um ato de documentação. Isso porque ela é representativa da materialidade de um fato, pessoa ou coisa, idôneo à conservação da memória, e produzido fora de qualquer procedimento formal. Já o ato de documentação é resultado de uma determinada atividade, feito a partir do registro dos atos que são praticados, como

48. Iacoboni: *Prova legale*, 135.

é exemplo dos atos de instrução em audiência.[49] O seu valor como prova documental não afasta o valor próprio que possui as outras fontes de prova em que se apoia a análise de inteligência financeira.

A informação de inteligência também poderia ser definida como prova pericial, na medida em que o analista de inteligência financeira é um profissional especializado, o método de análise possui uma cientificidade própria. A única questão reside em saber se o analista seria um perito propriamente dito, uma vez que o perito goza de uma imparcialidade objetiva. No entanto, o analista tem a capacidade de determinar uma realidade não verificável diretamente pelo juiz, por exemplo, em relação ao luxo financeiro. Também é verdade que quanto mais experiente e conhecedor o juiz em relação ao objeto do juízo de valor do analista de inteligência, menos a influência deste, diferentemente do que ocorre em relação à prova pericial.

O direito brasileiro, diferentemente dos sistemas de tradição *common law*, não prevê a denominada *expert witness*, embora o analista de inteligência financeira possa ser ouvido em juízo. O juízo de valor do analista ou profissional de inteligência não permite reconhecê-lo como testemunha, na medida em que a cognição do analista é fruto do seu juízo de inferência e não apreensão do fato a ser provado por meios dos seus sentidos. Sua posição mais se aproxima do juiz do que da posição de uma testemunha.

Independentemente da discussão quanto à definição da informação de inteligência financeira em relação à fonte da prova, respeitadas as garantias da contradição e da imediação, a mesma possuirá valor como prova.

49. Cardino; Guida; Ranaldi: *Processo penale*, 3.

3.4 A eficácia probatória do relatório de inteligência financeira nas decisões judicias do Caso Lava Jato[50]

50. O relatório de inteligência financeira do COAF foi objeto de valoração em outros julgamentos nos tribunais superiores. No julgamento da ação penal n. 470 (julgado e publicado em 22.02.2013), que tramitou no Supremo Tribunal Federal, o relator ministro Joaquim Barbosa fundamentou a sua decisão em relação à caracterização do crime de lavagem de dinheiro com base no relatório do COAF. Às fls. 1223 tem-se o seguinte trecho: "Consoante informações prestadas pelo COAF, as contas da SMP&B no Banco Rural sofreram oitenta e um saques em espécie no montante total de R$ 16.529.408,24 entre 16.07.2003 e 18.05.2005 (fls. 23-8, com lista nas fls. 26-8, vol. 1). Já as contas da DNA Propaganda no Banco Rural sofreram vinte e um saques em espécie no montante total de R$ 4.372.677,91 entre 19.08.2003 e 10.09.2004 (lista na fl. 26, vol. 1). As informações prestadas pelo COAF abrangem somente os saques de valor igual ou superior a cem mil reais, não tendo o Banco Rural comunicado operações em valor inferior a este parâmetro" (citações apenas entre aspas). E às fls. 3108: "As provas dos autos, no entanto, revelam outra realidade. Em levantamento elaborado pelo COAF, acostado à fl. 1.450, vol. 6, constatou-se que *"Simone Vasconcelos conta (sic) também como representante legal da empresa Solimões Publicidade Ltda., e da empresa Feeling Propaganda Ltda."*. Em ambas as hipóteses o relatório do COAF é valorado na decisão como meio de prova. Na primeira situação a referência ao relatório presta-se a confirmar a omissão da instituição financeira em comunicar determinadas operações que estava obrigada por lei a informar. Na segunda situação a referência ao relatório do COAF presta-se a confirmar que a ré era representante legal de duas pessoas jurídicas. O que se percebe na realidade é o emprego da expressão *prova* de forma genérica e indiscriminada. Num primeiro momento confronta-se o relatório do COAF com a auditoria interna da instituição para concluir que esta omitiu operações. O relatório do COAF nesse caso constitui um ato de documentação do que foi efetivamente comunicado pela instituição financeira, não se tratando de documento propriamente dito, na medida em que o documento nesse caso, na qualidade de meio de prova, está representado pelo ato de comunicação do banco ao COAF, em que as operações foram omitidas. Num segundo momento o relatório do COAF é utilizado como fonte de referência para a constatação de um dos réus era representante legal de duas pessoas jurídicas. A informação sobre a condição de sócio de uma determinada pessoa tem como fonte primária os contratos sociais, registrados ou não nas respectivas juntas comerciais ou outros órgãos similares para esse fim. O COAF simplesmente, no exercício das suas funções, tem acesso a tais bases de dados, o que possibilita a inserção do dado no relatório. Mas não se trata da fonte do dado propriamente dita. O que nos leva a concluir que nesse caso o relatório do COAF constitui um ato de documentação somente, não se tratando de documento, nem mesmo qualquer outro meio de prova. O meio de prova nesse caso é o contrato social das pessoas jurídicas em que a ré figurava como representante legal. Em outro

Estabelecidas as premissas para a utilização da inteligência

julgamento, a 6ª Turma do Superior Tribunal de Justiça (HC n. 191.378/DF; julgado e publicado em 15/09/2011), ao enfrentar questionamento acerca da utilização do relatório inteligência financeira do COAF no processo penal, decidiu: "Representação da quebra de sigilo fiscal, por parte da autoridade policial, com base unicamente no Relatório de Inteligência Financeira encaminhado pelo Conselho de Controle de Atividades Financeiras (COAF). Representação policial que reconhece que a simples atipicidade de movimentação financeira não caracteriza crime. Não se admite a quebra do sigilo bancário, fiscal e de dados telefônicos (medida excepcional) como regra, ou seja, como a origem propriamente dita das investigações. Não precedeu a investigação policial de nenhuma outra diligência, ou seja, não se esgotou nenhum outro meio possível de prova, partiu-se, exclusivamente, do Relatório de Inteligência Financeira encaminhado pelo Conselho de Controle de Atividades Financeiras (COAF) para requerer o afastamento dos sigilos. Não foi delineado pela autoridade policial nenhum motivo sequer, apto, portanto, a demonstrar a impossibilidade de colheita de provas por outro meio que não a quebra de sigilo fiscal. Não demonstrada a impossibilidade de colheita das provas por outros meios menos lesivos, converteu-se, ilegitimamente, tal prova em instrumento de busca generalizada. Idêntico raciocínio há de se estender à requisição do Ministério Público Federal para o afastamento do sigilo bancário, porquanto referente à mesma questão e aos mesmos investigados". Embora o STJ não tenha debatido especificamente a natureza do relatório do COAF, ao admitir a discussão quanto à sua utilização superou uma primeira questão que é exatamente saber se o referido pode ou não ser juntado num procedimento investigatório criminal. Pela leitura da decisão não passa pelo STJ a possibilidade de que tal juntada seja vedada, tanto que num determinado momento da decisão reconheceu-se a legitimidade da instauração do inquérito policial com base no relatório, porém, restringiu a sua capacidade para sozinho, legitimar a quebra de sigilo bancário, fiscal e telefônico. Dessa assertiva extraem-se duas conclusões possíveis: a primeira no sentido de que se o relatório do COAF estiver relacionado a fato determinado, presta-se a servir como notícia de crime para legitimar o início de uma investigação criminal; a segunda no sentido de que o relatório do COAF não é meio de prova, tanto que o STJ reconheceu a sua insuficiência para determinar o deferimento de providências cautelares, exigindo a demonstração da inexistência de outros meios de prova menos lesivos que a quebra de sigilo bancário. Entendemos necessárias algumas ponderações no tocante a ambas as conclusões. Quanto a considerar o relatório uma notícia de crime, hábil a ensejar a formalização de uma investigação criminal, tal conclusão pode se mostrar temerária, na medida em que o juízo de valor manifestado pelo COAF em seu relatório restringe-se a identificar uma possível situação de atipicidade na movimentação financeira. Essa situação de atipicidade pode ser interpretada como uma hipótese de simples desconformidade administrativa, ou ainda como uma hipótese de sonegação de tributos, ou mesmo como algo perfeitamente explicável por meio de outras fontes que não por meio dos dados

financeira no processo penal, cumpre examinar a correção ou não da

analisados pelo COAF. Parece-nos uma temeridade, assim, deduzir que a atipicidade de uma movimentação financeira constitui indício de crime de lavagem de dinheiro. Outra consideração a ser feita nesse tópico tem por premissa o fato de que o relatório é o produto de uma atividade de inteligência, e como tal, classificado pelo sigilo, e cujo compartilhamento impõe, como regra, o dever de manutenção do sigilo por quem o recebe. A excepcionalidade na sua utilização, a nosso ver, somente poderia ser admitida naqueles casos em que a produção relatório pelo COAF se perfaz a partir da comunicação quanto à existência de um indício de crime de lavagem de dinheiro, hipótese em que o relatório complementa uma informação sobre fato determinado preexistente. No tocante à segunda conclusão que se extrai da decisão do STJ em questão, o fato é que o relatório do COAF constitui um meio de obtenção ou pesquisa de fontes prova, sem valor persuasivo, portanto, em que o meio de prova é o dado constante do próprio relatório, como o dado bancário e os dados de outras naturezas. No julgamento do Habeas Corpus n. 222.963-SP (julgado e publicado em 13.08.2013), a 5ª Turma do Superior Tribunal de Justiça, ao analisar o questionamento no sentido de que a investigação criminal foi iniciada a partir de um relatório produzido pelo Setor de Inteligência da Polícia Militar, em que se apontava o seu caráter anônimo, decidiu que o mesmo não tinha qualquer valor probatório, na medida em que o seu conteúdo foi confirmado por outras fontes de prova. Nesse caso o relatório de inteligência, posto que não identificada a autoria do informe, equivale ao documento anônimo, de modo que o seu valor se limita à cientificação do órgão investigador, que pelos seus meios e recursos próprios busca confirmar ou não o conteúdo daquele. Caso confirme, a tomada de decisão se fundamenta no resultado dos atos de investigação realizados, mas não no informe de inteligência. No julgamento do Recurso em Mandado de Segurança n. 52.677-SP (julgado e publicado em 24.07.2017), a 5ª Turma do Superior Tribunal de Justiça analisou a legalidade da consulta pelo Ministério Público ao Conselho de Controle de Atividades Financeiras – COAF no curso de uma investigação, quanto à existência de movimentações financeiras atípicas. O COAF, por expressa autorização da Lei Complementar n. 105/2001, que trata do sigilo bancário, autoriza o seu acesso às movimentações financeiras, as quais estão protegidas pelo sigilo legal. A razão do sigilo nesses casos é o resguardo da intimidade da vida privada. A consulta feita pelo Ministério Público ao COAF no curso de uma investigação quanto à existência de movimentações financeiras atípicas, sem intervenção jurisdicional, limita-se à confirmação ou não daquelas, não se estendendo ao conteúdo das referidas movimentações, as quais constituem expressão da intimidade da vida privada. Isso porque nesses casos o acesso está sujeito ao prévio controle jurisdicional. A atividade do COAF é de inteligência financeira, e não de investigação de crime de lavagem de dinheiro, cujo conteúdo dos dados que são objeto da sua análise são protegidos pelo sigilo legal. O sigilo decorre da natureza do dado e da natureza da atividade do COAF. A utilização do relatório do COAF, todavia, nesse julgamento, foi autorizada desde que não abranja os dados da movimentação

fundamentação das decisões judiciais no *Caso Lava Jato* com base no relatório no COAF.

No julgamento da apelação criminal n. 5023135-31.2015.4.04.7000/PR, o TRF da 4ª Região valorou o relatório de inteligência financeira como meio de prova idôneo para justificar medidas cautelares. Embora a decisão não especifique, o relatório de inteligência financeira foi valorado como prova documental, tendo em vista a referência às transações financeiras realizadas pelos investigados.

No mesmo sentido a fundamentação que consta do julgamento da apelação criminal n. 5025692-25.2014.4.04.7000/PR, que inclusive, valorou o relatório de inteligência financeira do COAF no julgamento do mérito para comprovação do crime antecedente à lavagem de dinheiro, como prova documental, circunstância repetida no julgamento da apelação criminal n. 5026212-82.2014.4.04.7000/PR.

Em 1ª instância, o juízo da 13ª Vara da Justiça Federal de Curitiba, no julgamento do pedido de busca e apreensão n. 500143885.2014.404.7000/PR, o relatório de inteligência foi valorado como prova documental para caracterização da verossimilhança necessária nas medidas cautelares de busca e apreensão e quebra de sigilo bancário e fiscal.

No julgamento da ação penal n. 502621282.2014.4.04.7000/PR, o relatório de inteligência financeira foi valorado como prova documental das transações financeiras e da forma como as mesmas foram estruturadas no crime de lavagem de dinheiro.

As decisões devem ser examinadas sob duas perspectivas.

Primeiro, é inquestionável a legalidade da inserção do relatório de inteligência financeira nos autos dos inquéritos policiais e das ações penais, tendo em vista a relação de pertinência e relevância com os crimes sob apuração ou julgamento, inclusive, no que se refere a não exigência de ordem judicial prévia para que o referido o relatório pudesse ser juntado.

financeira. Ou seja, a eficácia probatória do informe de inteligência nesses casos é argumentativa, na medida em que indica uma determina possível situação a ser confirmada por outros meios de provas.

Segundo, do ponto de vista da eficácia probatória do relatório de inteligência financeira, manifestada na fundamentação das decisões judiciais sob comento, muito embora a expressão *prova* tenha sido empregada de forma indiscriminada, julgamos pertinente a necessária adequação terminológica, para evitar o seu sub ou superdimensionamento na formação do convencimento judicial.

Quando a referência ao relatório se limita ao conteúdo das operações financeiras realizadas – e, portanto, apenas reproduz o conteúdo de um dado bancário –, a prova do fato é o dado bancário e não o relatório, como, por exemplo, a prova do crime contra o sistema financeiro antecedente à lavagem de dinheiro. A força probante ou persuasiva decorre do dado bancário e não do relatório de inteligência financeira. O relatório de inteligência financeira nesse caso não é meio de prova, mas sim mero argumento de prova, na medida em que complementa a conclusão decorrente de outro meio de prova.

Quando a referência ao relatório de inteligência financeira ocorre nos pedidos de busca e apreensão e quebra de sigilo bancário, sua eficácia é dupla, como meio de prova para justificar a medida cautelar, e como meio de obtenção de prova também, na medida em que indica outros meios de prova que podem ser acessados e integrados à investigação ou à ação penal.

Quando a referência ao relatório de inteligência financeira é direcionada ao esforço do analista, na contextualização de uma determinada situação, na demonstração gráfica de um fluxo de operações, por exemplo, sua eficácia é de meio de prova. Isso porque nesse caso a força persuasiva recai no trabalho do analista e não no dado bancário ou fiscal isoladamente. E nesse caso, é possível sustentar que se trata de uma prova pericial, tendo em vista a conhecimento técnico e específico do analista, ou pura e simplesmente uma prova documental.

Todavia, o reconhecimento do relatório de inteligência financeira como meio de prova na formação do convencimento sobre o mérito pressupõe a sua judicialização no contraditório, como forma de resguardar racionalmente a sua plena capacidade probante frente às garantias do processo justo.

4. Conclusão

Tornou-se lugar comum falar sobre os desafios enfrentados pelo processo criminal em uma sociedade de risco globalizada, com forte ênfase na segurança, na prevenção, e que provoca uma discussão aprofundada sobre esse novo papel, assim como sobre as funções de cada um dos órgãos que operam no sistema de justiça criminal. Uma das novas realidades atuais que impulsiona tal enfrentamento é a incidência da inteligência financeira nos processos criminais.

A inteligência financeira nos processos criminais reflete nos seus fins e na sua adequação ou não para responder a crimes praticados por organizações criminosas, como a corrupção e a lavagem de dinheiro, circunstância verificada no *Caso Lava jato*, em que o Ministério Público e a polícia judiciária se valeram dos seus resultados para iniciar e para auxiliar as investigações e ações penais em curso.

As iniciativas proativas e as respectivas respostas, fruto dos esforços de inteligência financeira, para prevenir e controlar fenômenos como terrorismo, crime organizado, lavagem de dinheiro e corrupção, devem ser cada vez mais reguladas e submetidas a procedimentos de auditoria e transparência, para que se compatibilizem com o respeito aos direitos fundamentais.

A fonte de conhecimento dos órgãos de inteligência financeira, como o COAF, diferentemente da inteligência voltada para a defesa e a segurança nacional, utiliza-se de informações que são disponibilizadas, por força de lei, pelas próprias pessoas obrigadas a comunicar.

O recurso à inteligência financeira no processo penal torna-se cada vez mais imperativo, notadamente nos crimes de corrupção, tendo em vista a dificuldade de obtenção ou mesmo de reprodução de meios de prova oral, mas também em razão da necessidade cada vez mais corrente de apoio em métodos analíticos de contextualização e descrição de problemas.

Assim, a informação de inteligência financeira pode constituir meio idôneo para impulsionar o início de um procedimento formal de investigação, como também pode constituir meio idôneo para subsidiar a identificação de outras fontes de prova, providências de natureza cautelar. Mas também pode constituir um meio de prova idôneo, observadas as garantias da imediação e contradição, para influenciar a formação do convencimento judicial em relação ao mérito de uma acusação, a despeito da discussão quanto à sua natureza como prova pericial, documental ou testemunhal. O seu valor indiciário ou não dependerá por óbvio da relação de inferência que estabelece com o fato a ser provado.

O desafio que os países e organizações internacionais assumiram de construir respostas para fenômenos graves, como a corrupção, que podem comprometer a realidade política de um país, justifica uma nova matriz de processo penal, com uma nova realidade procedimental e importante impacto no respeito de direitos e garantias, principalmente na atividade probatória.

A necessária realidade dos órgãos de inteligência e dos seus respectivos poderes para agir na preservação da ordem democrática e das instituições, cujo objetivo da prevenção acarreta um paradigma diferente na proteção dos direitos fundamentais do cidadão pode não ser a única solução possível, mas é a resposta mais imediata e viável no momento,[51] porém, desde que pautada por um movimento de balanceamento e equilíbrio na promoção e proteção de direitos fundamentais.

Bibliografia

ABELLÁN, Marina Gascón: *Los hechos em el derecho. Bases argumentales de la prueba.* Madrid: Marcial Pons, 1999.

BACHMAIER WINTER, Lorena: "Información de inteligencia y proceso penal", em Lorena Bachmaier Winter, *Terrorismo, Proceso Penal y Derechos Fundamentales*. Madrid: Marcial Pons, 2012, 45-68.

BIERSTEKER, Thomas J. – Eckert, Sue E. – Romaniuk, Peter: "International initiatives to combat financing terrorism", em Thomas J. Biersteker e Sue E. Eckert. *Countering the Financing of Terrorism*, New York: Routledge, 2008, 234-253.

CARDINO, Alberto – Guida, Ricardo – Ranaldi, Alessandro: *Processo penale e prove documentali*. Padova: CEDAM, 2004.

COSTER VAN VOORHOUT, J.E.B: "Intelligence as legal evidence. Comparative criminal research into the viability of the proposed Dutch scheme of shielded witnesses in England and Wales, and legislative

51. Winter: *Información de inteligência*, 101.

compliance with Article 6 (3)(d) ECHR", *Utrecht Law Review*, vol.2-2 (December) 2006, 119-144.

Fluja, Vicente C, Guzmán. *Anticipación y preconstitución de la prueba en el proceso penal.* Valencia: Tirant Lo Blanch, 2006.

Forst, Brian: *Terrorism, crime, and public policy.* Cambridge: Cambridge University Press, 2009.

German, Michael: *Strengthening Intelligence Oversight.* Brennan Center for Justice at New York University School of Law, 2015.

Gomes Filho, Antonio Magalhães: "Notas sobre a terminologia da prova (reflexos no processo penal brasileiro)", em Flávio Luiz Yarshell – Maurício Zanoide de Moraes, *Estudos em homenagem à Professora Ada Pellegrini Grinover.* São Paulo: DPJ, 2005, 303-318.

Gomes Filho, Antonio Magalhães: *Direito a prova no processo penal.* São Paulo: Editora Revista dos Tribunais, 1997.

Iacoboni, Alessandro: "Prova legale e libero convencimento del giudice". Milão: Giuffrè, 2006.

Council of Europe. "Democratic and Effective Oversight of National Security Services". Commissioner for Human Rights. 2015, p. 63. Disponível em: <https://rm.coe.int/democratic-and-effective--oversight-of-national-security-services-issue/16806daadb> (acesso em 05.03.2018)

International Commission of Jurists Assessing Damage, Urging Action. *Report of the Eminent Jurists Panel on Terrorism, Counter-Terrorism and Human Rights*, Ginebra 2009, <https://www.icj.org/wp-content/uploads/2012/04/Executive-Summary-of-the-Report-on-Terrorism--Counter-terrorism-and-Human-Rights-Eminent-Jurists-Panel-on--Terrorism-series-2009.pdf> (acesso em 05.02.2018).

Keene, Shima D.: *Threat Finance. Disconnecting the lifeline of organized crime and terrorism.* Farham/UK: Gower, 2012.

Lyman, Michael D.; Potter, Gary W.: *Organized Crime*, New Jersey. 4. ed., 2007.

Marques, José Frederico: *Elementos de direito processual penal*, v. 2, Campinas: Bookseller, 1997.

Nery Junior, Nelson: *Princípios do Processo Civil na Constituição Federal.* São Paulo: RT. 2ª ed., 1995.

ORLANDI, R.: "Attività di intelligence e diritto penale della prevenzione", em G. Illuminati, *Nuovi profili del segreto di stato e dell'attività di intelligence*, Torino: Giappichelli, 2010, 227-240.

RASCOFF, Samuel J.: "Domesticating Intelligence", em *Southern California Law Review*, 83, 2010, 575-648.

RUGGIERO, V: *Dirty Money. On financial delinquency.* Oxford University Press, 2017.

SACCONE, A: "La raccolta e l'utilizzo delle informazioni nella lotta al terrorismo", em F. Cappè – F. Marelli – A. Zappalà, *La minaccia del terrorismo e le risposte dell'antiterrorismo*, Milano, 2006, 155-191.

SCHERMER, B.W.: "Surveillance and privacy in an ubiquitous network society", *Amsterdam Law Forum*, v. 1, n. 4, aug. 2009, 63-76.

SIRACUSANO, Delfino *et al.*: *Diritto Processuale Penale*, v.1, 3. ed. Milano: Giuffrè, 2001.

SOMMOVIDO, F.: "Attivitá di intelligence e indagine penale" em G. Illuminati, *Nuovi profili del segreto di stato e dell'attività di intelligence*, Torino: Giappichelli, 2010, 241-264.

TELLES JUNIOR, Goffredo: *Tratado da consequência. Curso de lógica formal*. 6. ed. São Paulo: Ed. Juarez de Oliveira. 2003.

TRAPERO ÁLVAREZ, J.: "Prevención e investigación del delito. Crimen organizado y corrupción", em *Revista Catalana de Seguretat Pública*, mayo 2010, 183-205.

TREVERTON, G.F: *Intelligence for an Age of Terror*, Cambridge, 2009.

VERVAELE, John: "Special procedural measures and respect of human rights. General Report", em *International Review of Penal Law*. n. 80. 1º/2º trimester 2009, 75-123.

VERVAELE, John: "Terrorism and information sharing between intelligence and law enforcement communities in the US and the Netherlands: emergency criminal law?", *Utrecht Law Review*, vol.1.1 (September), 2005, 1-27.

Referências jurisprudenciais e legislativas

13ª Vara Federal de Curitiba, PR. Pedido de busca e apreensão n. 500143885.2014.404.7000/PR, juiz Sérgio Fernando Moro. Publicado em 06.05.2015.

13ª Vara Federal de Curitiba, PR. Ação Penal n. 502621282.2014.4.04.7000/PR, juiz Sérgio Fernando Moro. Publicada em 22.04.2015.

Lei Complementar n. 105/2001

Lei n. 9.613/1998

Lei n. 9.883/1999

Lei n. 12.527/2011

TRF 4. Apelação Criminal n. 5026212-82.2014.4.04.7000/PR, 8ª Turma, rel. Des. João Pedro Gebran Neto. Julgado e publicado em 14.04.2016.

TRF 4. Apelação Criminal n. 5023135-31.2015.4.04.7000/PR, 8ª Turma, rel. Des. João Pedro Gebran Neto. Julgado e publicado em 15.06.2016.

TRF 4. Apelação Criminal n. 5025692-25.2014.4.04.7000/PR, 8ª Turma, rel. Des. João Pedro Gebran Neto. Julgado e publicado em 17.07.2017.

STF. Ação Direta de Inconstitucionalidade n. 2.859/DF, Tribunal Pleno, rel. Min. Dias Toffoli, julgado em 24.02.2016.

STF. Ação Penal n. 470/MG, Tribunal Pleno, rel. Min. Joaquim Barbosa, julgado e publicado em 22.02.2013.

STJ. Habeas Corpus n. 191.378/DF, 6ª Turma, rel. Min. Sebastião Reis Jr., julgado e publicado em 15.09.2011.

STJ. Habeas Corpus n. 222.963/SP, 5ª Turma, rel. Jorge Mussi, julgado e publicado em 13.08.2013.

STJ. Recurso Ordinário em Mandado de Segurança n. 52.677/SP, 5ª Turma, rel. Min. Reynaldo Soares da Fonseca, julgado e publicado em 24.07.2017.

3

TRANSPLANTES, TRADUÇÕES E CAVALOS DE TROIA. O PAPEL DO JUIZ NO ACORDO DE COLABORAÇÃO PREMIADA. LEITURAS À LUZ DA *OPERAÇÃO LAVA JATO*

MARCOS ZILLI[1]

Todas as cores concordam no escuro.

(Francis Bacon)

RESUMO: O artigo busca identificar o papel reservado ao juiz no controle homologatório do acordo de colaboração premiada, introduzido no sistema brasileiro pela Lei 12.850/2013. Para tanto, traça as fontes inspiradoras do modelo colaborativo adotado, o que é feito pela perspectiva comparada. As metáforas do *transplante legal* (Watson) e da *tradução* (Langer) servem de apoio para a identificação do movimento de intercâmbio que inspirou o instituto.

1. Professor de Direito Processual Penal nos cursos de Graduação e de Pós-Graduação da FDUSP.

Nesse ponto, o trabalho reconhece a vinculação do acordo de colaboração premiada aos postulados da justiça negociada a qual foi moldada pela via da *tradução*, na década de noventa do século passado. Diferentemente do modelo norte-americano, não reina no processo penal brasileiro a discricionariedade na condução dos acordos processuais, o que revela a proeminência de uma cultura processual refratária à plena liberdade das partes na indicação dos destinos do processo. A mesma dinâmica norteou o desenho legal do acordo de colaboração premiada, o que reforça a importância do papel do juiz na filtragem homologatória. Tomando tais premissas, o trabalho efetua uma análise do conteúdo dos acordos de colaboração premiada firmados no âmbito da *Operação Lava Jato.*

PALAVRAS-CHAVE: colaboração premiada; justiça negociada; processo penal comparado; transplantes legais; traduções; *Operação Lava Jato.*

1. Introdução

O trabalho pretende lançar algumas luzes para a interpretação das regras que informam o acordo de colaboração premiada.[2] O instituto, de coloração nova no direito brasileiro,[3] foi largamente utilizado nas mais diversas fases da *Operação Lava Jato*. Até o presente momento, contabilizam-se 163 acordos.[4] Os números impressionam por si. Revelam o quanto a *Operação* bebeu naquela fonte sendo dela devedora. Não houve, contudo, tempo hábil para que um pensamento crítico se estruturasse. Os acontecimentos se sucederam em avalanche. As decisões homologatórias dos acordos se multiplicaram em relação direta com a criatividade de suas cláusulas. Daí a importância de um estudo voltado para o exame do papel dos diferentes atores que intervém naquele processo, em especial o juiz. Afinal, é sobre este que recai o controle de legalidade e de licitude do acordo. Para tanto, o trabalho propõe algumas indagações.

Primeira. O acordo de colaboração processual brasileiro é uma construção genuína do direito nacional ou registra elementos decorrentes da interação entre diferentes ordenamentos?

A resposta supõe a premissa de que o instituto se vincula aos postulados da justiça negociada, a qual registra uma dinâmica processual particular, centrada no maior protagonismo das partes. Ainda que o modelo da negociação não seja de todo incompatível em ambiente processual marcado pela proeminência da figura judicial, é fato que a possibilidade de se determinar, pela via dos acordos, os

2. A expressão *delação premiada* consagrou-se no uso corriqueiro, reforçada pela cobertura midiática. A delação, contudo, é uma das formas pelas quais se materializa a colaboração. Por ela, o delator, além de confessar a sua responsabilidade, identifica outros envolvidos. A colaboração não está limitada a tal mecanismo. Pode envolver a indicação do paradeiro da vítima possibilitando a sua liberação; pode levar à localização de ativos com a sua recuperação e, por fim, pode assumir um caráter preventivo com a apresentação de informações relevantes que impeçam uma prática criminosa ou mesmo a sua continuidade. Nesse sentido: Fernandes: *Revista Brasileira de Ciências Criminais*. v. 16, n. 70, jan./fev. 2008, 229 s. e Silva: *Organizações criminosas*, 52.

3. Foi regulamentado em 2013 por força da Lei 12.850.

4. Conforme dados informados pelo próprio Ministério Público Federal. <http://www.mpf.mp.br/para-o-cidadao/caso-lavajato/atuacao-na-1a-instancia/parana/resultado>. Acesso em 19.01.2018.

rumos da persecução ou mesmo do padrão punitivo, encontra terreno muito mais fértil em matriz processual acostumada com o maior papel reservado às partes. Esta será uma dicotomia importante. De fato, é a partir da divisão de forças entre os sujeitos processuais que se buscará a identificação da matriz processual brasileira. Feito o diagnóstico, o estudo se voltará para o exame dos caminhos percorridos pela justiça penal negociada no Brasil até a regulamentação dada pela lei da criminalidade organizada.

Segunda. Assumindo como verdadeira alguma dose de inspiração estrangeira no desenho do instituto da colaboração premiada, a inspiração deu-se pela via do transplante – *transplantation* –, ou da tradução – *translation*?

As expressões – *transplantation* e *translation* – representam metáforas, empregadas na análise de direito comparado e que se mostram muito úteis na visualização dos diferentes processos em que se dão as interações e os diálogos entre diversos ordenamentos processuais. O primeiro supõe um fenômeno de importação integral enquanto o segundo envolve um trabalho de adaptação a ser realizado pelo organismo receptor. A identificação do percurso revelará o padrão exegético a orientar a aplicação das regras trazidas pela Lei 12.850/2013. Como se verá, a questão gravita entre dois polos: amplitude dos poderes das partes negociantes ou controle da liberdade negocial.

As perguntas e suas respectivas respostas pavimentam o caminho para o ponto central do estudo: a delimitação do papel do juiz no controle homologatório do acordo de colaboração. E é a partir dessa delimitação que será realizado o exame crítico dos acordos firmados no âmbito da *Operação Lava Jato*. A contraposição entre o modelo exegético que se propõe e a práxis será vital para a arquitetura da conclusão a qual buscará enfrentar a derradeira questão: o acordo de colaboração premiada é ou não um Cavalo de Troia no processo penal brasileiro?

2. O acordo de colaboração processual brasileiro é uma construção genuína do direito nacional ou registra elementos decorrentes da interação com diferentes ordenamentos?

2.1 Modelos de gestão do processo. A distribuição de papéis entre os atores processuais e a justiça negociada

A sistematização dos diferentes modelos processuais é profícua. Para além de permitir uma compreensão mais aprofundada dos diferentes roteiros processuais e de suas raízes histórico-culturais, abre ela caminho para a contraposição das unidades normativas em perspectiva comparada. Há, contudo, dois riscos a se evitar. O primeiro é metodológico. A validade da sistematização depende da precisão com que são eleitos os parâmetros da classificação. A inclusão de múltiplos critérios, informados por diferentes premissas, longe de aclarar os distanciamentos e as eventuais proximidades, é fonte de ambiguidades. O segundo é de percepção. O que se obtém com a sistematização são unidades teóricas e abstratas que auxiliam algumas leituras. Não podem ser tomadas como absolutas até mesmo porque a fenomenologia é múltipla e variada.[5]

A conhecida dicotomia acusatório/inquisitório é exemplo típico de sistematização que se diluiu em razão de várias imprecisões e reducionismos que se empregam. A referência à matriz acusatória é hoje permeada por adjetivações positivas que lhe emprestam uma aura de certificação de qualidade. É signo de persecução penal civilizada, orientada pelos valores da dignidade humana e do justo processo. Indica uma meta a atingir, servindo, dessa forma, como um slogan político.[6] Ao acusatório se opõe o modelo inquisitório, expressão máxima de um processo indesejado, incapaz de assegurar o respeito às garantias mais elementares do *fair trial*.

Assumindo-se tais posturas com verdadeiras, pouco restaria de válido da sobredita dicotomia na orientação de leituras contemporâneas.[7] Isso porque o efeito harmonizador gerado pelos sistemas

5. Zilli: *O juiz das garantias*, 387.
6. Aroca: *Principio acusatório*, 17 s.
7. Nesse sentido, ver: Winter: *Acusatorio versus inquisitivo*, 30-31.

regionais de direitos humanos impulsiona os processos penais para o terreno protetivo das garantias do devido processo.[8] O que resta, portanto, é uma variação de intensidade: maior ou menor grau acusatório do processo.[9]

Para os fins deste trabalho, os parâmetros classificatórios hão de ser outros. De fato, o contraste há de ser feito tomando por base o protagonismo das partes (acusador e acusado) na gestão do processo em confronto com um modelo marcado pela proeminência judicial. A questão está mais próxima da classificação *adversary/inquisitorial*, muito embora com ela não se confunda. Isso porque na gênese desta classificação repousa uma percepção sobre as diferentes formas de gestão e de condução da atividade instrutória. Ou seja, a disponibilidade do processo não constitui o núcleo rígido da dicotomia *adversary/ inquisitorial* ainda que com esta estabeleça diálogos. No processo de adversários, a imagem do duelo protagonizado pelas partes e fiscalizado a distância pelo julgador é ilustrativa. Àquela dinâmica se contrapõe o ativismo judicial, mais proeminente na matriz inquisitorial. Para os adeptos desta corrente, o ativismo encontra fundamento no fato de ao juiz assistir um interesse[10] na boa reconstrução dos fatos sendo, pois, uma condição para o bom julgamento.[11]

Em realidade, o binômio *adversary/inquisitorial* suscita leituras, interpretações e compreensões sobre o papel das partes na marcha processual. Essas compreensões são absorvidas e internalizadas pelos diferentes atores de modo a fixar expectativas e predisposições sobre

8. Zilli: *Non ducor duco*, 218.

9. Veja-se a propósito: Winter: *Acusatorio versus inquisitivo*, 47. Teresa Armenta Deu chega a proclamar o esgotamento da utilidade da dicotomia acusatório/inquisitório. Nesse sentido: "Es muy probable que la inicial dicotomía inquisitivo-acusatorio haya agotado su utilidad y que las categorías implicadas deban ser objeto de un necesario acuerdo en cuanto a su significado" (*Sistemas procesales penales*, 20).

10. A depender do sistema, um verdadeiro poder-dever.

11. A questão é tratada como uma orientação em favor da verdade. Evita-se, contudo, a adoção da expressão. Em primeiro lugar, pela própria fragilidade da noção de verdade como meta a atingir pela via do processo. Em segundo lugar, diante dos riscos provocados pela supervalorização da meta. Se alguma ideia de verdade fosse possível necessitaria ela de um complemento: verdade processual.

a forma de condução do processo. Desse estudo ocupou-se Langer.[12] Após tecer considerações sobre aspectos que seriam próprios de um modelo adversarial, o autor aponta a negociação como um desdobramento lógico de uma formatação processual que outorga às partes maiores espaços e poderes.[13] Já na matriz inquisitorial, o ideal de busca da verdade seria compatível com a noção de obrigatoriedade da ação penal, tornando difíceis os caminhos para estruturação de acordos processuais.[14]

12. "These internal dispositions are acquired by the internalization of the procedural structures of interpretation and meaning, through a number of socialization processes (i.e., law schools, judiciary school, prosecutor´s office and law firm training, interaction with the courts, etc). As a result of this socialization, a substantial number of actors in the criminal justice system are predisposed to understand criminal procedure and the various roles within it in particular way, and these dispositions be come durable over time" – Essas disposições internas são obtidas pela internalização das estruturas processuais de interpretação e significado, através de uma série de processos de socialização (ou seja, faculdades de direito, escola de formação de magistrados, promotoria e treinamento em escritórios de advocacia, interação com os tribunais, etc.). Como resultado dessa socialização, uma quantidade substancial de atores do sistema de justiça criminal estão predispostos a compreender o procedimento criminal e os vários papéis dentro dele de maneira particular, e essas disposições tornam-se duráveis ao longo do tempo (tradução livre). (Langer: *Harvard International Law Journal*. v. 45, n. 1, 2004, 12.)

13. A assertiva fica evidente no seguinte trecho: "Plea bargains can also be explained through the dispute model because it is natural in any dispute that the parties can negotiate a resolution" – Plea bargains também podem ser explicados através do modelo de disputa, pois é natural em qualquer disputa que as partes possam negociar a solução (tradução livre). (Langer, *Harvard International Law Journal*. v. 45, n. 1, 2004, 22). Feeley é bem mais categórico. Para o autor, a estrutura processual adversarial e a negociação estão totalmente conectadas. Nesse sentido, destaca: "My thesis here is that adversariness and negotiation are directly related. Plea bargaining is not a cooperative practice that undermines or compromises the adversary process; rather, the opportunity for adversariness has expanded in direct proportion to, and perhaps as a result of the growth of plea bargaining" – Minha tese é que a adversariedade e a negociação estão diretamente relacionadas. Plea bargaining não é uma pratica cooperativa que enfraquece ou que compromete o processo adversarial; ao invés, a oportunidade para a adversariedade tem se expandido em proporção direta com o – e talvez como resultado do - crescimento do plea bargaining (tradução livre). (Feeley: *The Justice System Journal*, v.7, n. 3, 1982, 340).

14. Como ilustra o seguinte trecho: "Compulsory prosecution is necessary within this model because proceedings are na investigation to determine the truth, and thus, the case can only be dismissed when there is no evidence that

As considerações de Langer, muito embora corretas, não elevam a negociação processual à condição de elemento genético do modelo adversarial.[15] Na verdade, o protagonismo das partes cria um ambiente favorável para a abertura de canais de negociação sobre os rumos do processo. Aqui a experiência norte-americana é bastante ilustrativa.[16] A rapidez com a qual as formas negociadas se propagam em um sistema, por certo, dependerá da conjugação de outros fatores.[17] Mas, sem dúvida, a terra será mais fértil quando às partes se reconhecer uma amplitude maior de poderes sobre o processo.

na offense has been committed or that the defendant committed it" – a obrigatoriedade da persecução é necessária neste modelo, porque os procedimentos são uma investigação para se determinar a verdade e, portanto, o caso somente pode ser arquivado quando não houver provas de que uma infração tenha sido cometida ou de que o acusado a cometeu (tradução livre) (Langer, *Harvard International Law Journal*. v. 45, n. 1, 2004, 22).

15. No fim da década de setenta do século passado, alguns autores se ocuparam do estudo das origens do *plea bargaining*, um dos exemplos mais eloquentes da vertente assumida pela justiça negociada naquele país. Houve relativo consenso em se apontar o segundo quartel do século XIX como o ponto de partida daquela prática e que depois se consolidou servindo, atualmente, como importante elemento de contenção da persecução penal tradicional. Nesse sentido, ver: Alschuler: *Law & Society Review*. v. 13, n. 2, 1979, 211-245; Friedman: *Law & Society Review*, v. 13, n. 2, 1979, 247-259; Langbein: *Law & Society Review*, v. 13, n. 2, 1979, 261-272.

16. Ver: Fanchiotti: *Rivista Italiana di Diritto e Procedura Penale*. 1984, 56-101. Mais recentemente, Mary Vogel, ao debruçar-se no estudo das raízes históricas da plea bargaining, realizou um breve apanhado sobre os diferentes fatores que contribuíram para a consagração daquele acordo. Nesse sentido: *Journal of Law and Society*, v. 35, 2008, 201-232.

17. No caso específico do *plea bargaining*, o pragmatismo foi um elemento decisivo para a sua consolidação nos EUA. A maior celeridade dos processos e a redução dos custos são aspectos citados pela jurisprudência norte-americana como legados positivos do sistema da *plea bargaining*. Nesse sentido: *Santobello v. New York*, 404, U.S. 257, 260 (1971) e *Brady v. United States*, 397, U.S. 742, 752 (1970). Para Fanchiotti, a agilização das formas processuais foi a resposta construída pelo modelo norte-americano às pressões provocadas pelo aumento da criminalidade em uma sociedade que teve a sua estrutura econômica sensivelmente alterada a partir do fim do século XIX. Por sua vez, a complexidade das formas processuais associadas ao *jury trial* e as armadilhas geradas pelas *rules of evidence*, fixaram um ambiente propício à construção de caminhos alternativos à solução do conflito penal. Já o sistema de eleição dos promotores, segundo o mesmo autor, propicia maior independência funcional. Assim, em meio ao habitat político, mais importante será atender as expectativas do eleitorado. É que, por abreviarem os caminhos rumo à

Considerando tal cenário, a possibilidade de acordos processuais não é de todo incompatível com a estrutura inquisitorial ou com os processos marcados por um maior controle judicial. Não se trata, contudo, de um desencadeamento natural. Em realidade, a inserção dos campos da negociação nesses processos fica mais dependente dos fenômenos de intercâmbio com outros sistemas processuais. A rapidez com a qual as fórmulas de negociação são incorporadas e a amplitude destas também estão sujeitas a vários fatores. Mas, certamente, quanto mais sedimentada for a cultura do protagonismo judicial, tão maiores serão as resistências.[18]

2.2 Processo penal brasileiro: diagnóstico

A se adotar o papel dos diferentes sujeitos como critério fundante de sistematizações processuais, sem dúvida o protagonismo e o controle judicial constituem uma marca do processo penal brasileiro.[19] Possibilidade de decretação de medidas cautelares pessoais de ofício e iniciativas instrutórias são alguns dos exemplos que confirmam a validade da assertiva. Ainda que as últimas reformas processuais tenham indicado algumas aproximações com o modelo *adversarial*, não é possível subsumir o processo penal nacional àquele rótulo.[20] De fato, não há plena autonomia das partes na gestão

condenação, os acordos se tornam mecanismos preferíveis, fixando estatísticas favoráveis que podem ser bem manipuladas em futuras campanhas. O estudo de Fanchiotti reforça a validade do modelo teórico idealizado por Damaska (*Faces of justice and state authority*, 1986). A noção de processo de solução de conflitos assenta-se em uma percepção liberal e utilitarista da sociedade a qual é canalizada e transformada em formatações processuais. Os elementos apontados por Fanchiotti fornecem um desencadeamento histórico dos fatores que conduzem à afirmação do acordo como espaço central de um modelo de gestão da justiça penal norte-americana.

18. Zilli: *Boletim IBCCrim*, ano 25, n. 300, nov.2017, 3.

19. Para uma análise do alinhamento histórico do processo penal brasileiro com o autoritarismo político, ver: Zilli: *A iniciativa instrutória*, 169-177.

20. A aproximação mais significativa foi dada pela Lei 11.690/2008 que nova redação trouxe ao artigo 212 do CPP. Com ela, o modelo presidencialista de produção da prova oral foi abandonado, incorporando-se um modelo focado no protagonismo das partes. Pela nova fórmula, cabe às partes a inquirição das testemunhas com perguntas diretas e, dessa forma, sem a intermediação do juiz. Este, de qualquer modo, permanece no exercício do controle, impedindo as perguntas impertinentes e irrelevantes. Após o esgotamento do momento

do destino da persecução penal. Nesse ponto, os espaços de controle concedidos às partes estão circunscritos ao contexto da criminalidade de menor potencial ofensivo e de média gravidade.

O fato é que o processo penal brasileiro ainda deposita na figura judicial um ponto de centralidade de atuação na marcha processual. Sem dúvida, tal característica está internalizada na percepção dos diferentes atores, refletindo-se em atuações e em entendimentos da jurisprudência. A previsão de espaços de negociação ocorrida nos anos noventa do século passado foi, portanto, revolucionária. Não é possível mensurar o quão decisiva foi para a formatação do instituto da colaboração premiada. Mas, por certo, desconstruiu muitos dos dogmas que orbitavam em torno dos papéis reservados aos atores do processo em um roteiro até então impactado pela supremacia da figura judicial.

2.3 Os caminhos da justiça negociada no processo penal brasileiro

A "revolução negociada" operou-se, inicialmente, no campo dos crimes de menor gravidade.[21] Parâmetros punitivos sensivelmente mais brandos não mais justificavam persecuções penais pautadas por grande dispêndio de energia processual as quais se submetiam a excessivo rigor formal. Daí a adoção de caminhos alternativos à tradi-

reservado às partes é que o juiz poderá complementar a inquirição para esclarecer pontos que tenham permanecido duvidosos. No mais, os poderes instrutórios do juiz foram reafirmados (art. 156, II, do CPP). Assim, muito embora as mudanças tenham sido significativas, elas não permitem rotular o processo penal brasileiro de adversarial. Nesse sentido, ver: Zilli: *Non ducor duco*, 228.

21. A definição de crime de menor potencial ofensivo obedece, fundamentalmente, os parâmetros abstratos de cominação de pena. São, portanto, os crimes e as contravenções penais cuja pena máxima não seja superior a 2 (dois) anos (art. 61 da Lei 9.099/1995). O critério, que tinha contornos absolutos, foi abrandado pela Lei 11.340/2006, conhecida por Lei Maria da Penha, que fixou parâmetros punitivos e persecutórios mais rígidos para os crimes praticados no contexto de violência doméstica contra a mulher. Com efeito, para estes crimes, não se aplica a Lei 9.099/1995, vedando-se, portanto, a aplicação dos institutos despenalizadores e dos mecanismos da justiça negociada (art. 41 da Lei 11.340/2006).

cional persecução o que se fez mediante a incorporação de institutos próprios da justiça negociada.

A transação penal,[22] com sua índole despenalizadora, evidencia a adesão a uma política criminal alimentada pelo ideal de reinserção social e, portanto, contrária à estigmatização persecutória. Os requisitos, o conteúdo e a forma do acordo são preestabelecidos, cabendo ao juiz o papel fiscalizador. Afinal, a justa causa que se projeta para a ação penal abraça também a legitimidade do acordo. Se não há elementos mínimos que sustentem a admissibilidade de uma eventual acusação, não haverá, igualmente, base para a aplicação antecipada de penas alternativas. A homologação judicial não é, portanto, simples chancela.

O mesmo ocorre com a criminalidade de "média gravidade".[23] Para esta, previu-se o instituto da suspensão condicional do processo.[24] Tal como a transação penal, a suspensão abre um flanco alternativo à persecução penal. A proposta deve ser apresentada quando do oferecimento da ação penal,[25] desde que preenchidos os requisitos objetivos[26] e subjetivos.[27] A aceitação submete o réu a

22. A transação penal, regulada pelo art. 76 da Lei 9.099/1995, é forma alternativa de solução do conflito penal que supõe a oferta, pelo Ministério Público, de proposta imediata de aplicação de pena restritiva de direitos ou multa. A sua aceitação não implica afirmação de culpa pelo evento. Sequer suscita a futura reincidência. Não contamina os antecedentes criminais e não gera efeitos civis. Não poderão fazer jus à proposta aqueles que já foram condenados anteriormente à pena privativa de liberdade pela prática de crime, aos que já foram contemplados nos cinco anos anteriores com o mesmo benefício e àqueles que não reunirem condições subjetivas favoráveis que apontem para a suficiência da medida.

23. Não existe, na lei, a referência a tal categoria. A expressão aqui é utilizada para diferenciar este grupo das infrações de menor potencial ofensivo. Isso porque, há crimes que admitirão a suspensão condicional do processo, mas não estarão sujeitos aos outros institutos despenalizadores da Lei 9.099/1995.

24. Art. 89 da Lei 9.099/1995.

25. O que reforça a configuração de um quadro de justa causa representado pela prova da materialidade e dos indícios de autoria.

26. Pena mínima abstratamente cominada igual ou inferior a um ano; inexistência de outro processo criminal instaurado contra o réu e ausência de condenação anterior do acusado pela prática de outro crime.

27. Que são os previstos para a suspensão da execução da pena privativa de liberdade (*sursis*), ou seja, culpabilidade, antecedentes, personalidade e conduta social favoráveis.

um período de prova, variável de dois a quatro anos, durante o qual deverá ele cumprir as condições fixadas no acordo. As condições, na verdade, são indicadas pela própria Lei e o cumprimento leva à extinção da punibilidade.

Reservou-se ao juiz a possibilidade de fixar condições especiais[28] para além daquelas fixadas em lei. A iniciativa judicial soa estranha em uma estrutura negocial que tem as partes como protagonistas. A previsão é exemplo das influências culturais do organismo receptor no desenho de novas fórmulas processuais. A legalidade da previsão não foi enfrentada pela jurisprudência que se ateve a outro aspecto: a possibilidade de o juiz formalizar a proposta de suspensão condicional no silêncio do Ministério Público. Ao final, sedimentou-se o entendimento negativo.[29] Entendeu-se que em negócios processuais não poderia o juiz avançar no campo da iniciativa reservada às partes.

Tomados os dois exemplos mais significativos dos caminhos pelos quais a lógica da negociação processual penetrou em nosso sistema[30] é possível concluir que a opção não foi pela simples importação – transplante – de institutos consagrados em outros modelos, mas sim pela adaptação – tradução. De fato, não há uma identidade plena entre a transação/suspensão condicional e a *plea bargaining*.[31]

28. Art. 89, § 2º, da Lei 9.099/1995.

29. Conforme consolidado pela súmula 696 do STF. Os defensores da iniciativa judicial argumentavam que a suspensão condicional do processo, uma vez preenchidos os seus requisitos, representava um direito subjetivo do réu. Assim, a negativa infundada do Ministério Público poderia ser suprida judicialmente no resguardo dos direitos e garantias do réu.

30. Não se tomou aqui o exemplo da composição civil que representa, igualmente, um mecanismo da justiça negociada. Isso porque o acordo civil envolve os sujeitos da relação material e não necessariamente os da relação processual, em especial o acusador público. O presente trabalho, por sua vez, busca estabelecer um exame crítico sobre as novas fronteiras que se lançam nas relações entre as partes do processo (acusador e acusado) e o juiz. Daí a não inclusão do instituto da composição civil nos crimes de menor potencial ofensivo.

31. Acordo celebrado entre acusador e acusado que supõe a admissão de culpa por parte do último em troca de benefícios legais relacionados com tratamentos punitivos mais brandos. A concretização do acordo leva à redução das etapas do processo acusatório. Para um estudo histórico do instituto, ver: Alschuler: *Law & Society Review*. v. 13, n. 2 (Winter, 1979), 211-245; Grinover, Magalhães e Scarance, responsáveis pela elaboração do projeto de

Houve sim a concessão às partes de espaços de maior autonomia para a definição dos destinos do processo. A liberdade, contudo, é limitada.[32] Não há discricionariedade, mas sim, oportunidade regulada.[33] Há requisitos impostos pelo legislador, os quais orientam a possibilidade da proposta, o conteúdo do acordo e os seus efeitos. Mais do que isto, previu-se o controle judicial. Assim, a incorporação da lógica da negociação no sistema brasileiro deu-se por uma espécie de experiência controlada de laboratório.[34]

lei que levou à promulgação da Lei 9.099/1995, sobre os Juizados Especiais Criminais, destacaram as diferenças entre os institutos da transação penal e da suspensão condicional do processo e o *plea bargaining* do direito norte-americano. Para os autores, não se concedeu ao Ministério Público brasileiro um poder amplo de celebração de acordos e, inclusive, de direção exclusiva de políticas criminais. Nesse sentido: "No plea bargaining norte-americano há uma ampla possibilidade de transação: sobre fatos, sobre a qualificação jurídica, sobre as consequências penais, etc. Não é o que se passa na suspensão condicional do processo contemplada na lei nacional, cuja transação tem por objeto imediato exclusivamente o avanço ou não do processo. No sistema norte-americano o acordo pode ser feito extra processualmente. No nosso sistema, tudo tem que se celebrado 'na presença do juiz' (art. 89, § 1º). O Ministério Público, destarte, não se transformou no *dominus* exclusivo da condução da política criminal no Brasil. É ele um dos grandes responsáveis por essa política, mas não o único. É que a transação processual é necessariamente bilateral (depende de aceitação do acusado e de seu defensor) e tudo tem que contar com a anuência do juiz também, a quem cabe aferir a 'adequação' da medida (art. 89, § 2º)". (Grinover et alii: *Juizados especiais criminais*, 255).

32. Não se trata, portanto, de discricionariedade, mas sim, da mitigação do princípio da obrigatoriedade da ação penal em um cenário de oportunidade legalmente regulada. Nesse sentido: Giacomolli: *Legalidade, oportunidade e consenso*, 72 e Vasconcellos: *Barganha e justiça criminal negocial*, 48-51.

33. No modelo norte-americano impera a lógica da discricionariedade que sequer poderia ser alvo de controle judicial sob pena de afronta à separação dos poderes. Nesse sentido: US v. Cox, 342 F. 2d 167, 170-172 (5th Cir. 1965); Newman v. US, 382 F. 2d, 479, 480 (D.C. Cir. 1967).

34. Aliás, ao afastarem as críticas feitas à transação penal e, especialmente à suspensão condicional do processo, Ada Pellegrini Grinover, Antonio Magalhães Gomes Filho, Antonio Scarance Fernandes e Luiz Flávio Gomes, distanciaram a proposta brasileira dos riscos trazidos pela excessiva liberdade de pactuação verificada no modelo norte-americano. Vale registrar o seguinte trecho: "Muitos argumentam que a suspensão pode dissimular 'negociações escusas entre as partes (negociatas *under the table*). Isso pode ser possível no plea bargaining. No sistema brasileiro é praticamente inconcebível, porque a negociação (transação) se dá 'na presença do juiz' (não haverá espaço para acordos *under the table*). Tudo se passa over *the table*. Tampouco o novo

2.4 A colaboração como espectro do direito premial

A reprovabilidade mais atenuada em favor de agentes criminosos não é nova na perspectiva punitiva.[35] Já os tratamentos punitivos mais brandos outorgados aos agentes colaboradores constituem fenômenos mais recentes. Longe de virem informados pela ideologia da purgação, fundam-se em um utilitarismo materializado pelos benefícios alcançados pela maior eficiência da máquina persecutória.

No Brasil, coube à Lei dos Crimes Hediondos (Lei 8.072/1990) a inauguração destes mecanismos. A fórmula, contudo, ainda estava muito distante da formatação que, posteriormente, veio a se consolidar. De qualquer modo, ao fixar um novo patamar punitivo para o crime de formação de quadrilha ou bando (art. 288 do CP), o legislador previu uma causa de diminuição da pena em favor do integrante que denunciasse o bando à autoridade, possibilitando, assim, o seu desmantelamento.[36] A mesma lógica foi empregada pela Lei 9.080/1995 ao acrescentar dispositivos na lei que define os crimes contra o sistema financeiro nacional (Lei 7.492/1986)[37] e na lei que define os crimes contra a ordem tributária, econômica e contra as relações de consumo (Lei 8.137/1990).[38] Para ambas, previu-se uma causa de diminuição da pena em favor do agente colaborador.

A Lei 9.269/1996, por sua vez, acrescentou um parágrafo ao artigo que tipifica a extorsão mediante sequestro (art. 159, § 4º, do

modelo consensual estimulará o oferecimento de denúncia a torto e a direito, só para se obter uma conformidade. Saliente-se que o juiz só suspenderá o processo 'se receber a denúncia'". (Grinover et alii: *Juizados especiais criminais*, 259).

35. A legislação penal prevê a confissão como circunstância atenuante assim como estabelece causas de diminuição da pena para o arrependimento eficaz e posterior.

36. Conforme redação dada ao parágrafo único do art. 8º da Lei 8.072/1990.

37. O artigo alterado foi o art. 25 da Lei 7.492/1996, cujo § 2º ficou assim redigido: "Nos crimes previstos nesta Lei, cometidos em quadrilha ou co-autoria, o co-autor ou partícipe que através de confissão espontânea revelar à autoridade policial ou judicial toda a trama delituosa terá a sua pena reduzida de um a dois terços".

38. Cujo parágrafo único do Art. 16 passou a ter a seguinte redação: "Nos crimes previstos nesta Lei, cometidos em quadrilha ou co-autoria, o co-autor ou partícipe que através de confissão espontânea revelar à autoridade policial ou judicial toda a trama delituosa terá a sua pena reduzida de um a dois terços."

CP), fixando mais uma causa de diminuição da pena condicionada ao fornecimento de informações que facilitassem a liberação da vítima.[39] A primeira experiência legislativa sobre organização criminosa, a Lei 9.034/1995, fez alusão expressa à "colaboração espontânea", fixando causa de diminuição da pena, variável de um a dois terços, e cuja aplicabilidade ficava condicionada ao esclarecimento das infrações e autoria (art. 6º).

Nessa linha evolutiva, a Lei 9.807/1999 (Lei de proteção às vítimas e testemunhas) adotou um modelo mais aperfeiçoado de regulamentação premial da colaboração processual. Claramente a fórmula ali regulamentada serviu de matriz para o instituto que finalmente foi desenhado pela Lei 12.850/2013. A expressão *colaborador* foi sacramentada. A ela acrescentou-se a referência à figura do réu. Buscou-se, assim, explicitar a condição especial de quem, ao mesmo tempo em que figura como alvo da persecução, presta efetiva colaboração para o deslinde dos fatos e identificação dos responsáveis. Por fim, indicou os resultados a serem alcançados com a colaboração, prevendo, ainda, a possibilidade de concessão do perdão judicial.[40]

As iniciativas legislativas, por certo, contaram com o reforço do movimento internacional dirigido à construção de um consenso em torno das medidas de enfrentamento da criminalidade organizada e da corrupção. Da primeira ocupou-se a Convenção de Palermo, internalizada pelo Decreto 5.015 de 12 de março de 2004. Da segunda, ocupou-se a Convenção de Mérida, incorporada em nosso ordenamento pelo Decreto 5.687 de 31 de janeiro de 2006. Em ambos os casos, exortou-se a adoção, pelos Estados, de medidas de encorajamento à colaboração processual.[41] As referências dadas

39. Assim redigido: "§ 4º. Se o crime é cometido em concurso, o concorrente que o denunciar à autoridade, facilitando a libertação do seqüestrado, terá sua pena reduzida de um a dois terços."

40. A eficácia, por seu turno, é medida pelos resultados alcançados, quais sejam: a) identificação dos demais coautores ou partícipes; b) localização da vítima com a sua integridade preservada; c) recuperação total ou parcial do produto do crime. Os prêmios, por sua vez, foram ampliados. O perdão judicial, com a consequente extinção da punibilidade foi admitido em favor do acusado primário, desde que a sua personalidade e demais circunstâncias do fato fossem compatíveis com o ato de clemência (art. 13). Aos demais réus colaboradores, restou a já consagrada fórmula de redução da pena (art. 14).

41. Art. 26.1 da Convenção de Palermo e 37 da Convenção de Mérida.

pelos documentos internacionais envolviam a indicação dos possíveis benefícios, tais como a redução da pena ou a concessão de imunidade judicial. O silêncio nos documentos internacionais quanto aos procedimentos, permitiu que os Estados estabelecessem as formas processuais pelas quais se manifestariam as colaborações. Aqui a opção recaiu pela figura do acordo.

2.5 O acordo de colaboração premiada. Aspectos introdutórios

Para além das questões processuais, a Lei 12.850/2013 forneceu os requisitos definidores da organização criminosa, superando, assim, antigo vácuo legal.[42] Supõe esta a associação de quatro ou mais pessoas (requisito estrutural) que agregam esforços e dividem tarefas visando à obtenção de vantagem de qualquer natureza (requisito finalístico), mediante a prática de infrações penais cuja pena máxima seja superior a quatro anos ou, então, quando evidenciado o caráter transnacional da associação (critério da proporcionalidade).[43]

42. A Lei veio completar – e melhor regular – as diferentes formas de convergência subjetiva delituosa a qual se projeta em três patamares distintos. Em um primeiro plano, há o concurso de pessoas (art. 29 do CP). Trata-se de uma norma de extensão da adequação penal típica e que autoriza a tipificação das condutas dos partícipes. Funda-se em um acertamento subjetivo eventual. A reprovabilidade é marcada pela culpabilidade individual sendo possível, inclusive, o reconhecimento de cooperação subjetivamente diversa ou mesmo da acessoriedade de menor importância. Segue-se a associação criminosa cuja figura penal típica é dada pelo art. 288 do CP. Muito embora marcada pela estabilidade, o tipo penal atinge as associações desprovidas de maior complexidade e estrutura, o que se reflete na previsão do marco punitivo: 1 a 3 anos de reclusão. Por fim, posta-se a organização criminosa. As peculiaridades que cercam este fenômeno exigiram tratamento punitivo e persecutório próprios. Assim, ao menos em tese, as novas medidas investigativas e de obtenção de prova dadas pela legislação especial orientam-se por um critério de proporcionalidade. São justamente por isso restritas ao fenômeno criminoso a que se vinculam.

43. Conforme redação dada ao art. 1º, § 1º. Não houve uma referência expressa ao aspecto temporal dado pela noção de estabilidade. A alusão, contudo, era desnecessária. Afinal, a associação, por si, supõe um vínculo subjetivo que se expressa na conjugação prolongada de energias dirigida à ilicitude. O referencial ao marco punitivo de quatro anos atende, de um lado, aos conclamos internacionais que limitavam à atuação das organizações criminosas aos crimes graves. Por outro, ajusta-se ao padrão punitivo nacional que fixa uma linha fronteiriça entre a *média criminalidade* e os crimes de maior

Assim, o acordo de colaboração premiada é medida de obtenção de prova restrita ao padrão da legalidade penal – cabível na persecução da criminalidade organizada e dos crimes a ela conexos.[44] O acordo envolve procedimentos de transformação e de metamorfose de posições jurídicas. O alvo da persecução (investigado, indiciado, réu ou condenado) é erigido à condição de fonte de prova, assumindo, portanto, o papel ficcional de uma testemunha imprópria.[45]

Acordos supõem espaços de consenso que envolvem atos de disposição de direitos, de poderes e de situações jurídicas. A cessão

gravidade. Nesse ponto é importante lembrar que a pena privativa de liberdade até quatro anos é passível de substituição penal pena restritiva de direitos.

44. Ou de busca de prova que não se confunde com os meios de produção de prova. Estes são os instrumentos (depoimentos, exames periciais etc.) que transportam para o universo processual os elementos de prova. Aquelas são as medidas que asseguram a revelação de fontes de prova (busca e apreensão, interceptação telefônica, quebra de sigilo bancário e fiscal etc.). Se colocam em momento logicamente anterior à produção probatória. Nesse sentido, ver: Grinover: *Liberdades públicas e processo penal*, 201-203 e Cordero: *Procedimiento penal*, 171. Sobre a natureza jurídica da colaboração premiada, ver ainda: Zilli: *A colaboração premiada nos trópicos* e Badaró: *Hipóteses que autorizam o emprego de meios excepcionais de obtenção de prova*, 22-25; Bechara: *Boletim IBCCrim*, ano 23, v. 269, 2015, 6-7; Essado: *Revista Brasileira de Ciências Criminais*, ano 21, v. 101, 2013, 211 e Zanellato: *A colaboração premiada como instrumento*, 112. A natureza jurídica da colaboração premiada como meio de obtenção de prova foi reafirmada quando do julgamento do HC 127.483/PR, pelo STF, em relatoria do Min. Dias Tóffoli, do qual se destaca o seguinte trecho: "No mérito, o Plenário considerou que a colaboração premiada seria meio de obtenção de prova, destinado à aquisição de elementos dotados de capacidade probatória. Não constituiria meio de prova propriamente dito. Outrossim, o acordo de colaboração não se confundiria com os depoimentos prestados pelo agente colaborador. Estes seriam, efetivamente, meio de prova, que somente se mostraria hábil à formação do convencimento judicial se viesse a ser corroborado por outros meios idôneos de prova."

45. É uma ficção jurídica, até mesmo porque é da essência da condição da testemunha o não envolvimento no fato delituoso. Ademais, não parece razoável submeter o colaborador ao processo por crime de falso testemunho. A mentira implicaria a violação do acordo a proibição dos benefícios ali acordados. Nesse sentido: Romero: *A colaboração premiada*, 264. A questão é bastante controversa. Afinal, a depender da situação do processo, o colaborador, na condição de réu, será submetido a interrogatório, momento em que fornecerá o seu "testemunho" com relação aos fatos que envolvam terceiros. É, sem dúvida, uma situação *sui generis*. Ver, igualmente: Bittar: *Delação premiada*.

de espaços há de ser bilateral e equilibrada, sob pena de se travestir em imposição.

Pela perspectiva do agente, o acordo envolve ato de disposição do exercício do direito ao silêncio, seguido da assunção da obrigação de prestar efetiva colaboração processual.[46] Assim, além de confessar os seus crimes, o agente fornece elementos que impedem a consumação de outras infrações (colaboração preventiva) e/ou fornece às autoridades persecutórias informações que visam a identificar os demais agentes, esclarecer os meandros da estrutura criminosa, permitir a recuperação total ou parcial do produto ou do proveito das infrações ou ainda propiciar a localização de eventual vítima com a preservação de sua integridade (colaboração repressiva).[47] Todas as informações, de conhecimento do agente colaborador, projetam-se no campo de reserva de sua privacidade e, portanto, são protegidos pela garantia do *Nemo tenetur se detegere*.[48] Assim, para além de voluntária, a colaboração e o acordo que ela materializa devem ser

46. Conforme prevê o § 14º do art. 4º da Lei 12.850/2013, assim redigido: "Nos depoimentos que prestar, o colaborador renunciará, na presença de seu defensor, ao direito ao silêncio e estará sujeito ao compromisso legal de dizer a verdade". Há vozes que proclamam a inconstitucionalidade do dispositivo, sob argumento de não serem admissíveis renúncias aos direitos e às garantias constitucionais. Nesse sentido: Bitencourt; Busato: *Comentários à Lei de Organização Criminosa*. Não se concorda com o posicionamento. O exercício ou não do direito ao silêncio é ato voluntário do investigado ou acusado. Assim se manifesta quando no interrogatório opta por responder as perguntas que lhe forem feitas ou decide pela permanência em silêncio. Nas negociações sobre o acordo de colaboração há que se resguardar a mesma liberdade de decisão a qual também se expressa pela voluntariedade. Ao decidir pelo acordo, manifesta vontade em colaborar, situação de todo incompatível com o silêncio. Não há óbice para que, futuramente, venha a exercer o direito ao silêncio, o qual permanece intacto. A questão toca a eficácia da colaboração, implicando quebra do acordo com a sua rescisão ou redimensionamento dos padrões punitivos inicialmente pactuados. Sobre a constitucionalidade do dispositivo, ver: Mendonça; Dias: *A renúncia ao direito recursal*, 133-135.

47. Ver: Silva: *Organizações Criminosas*, 52.

48. De fato, o *Nemo tenetur se detegere*, como princípio-garantia engloba não só o direito ao silêncio como também vários aspectos sensíveis de preservação da intimidade. Nesse sentido: Queijo: *O princípio Nemo tenetur se detegere*, 481-482.

acompanhados pela assistência de defensor.[49] Este, note-se, não é parte do acordo. Não assume, portanto, obrigações.

Da parte do órgão acusador público, o ato de disposição recai sobre o poder de oferecer a ação penal o qual assume a figura de imunidade processual ou de suspensão, por seis meses – prorrogáveis por igual período –, do prazo para o oferecimento da denúncia ou mesmo do processo.[50]

A concessão de imunidade processual supõe a observância de dois requisitos: o agente colaborador não pode ser o líder da organização e deve ter sido o primeiro a prestar a efetiva colaboração.[51] A concessão do benefício extremo exige, por óbvio, uma contrapartida colaborativa equiparável. Ou seja, o que se desvenda deverá ser substancialmente eficaz[52] para o desmantelamento da estrutura criminosa que se investiga. Mais do que isto, deverão ser consideradas a personalidade do agente colaborador, a natureza, a gravidade e a repercussão social do fato criminoso que se investiga. Todos estes aspectos, que foram indicados pelo legislador como parâmetros orientativos dos benefícios punitivos, estendem-se, por interpretação lógico-sistemática, ao benefício extremo da imunidade processual.

A suspensão do prazo para o oferecimento de denúncia ou mesmo do processo não constitui um benefício. Até mesmo porque, o curso do prazo prescricional será igualmente suspenso. Em verdade, trata-se de medida que permite por a prova a eficácia da colaboração. Nesse sentido, quando envolve a suspensão do prazo para o oferecimento da denúncia, abre vácuo na trajetória persecutória para que os resultados da colaboração sejam mais bem apreciados e quantificados. Lógica semelhante informa a possibilidade de suspensão do processo. Aqui a eficácia da colaboração poderá conduzir a várias consequências, sendo o perdão judicial a mais extrema.

49. Conforme prevê o § 15º do art. 4º da Lei 12.850/2013.

50. Conforme art. 4º, § 3º, da Lei 12.850/2013.

51. Conforme § 4º do art. 4º da Lei 12.850/2013.

52. Efetividade e eficácia não se confundem. A primeira relaciona-se com a postura do colaborador. É o seu comprometimento com o acordo e com as autoridades na concretização dos atos de colaboração. Eficácia, por sua vez, liga-se ao resultado. É medida de avaliação dos objetivos da colaboração. Ver: Azevedo: *Boletim IBCCrim*, v. 7, n. 83, out. 1999, 5-7.

Perdão judicial, redução da pena em até 2/3 (dois terços) e substituição da pena privativa de liberdade por restritiva de direitos são os benefícios que tocam o padrão punitivo.[53] Tais benefícios, contudo, são cabíveis caso a colaboração tenha operado na fase preliminar de investigação ou no curso do processo de conhecimento, antes da prolação de sentença. Após esta, a pena imposta poderá ser reduzia da metade ou será admitida a progressão de regime prisional, ainda que ausentes os requisitos objetivos.[54]

É fato que o órgão acusador não tem poder sobre a imposição da sanção penal, matéria que está circunscrita à reserva de jurisdição.[55] Assim, o acordo sobre padrões punitivos, se de um lado estabelece em favor do colaborador um direito subjetivo de ver respeitados os termos pactuados na medida da eficácia de sua colaboração, por outro, fixa deveres ao órgão acusador que se manifestam em posturas processuais. Dito de outro modo, para além do interesse em recorrer das decisões que não respeitem o acordo, o órgão acusador terá um dever processual em desafiar aquelas decisões.

De qualquer modo, para além das cláusulas pactuadas, ao colaborador assistem direitos que emanam de sua situação jurídica a qual se aperfeiçoa com a homologação judicial do acordo, quais sejam: usufruir das medidas de proteção previstas em lei;[56] ter preservados o nome, qualificação, imagem e demais informações pessoais; ser conduzido, em juízo, separadamente dos demais coautores e partícipes; participar das audiências sem contato visual com os outros acusados; não ter sua identidade revelada pelos meios de comunicação, nem ser fotografado ou filmado, sem sua prévia autorização por escrito e cumprir pena em estabelecimento penal diverso dos demais corréus ou condenados.[57]

53. Conforme art. 4º, *caput*, da Lei 12.850/2013.

54. Conforme art. 4º, § 5º, da Lei 12.850/2013.

55. É o que emana do disposto no §11º do art. 4º, com a seguinte redação: "A sentença apreciará os termos do acordo homologado e sua eficácia".

56. Conforme Lei 9.807/1999 que estabelece normas para a manutenção de programas especiais de proteção às vítimas e testemunhas. A Lei contém um capítulo específico para a proteção dos chamados réus colaboradores (arts. 13 a 15).

57. Conforme art. 5º da Lei 12.850/2013.

Não são partes do acordo, o defensor e a autoridade judiciária. O primeiro assiste o agente colaborador por imperativo irrenunciável da defesa técnica. Não assume obrigações. O segundo é o sujeito controlador da regularidade, da legalidade e da licitude. Afinal, tratando-se de meio de obtenção de prova, a observância dos direitos à personalidade (intimidade e privacidade) é fundamental. A lei concede ao juiz os poderes de veto e de adequação do acordo. O primeiro é uma decorrência lógica do exercício do controle. A adequação do conteúdo, todavia, extrapola o sentido da colaboração como ato resultante de acordo bilateral do qual o juiz não participa. A solução mais adequada é a recusa com a devolução integral do acordo para que os ajustes possam ser debatidos e enfrentados por aqueles que são os únicos protagonistas: órgão acusador público e o agente colaborador.[58]

Figura 1

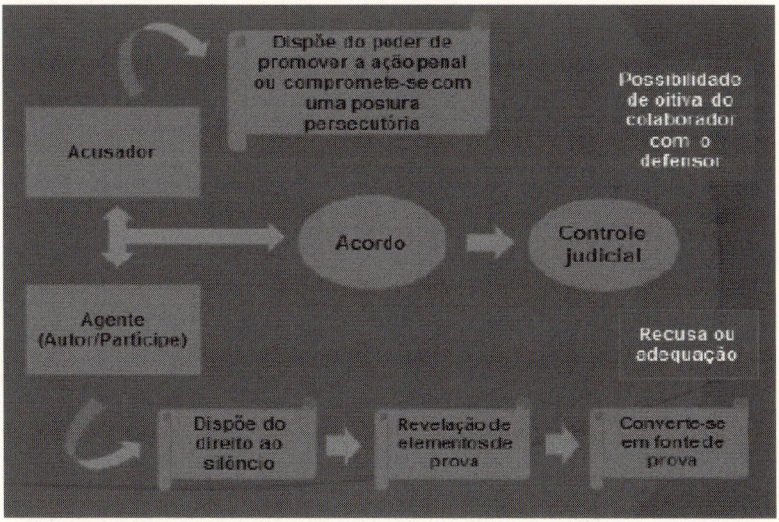

58. Muito embora a Lei 12.850/2013 conceda legitimidade à autoridade policial, para a propositura de acordo de colaboração premiada, a previsão é inconstitucional. De fato, não detém legitimidade para ocupar posições de disposição de direitos, de faculdades ou de poderes, simplesmente porque não assume posições jurídicas que suscitem espaços de disposição. Não é titular do exercício da ação penal de iniciativa pública a qual foi reservada privativamente ao Ministério Público conforme disposição constitucional. Não tem

2.6 Primeiras conclusões

A colaboração processual é um instituto que tem múltiplas raízes. Carrega aspectos evidentes do direito premial que, como visto, não constitui novidade no sistema brasileiro.[59] Nova foi a sua associação à dinâmica da justiça negociada. Há registros de celebração de acordos de colaboração antes mesmo do advento da Lei 12.850/2013.[60] A prática, no entanto, sempre esteve cercada de muita polêmica o que a levou para o campo da excepcionalidade. A normatização rompeu, de vez, com as barreiras.

O acordo de colaboração premiada é, portanto, resultado da expansão dos horizontes da justiça negociada que, até então, estava circunscrita aos crimes de menor gravidade. Despenalização e desburocratização foram as linhas que orientaram aquele caminho. Na criminalidade organizada, a premissa foi essencialmente utilitarista: estímulo à obtenção de prova que, em tese, seria difícil de se alcançar pelos canais tradicionais da persecução.

interesse na fixação de uma resposta punitiva específica, até mesmo porque não é ela quem provoca o Estado-Juiz com o oferecimento da ação penal. Sequer, aliás, pode dispor do inquérito policial. A questão é alvo de Ação Direta de Inconstitucionalidade (ADIn 5508). Até o presente momento, seis ministros reconheceram a constitucionalidade da previsão legal que outorga à autoridade policial legitimidade para conduzir acordos de colaboração premiada, ainda que limitado o campo dos benefícios. Conforme noticiado através do sítio eletrônico do Supremo Tribunal Federal: <www.stf.jus.br/portal/cms/verNoticiaDetalhe.asp?idConteudo=364763&caixaBusca=N>. Acesso em: 19.01.2018. No sentido da inconstitucionalidade, ver: Bitencourt – Busato, *Comentários à Lei de Organização Criminosa*, 122-124; Mendonça: *Revista Custos Legis*, v. 4, 2013, 14 e Silva: Organizações Criminosas, 59-60.

59. Ver item 2.4 supra.

60. Há registros de acordo escrito de delação premiada firmado entre o MPF e o doleiro Alberto Youssef, personagem central da *Operação Lava Jato*, já em 2004, no *Caso Banestado*. Nesse sentido: Aras: *Técnicas especiais de investigação*, 431.

3. A inspiração estrangeira no desenho do acordo de colaboração premiada deu-se pela via do transplante – *transplantation* – ou pela tradução – *translation*?

3.1 Interações entre sistemas processuais. Entre os transplantes e as traduções surgem os perigos do Cavalo de Troia

As interações entre os ordenamentos processuais, amplificadas nas últimas décadas, revelaram os riscos provocados pela transposição de fórmulas operativas em um sistema para outro não familiarizado com aquela dinâmica. Na apreensão do fenômeno, o recurso às figuras de linguagem é expediente comum na pesquisa comparada. As figuras revelam tentativas de descrição dos movimentos de intercâmbio. *Transplantes*[61] ou *traduções*[62] são expressões recorrentes que buscam captar as formas pelas quais se processam as trocas. Transplantes e importações carregam a ideia de replicagem. Já as traduções e as adaptações ligam-se à noção de inspiração.

A noção de transplantes foi amplamente desenvolvida por Watson[63] e duramente criticada por muitos. Não é o objeto deste

61. Termo explorado por Alan Watson. Ver, especialmente: Watson: Legal transplants. A ideia foi retomada em diversos outros ensaios, dentre os quais: Watson: The American Journal of Comparative Law. v. 43, n. 3, 1995, 469-476 e The American Journal of Comparative Law, v. 44, n. 2, 1996, 335-351

62. Ver: Langer: *Harvard International Law Journal*. v. 45, n. 1, Winter, 2004, p. 1-64.

63. Ao discorrer sobre os transplantes, Watson destaca três possíveis fenômenos. O primeiro supõe a mudança de uma população para um território desocupado. Nesse caso, a ocupação física do espaço é também uma ocupação jurídica já que o sistema jurídico de origem é para lá transportado igualmente. O segundo também envolve a mudança da população de um território para o outro. A diferença é que no espaço de destino há civilização estabelecida. Embora não exemplificado por Watson, nesta hipótese seria possível vislumbrar o fenômeno da colonização. Por fim, há situação da aceitação voluntária, total ou parcial, do modelo estrangeiro. Conforme se infere do seguinte trecho: "Voluntary major transplants – that is, when either an entire legal system or a large portion of it is moved to a new sphere – fall into three main categories. First when a people moves into a different territory where there is no comparable civilization, and takes its law with it. Secondly, when a people moves into a different territory where there is a comparable civilization, and takes its law with it. Thirdly, when a people voluntarily accepts a large

trabalho um enfrentamento sobre o cabimento da figura de linguagem no método do direito comparado.[64] Mais importante é destacar a ideia como base para a identificação do fenômeno verificado na legislação brasileira relativamente aos acordos processuais e que culminaram, mais recentemente, com a instituição do acordo de colaboração premiada. De qualquer modo, Langer posiciona-se entre os críticos ao uso do termo *transplante* como ferramental apto a captar os diferentes resultados provenientes das interações entre os sistemas jurídicos. Propõe, dessa forma, a metáfora da *tradução*. Entende ser esta a mais adequada para distinguir as fontes linguísticas entre os sistemas de origem e o receptor, permitindo, assim, identificar as diferenças de sentido ocorridas no processo de tradução.[65]

part of the system of another people or peoples" (Watson:*Legal transplants*, 29-30).

64. Uma crítica bastante contundente é protagonizada por Pierre Legrand. Segundo o autor, a ideia de transplante é irreal. Isso porque, as normas e os institutos jurídicos não podem ser desconectados da sociedade para a qual se verificaria o transplante. Não são, portanto, órgãos autônomos. Alimentam-se de sentidos que lhes são conferidos pelos intérpretes e operadores. As interpretações, por sua vez, são variáveis, porque variáveis são as sociedades como produto de identidades e culturas próprias. Nesse sentido, aponta o autor: "Anyone who takes the view that the law or the rules of law travel across jurisdictions must have in mind that law is a somewhat autonomous entity unencumbered by historical, epistemological, or cultural baggage. Indeed, how could law travel if it was not segregated from society?" (tradução) – Qualquer um que considere que a lei ou que suas regras atravessem jurisdições deve ter em mente que a lei é uma espécie de entidade autônoma livre de bagagem histórica, epistemológica ou cultural. De fato, como poderia a lei transitar se não fosse apartada da sociedade? (tradução livre). (Legrand: *Maastricht Journal of European and Comparative Law*. v. 4, 1997, 114).

65. "With respect to legal systems, the translation metaphor distinguishes the source language or legal system – where the legal idea or institution comes from – from the target one – into which the legal idea or institution is translated. The translation metaphor also allows a distinction to be made between the original text – the legal Idea or institution as developed in the source legal system – and the translated text." – No que diz respeito aos sistemas legais, a metáfora da tradução distingue a língua-fonte ou sistema legal – de onde a ideia ou a instituição jurídica vem – do alvo – em que a ideia ou instituição jurídica é traduzida. A metáfora da tradução também permite distinguir entre o texto original – a ideia ou instituição jurídica desenvolvida no sistema legal de origem – e o texto traduzido (tradução livre). (Langer: *Harvard International Law Journal*. v. 45, n. 1, Winter, 2004, 33).

Mantendo-se as premissas que informam as duas construções terminológicas, a noção de transplante carrega em si a ideia de importação, seguida da inserção. Ou seja, a regra ou o instituto é transportado para o organismo receptor e ali introduzido, passando, então, a operar. O seu funcionamento é carregado da expectativa de reprodução do sistema de origem. Tal expectativa não se verifica na tradução, até mesmo porque este processo supõe uma adaptação de sentidos.

De qualquer maneira, esses movimentos de intercâmbio sempre carregam o risco do imponderável. Não há absoluto controle sobre os caminhos que serão tomados pelo organismo receptor. Ao tratar deste fenômeno Langer recorre a uma nova e feliz metáfora: o Cavalo de Troia. O fenômeno é capturado no sentido de movimentação do organismo receptor em direção à absorção de outras características do sistema de origem e que não foram objeto da tradução inicial.[66] Há, portanto, uma amplificação da regra ou do instituto para além das fronteiras desenhadas. A ideia proposta também servirá de base para leituras que serão procedidas neste trabalho sobre os caminhos tomados pelo acordo de colaboração processual pela perspectiva de seus operadores.

3.2 A colaboração premiada nos trópicos. O Cavalo de Tróia em Terra Brasilis

O acordo de colaboração premiada regulado pela Lei 12.850/2013 é produto da expansão dos mecanismos da justiça negociada os quais

66. Nesse sentido: "In other words, one could think about plea bargaining as a Trojan horse that can potentially bring, concealed within it, the logic of the adversarial system to the inquisitorial one. If this happened, then the Americanization thesis would be valid even its strong version because inquisitorial systems that translate plea bargaining would gradually become 'Americanized' by adopting an adversarial conception of criminal procedure" – Em outras palavras, poder-se-ia pensar o plea bargaining como um Cavalo de Troia o qual carrega, às escondidas –, a lógica do sistema adversarial. Se isso acontecesse, a tese de americanização seria válida porque os sistemas inquisitórios que traduzem plea bargaining gradualmente se tornam "americanizados" por conta da adoção de uma concepção adversarial do processo criminal (tradução livre). (Langer: *Harvard International Law Journal*. v. 45, n. 1, Winter, 2004, 38).

foram introduzidos na década de noventa. É, portanto, um desdobramento de movimento anterior que, por sua vez, buscara inspiração estrangeira. Afinal, a cultura processual sedimentada não criou um terreno propício para o desenvolvimento da lógica negocial. À obrigatoriedade da ação penal somava-se um ambiente processual focado na figura judicial e estruturado sob o legado histórico inquisitório. Nesse contexto, a concessão de maior autonomia às partes era alvo de desconfianças porquanto potencialmente prejudicial à reconstrução histórica da verdade. Assim, as primeiras experiências de negociação processual submeteram-se à dinâmica da tradução, resultando em um maior controle de sua incidência e aplicação.

A mesma dinâmica foi projetada para o acordo de colaboração premiada. Não se adotou um regime de plena liberdade de pactuação. As condições, a forma e os benefícios são os indicados em lei. O acordo compromete quem dele é parte: imputado e órgão acusador. O juiz não é parte e sequer pode participar das negociações.[67] O seu envolvimento dá-se em dois momentos: no exercício do controle da legalidade, o qual culmina com o ato de convalidação (homologação) e quando do julgamento do mérito da ação penal. A liberdade de avaliação do material probatório,[68] o que envolve a própria valoração

67. Art. 4º, § 6º, da Lei 12.850/2013. A vedação claramente busca resguardar a imparcialidade do juiz. A lei poderia ter avançado mais, fixando causa de impedimento para o processamento e julgamento da ação penal ao juiz que, na fase preliminar, tivesse homologado o acordo. Afinal, acompanharão o termo do acordo, declarações preliminares do colaborador em que são apresentados os possíveis elementos de prova. Assim, este contato inicial com o que se projeta como futura prova, poderá fundamentar uma razoável expectativa das partes quanto ao comprometimento da imparcialidade do julgador (imparcialidade objetiva). O STJ, contudo, entendeu não haver tal comprometimento sob fundamento de que a homologação não encerra qualquer apreciação sobre os fatos. Nesse sentido: STJ, HC 367.156/MT, j. 09.03.2017.

68. O juiz pode, inclusive, absolver o réu/colaborador se as provas não sustentarem os termos da acusação contra ele imputada. De qualquer modo, evidenciado a sua cautela para com o instituto, o legislador incorporou fórmula inspirada no sistema das provas legais ao desconsiderar as declarações do colaborador como elemento de prova exclusivo a fundamentar a sentença (art. 4º, § 16, da Lei 12.850/2013).

da efetividade da colaboração, mantém-se, ainda que se reconheça um direito subjetivo do réu ao parâmetro punitivo pactuado.[69]

O acordo de colaboração premiada insere-se, portanto, em um regime de controle e de excepcionalidade. A afirmação, contudo, é confrontada pela empiria. A quantidade de acordos celebrados no âmbito da *Operação Lava Jato* impressiona. Os números podem se submeter a duas leituras. Primeira. A complexidade dos fatos e a amplitude da organização criminosa justificava a adoção daquele mecanismo na intensidade verificada. Segunda. Houve uma ampliação exagerada do instituto com efeitos nocivos às estruturas processuais. Uma resposta categórica talvez não seja possível no momento. Há que se ter distanciamento dos fatos para que análises mais racionais sejam procedidas. De qualquer modo, ao menos duas constatações são possíveis desde logo: a) a extensão da *Operação Lava Jato* é devedora, em grande parte, dos inúmeros acordos de colaboração premiada firmados; b) muitos acordos ampliaram o rol de benefícios punitivos, fixando, ademais, indevidas restrições de direitos fundamentais. Ou seja, houve extensão dos acordos para campos não projetados pelo legislador.

A extensão dos acordos de colaboração premiada traz em cena um segundo Cavalo de Troia. O primeiro veio a reboque com a introdução dos caminhos negociados em nosso processo penal. O segundo, mais atual, é dado pela barganha sobre a prova. Aqui a retórica utilitarista constitui perigosa energia propulsora. A gravidade das práticas criminosas, a complexidade das organizações e a necessidade de combate ao fenômeno da corrupção são argumentos que tendem a impulsionar a colaboração premiada para além das fronteiras projetadas em uma nova onda expansionista da justiça negociada. A diferença é que a primeira veio pela ação do legislador, enquanto a segunda se manifesta pelas mãos do operador. Assim, o sucesso da *Operação Lava Jato*, em grande parte creditado às colaborações premiadas, deve também suscitar preocupações quanto ao

69. O direito subjetivo alimenta eventuais recursos interpostos contra a sentença final. Haverá, inclusive, interesse e legitimidade do órgão acusador para interpô-los igualmente como corolário das obrigações assumidas no acordo.

desvirtuamento dos rumos do processo penal decorrentes do uso não controlado dos mecanismos negociais.[70]

4. O controle judicial do acordo de colaboração premiada. Um olhar sobre o *Caso Lava Jato*

O controle judicial envolve a análise sobre a regularidade, legalidade e licitude. A primeira diz respeito aos requisitos intrínsecos. O acordo se materializa em documento escrito cujas cláusulas devem indicar, com precisão, os deveres assumidos por cada parte. Estas, por sua vez, devem estar claramente identificadas e suas assinaturas deverão constar de todas as peças, assim como as do defensor. Exige a lei, ademais, que o termo de acordo venha instruído com as declarações do colaborador. Mas, como o dever de colaboração somente se aperfeiçoa após a homologação judicial, será suficiente uma exposição sucinta dos pontos que serão revelados pelo colaborador quando de seus futuros depoimentos. Impõe o legislador que o termo de acordo venha também instruído com cópia da investigação. Mais do que mera formalidade, a exigência é de fundamental importância para que o juiz possa proceder ao exame da legalidade.

Com efeito, a investigação move-se para a apuração de noticiados fatos criminosos que, por sua vez, devem encontrar uma subsunção provisória no tipo penal da organização criminosa e/ou nos crimes a ela conexos. A colaboração premiada, não se esqueça, é meio de obtenção de prova excepcional. Assim, o acordo que ela propicia deve vir fundado em um quadro mínimo de justa causa que aponte para uma base material apta a desencadear aquele meio. Ademais, o próprio objeto da investigação – expõe a autoridade judiciária competente para a homologação – garantia do juiz natural –,[71]

70. As críticas ao modelo negocial e, sobretudo, à amplitude de poderes reservadas às partes, especialmente ao acusador não são novas. Devem servir de atenção e consideração para o modelo que se queira implementar, ainda que sob a cautela da tradução. Nesse sentido: Alschuler: *University of Chicago Law Review*, v. 58, 1991, 901-951; Bovino: *Procedimiento abreviado* e Lagbein: *University of Chicago Law Review*, v. 46, 1978-1979, 3-22. Entre nós ver: Vasconcelos: *Colaboração premiada*, 37-46.

71. Tratando-se de delatados sujeitos às regras de competência por prerrogativa de função, o acordo deverá ser submetido ao Tribunal originariamente competente. Nesse sentido: decisão homologatória do acordo de delação

assim como a atribuição do órgão do Ministério Público, para que em nome deste, possa dispor de interesses persecutórios.

A indicação dos prêmios é taxativa, não sendo possível uma interpretação expansiva. É essa a imagem captada pelo espelho retrovisor e que pavimentou o caminho do direito premial até o ponto em que hoje nos encontramos. De fato, a trajetória nacional revela concessões restritas do poder-dever punitivo o que, diga-se, obedece à natureza pública dos interesses envolvidos. O Estado ainda detém o monopólio do uso legítimo da força punitiva. A renúncia ao exercício daquele poder ou o abrandamento dos parâmetros punitivos não são produto de livre eleição do órgão acusador, mas sim do legislador. É este que detém o mandato democrático, sendo ele, portanto, o ator legitimado a indicar quais serão as concessões ao poder punitivo que o Estado estará disposto a realizar. Por essa perspectiva, não podem as partes ampliar os prêmios para além daqueles indicados em lei, quais sejam: a) concessão de perdão judicial, redução de até 2/3 da pena privativa de liberdade e/ou substituição da pena privativa por restritiva de direitos e b) redução até a metade da pena ou progressão de regime quando a colaboração tiver sido prestada na fase da execução criminal. Aqui impera o princípio da legalidade do conteúdo.[72]

Os exemplos de cláusulas que desconsideram os limites legais são inúmeros: progressão do regime fechado direto ao aberto;[73] previsão de fixação de regime aberto, independentemente da quantidade de pena a ser estabelecida em sentença;[74] fixação de regimes

premiada firmado entre o MPF e Alberto Youssef, nos autos da Pet. 5244 (STF), j. 19.12.2014.

72. Zilli: *Boletim IBCCrim*, ano 25, n. 300, nov.2017, 4. Ver, igualmente: Jardim: *Acordo de cooperação premiada* e Vasconcelos, *Colaboração premiada*, 153.

73. Conforme termo de colaboração premiada firmado entre o MPF e Alberto Youssef em 24 de setembro de 2014, assim redigido: "Cláusula 5ª (...) V. após o integral cumprimento da pena privativa de liberdade em regime fechado nos termos do inciso III da presente cláusula, a progressão do COLABORADOR diretamente para o regime aberto, mesmo que sem o preenchimento dos requisitos legais, nos termos do art. 4º, § 5º, da Lei 12.850/2013".

74. Conforme estabelecido no termo de colaboração premiada firmado entre o MPF e Pedro Barusco no dia 19 de novembro de 2014. "Cláusula 5ª (...) III. O(s) regime(s) e a(s) pena(s) privativa(s) de liberdade que forem originalmente fixado(s) na(s) sentença(s) condenatória(s) proferida(s) em face do COLABORADOR ser(á)(ão) substituído(s) por pena privativa de liberdade

prisionais diferenciados e, portanto, não previstos em lei,[75] assim como e a possibilidade de suspensão da persecução e do prazo prescricional.[76]

Como se disse, o direito premial está na gênese da colaboração processual. Sendo o acordo instrumento de viabilização dos prêmios taxativamente estabelecidos em lei, não se concebe que o mesmo instrumento contenha cláusulas que imponham restrições de direitos, ferindo, assim, a própria lógica informadora do instituto. Assim, as previsões que impõem o cumprimento de pena privativa de liberdade em regime fechado, logo após a homologação do acordo[77] e que afastam a possibilidade de aplicação da detração penal para quem cumprir prisão cautelar comum ou domiciliar assim como a remição da pena pelo trabalho[78] são incabíveis, seja pela inconstitucionalidade como na primeira hipótese, seja pela contrariedade à lei, no segundo caso.

em regime aberto diferenciado, por período de 2 (dois) anos, iniciando-se o seu cumprimento a partir do trânsito em julgado da primeira condenação...".

75. Conforme estabelecido no termo de colaboração premiada firmado entre o MPF e Pedro Barusco (Cláusula 5, III).

76. A prescrição é matéria de ordem pública que condiciona o exercício do poder-dever punitivo. As hipóteses de suspensão ou de interrupção do prazo prescricional são as previstas em lei. Há acordos que fixaram prazo de dez anos de suspensão do prazo prescricional sem que a previsão contasse com qualquer amparo legal a subsidiar eventual recurso à analogia. Veja-se, a propósito o acordo de colaboração premiada firmado em 24 de setembro de 2014 entre o MPF e Alberto Youssef, assim redigido: (cláusula 5ª, VI, § 1º. Disponível em: <http://politica.estadao.com.br/blogs/fausto-macedo/wp-content/uploads/sites/41/2015/01/acordodela%C3%A7%C3%A3oyoussef.pdf>. Acesso em 19.01.2018).

77. Conforme cláusula 5ª, § 6º, do acordo celebrado com Alberto Youssef: "O Colaborador, cumprirá imediatamente após a assinatura do presente acordo a pena privativa de liberdade em regime fechado a que se refere o inciso III da presente cláusula".

78. Conforme cláusula 5ª, § 3º, do acordo de colaboração firmado por Paulo Roberto Costa em 27 de agosto de 2014, com a seguinte redação: "§ 3º. A pena cumprida cautelarmente, seja de prisão comum, seja de prisão domiciliar, assim como a pena de prisão domiciliar, seja cautelar ou penal, não interferirão no tempo de pena de até dois anos em regime semi-aberto estabelecido em sentença. O tempo de eventual trabalho também não interferirá para fins de progressão do regime".

De igual modo, a restrição de direitos e garantias fundamentais não pode ser alvo de composição entre as partes, mormente quando submetida a matéria à reserva de jurisdição. O exemplo mais eloquente é dado pelas cláusulas que envolvem as medidas cautelares pessoais.[79] A imposição destas, seja na forma da medida extrema ou mesmo aquelas alternativas à prisão, supõe a convergência de seus pressupostos e requisitos, dentre os quais o *periculum libertatis*, o qual há de ser temperado pela observância da proporcionalidade. Portanto, a previsão de tais cláusulas, ainda que sob a fórmula de requerimentos a serem formulados pelo órgão acusador, é de reduzida eficácia, já que não vinculam a autoridade judiciária. Ademais, o exame judicial das medidas cautelares pessoais poderia ser alvo de representação da autoridade policial – que não é parte do acordo –, sem contar a possibilidade, subsistente em nosso ordenamento, da decretação de ofício.

Mais do que isto, as cláusulas que envolvem tais questões põem em cheque a própria voluntariedade como elemento validador do acordo. Não deveriam sequer ser alvo dos pactos. Afinal, difícil não vislumbrar, nas promessas de impedimento ou de concessão de futuras medidas cautelares pessoais, ameaças veladas de prisão.

Não podem integrar o cardápio do acordo, restrições de acesso à justiça, bem como do uso das vias recursais e impugnativas. De início, os acordos fixavam cláusulas impeditivas da interposição

79. No acordo de colaboração premiada firmado por Paulo Roberto da Costa, por exemplo, foram previstas diversas cláusulas indicativas dos pleitos que seriam formulados pelo Ministério Público. Dentre estas havia alusão à formulação de requerimento de prisão domiciliar pelo prazo de um ano, com tornozeleira eletrônica. Conforme redação dada à cláusula 5ª: "Em vista disto, salvaguardada a necessidade de ratificação e homologação judicial deste acordo, uma vez cumpridas integralmente as condições impostas adiante, neste acordo, para o recebimento dos benefícios, bem com no caso haver efetividade da colaboração, o Ministério Público Federal (MPF) propõe ao acusado os seguintes benefícios legais, cumulativamente: I – Pleiteará que, pelos crimes que são objeto do presente acordo, o acusado fique sujeito à continuidade da prisão cautelar e a penas criminais nos termos seguintes: a) prisão domiciliar pelo prazo de 1 (um) ano, com tornozeleira eletrônica ou equipamento similar, na medida da efetividade da colaboração e nos termos dos parágrafos deste artigo, sem detração do prazo de prisão preventiva cumprido". Disponível em: <http://s.conjur.com.br/dl/acordo-delacao-premiada-paulo-roberto.pdf>. Acesso em 20.08.2017.

de recursos e uso de ações impugnativas para desafiar as sentenças condenatórias que viessem a ser proferidas.[80] A questão, obviamente, cerceava o acesso à justiça, inviabilizava o exercício do duplo grau de jurisdição, sem contar a limitação do exercício daqueles em relação a eventos futuros e incertos. Não foram outras as razões que levaram o STF a anular tais dispositivos quando do juízo homologatório.[81] De qualquer modo, a questão relativa à renúncia das vias impugnativas permaneceu nos acordos posteriores, mas com uma formulação mais sofisticada. Assim, a proscrição das vias recursais ficou restrita ao âmbito decisório que atendesse os termos pactuados, permitindo-se, assim, o desfio das decisões que não observassem o acordado.[82]

Os acordos são personalíssimos e, portanto, a sua validade não pode ser condicionada à efetividade de outros acordos celebrados com outros colaboradores. Este condicionamento[83] subverte a

80. No acordo celebrado por Paulo Roberto Costa, encontramos os seguintes exemplos: Cláusula 12: "A defesa desistirá de todos os *habeas corpus* impetrados no prazo de 48 horas, desistindo também do exercício de defesas processuais, inclusive de discussões sobre competência e nulidades. Ainda na cláusula 17: "(...) O colaborador renuncia ainda ao exercício do direito de recorrer das sentenças penais condenatórias proferidas em relação aos fatos que são objeto deste acordo, desde que elas respeitem os termos aqui formulados".

81. Nesse sentido, foi a decisão do Min. Teori Zavascki: quando da homologação do acordo firmado por Alberto Youssef: "Sob esse aspecto, os termos acordados guardam harmonia, de um modo geral, com a Constituição e as leis, com exceção do compromisso assumido pelo colaborador, constante da Cláusula 10, k, exclusivamente no que possa ser interpretado como renúncia, de sua parte, ao pleno exercício, no futuro, do direito fundamental de acesso à Justiça, assegurado pelo art. 5º, XXV, da Constituição".

82. Como se vê da cláusula 30 do termo de acordo celebrado por Delcídio do Amaral: "As partes somente poderão recorrer da decisão judicial no que toca à fixação da pena, ao regime de seu cumprimento, à de multa e à de multa compensatória, limitadamente ao que extrapolar os parâmetros do presente acordo. O COLABORADOR também poderá recorrer de imputações presentes ou futuras, deduzidas no âmbito dos feitos, ações penais, inquéritos ou procedimentos abrangidos no presente acordo, os quais excedam o escopo material da colaboração que esteja prestando ou venha a prestar e não sejam tangenciados pelos anexos ao presente instrumento, pelos depoimentos por ele prestados ou por documentos ou outros meios de prova abrangidos pela colaboração".

83. Mais uma vez vem à luz do exemplo do acordo celebrado por Paulo Roberto Costa, em sua cláusula 5ª: "Em vista disto, salvaguardada a necessidade de ratificação e homologação judicial deste acordo, uma vez

característica inata à justiça negociada, qual seja, o envolvimento de procedimentos que implicam disposições pessoais e individuais de direitos, poderes e faculdades.

A voluntariedade do colaborador é requisito essencial, sem a qual o acordo estará marcado pela ilicitude, contaminando todos os atos dali derivados. Não se exige espontaneidade sendo, portanto, irrelevantes as considerações sobre as intenções do colaborador, especialmente, o desejo de alcançar e de obter benefícios persecutórios consubstanciados por tratamento punitivo mais brando. De qualquer modo, o direito ao silêncio é projeção da esfera da intimidade. A sua renúncia há de ser voluntária. Pressões e coações comprometem a voluntariedade. Do vício decorre a contaminação da prova diretamente obtida e sua irradiação para as provas derivadas – *fruits of the poisonous tree*.

Questão tormentosa emana da delicada situação do colaborador preso. A restrição da liberdade, por si, acentua a vulnerabilidade daquele que é o alvo da persecução. Muito embora não seja adequado fixar uma relação direta e automática de comprometimento do requisito da voluntariedade, é evidente que a condição, por si, exige maior cautela da autoridade judiciária no exercício do controle de licitude. É este, aliás, o seu papel o qual se materializa quando da audiência de oitiva do colaborador. Qualquer associação entre a liberdade e a anuência aos termos e condições do acordo de colaboração é suficiente para contaminá-lo, desqualificando aquele meio de obtenção de prova e os elementos porventura colhidos. A perspectiva de imposição de prisão cautelar ou mesmo o seu prolongamento não podem servir de alimento para um acordo. A concordância com a colaboração não é preço para o resgate ou mesmo para a preservação do *status libertatis*.

Assim, no exercício do controle que lhe compete, o juiz deve atentar para as formalidades que cercam o acordo, os percursos que levaram à celebração e, obviamente, ao seu conteúdo. A previsão

cumpridas integralmente as condições impostas adiante, neste acordo, para o recebimento dos benefícios, bem com no caso haver efetividade da colaboração, o Ministério Público Federal (MPF) propõe ao acusado os seguintes benefícios legais, cumulativamente. (...) (f) O Ministério Público não considerará violado este acordo principal pela violação dos acordos eventualmente feitos com os familiares (acordos acessórios), mas a rescisão do acordo acarretará a rescisão dos acordos acessórios".

de oitiva do colaborador possibilita – ou deveria possibilitar – uma apreciação sobre a real vontade de prestar a colaboração. A medida é salutar, ainda que insuficiente. É que a oitiva se insere em momento no qual as negociações já terão se ultimado. Eventuais pressões ou mesmo coações já terão sido introjetadas na percepção do colaborador, de modo que muito dificilmente denunciaria o acordo celebrado. Melhor seria que todo o processo de negociação entre as partes fosse alvo de registro, possibilitando, assim, a futura análise do material. De qualquer modo, o vício de vontade conduz à afirmação da ilicitude da prova obtida o que pode – e deve – ser reconhecido a qualquer momento, inclusive após a homologação.

5. Conclusões

5.1 A complexidade ínsita ao fenômeno da criminalidade organizada subverte os padrões punitivos e persecutórios tradicionais, exigindo novos olhares sobre a estruturação penal típica, bem como sobre os mecanismos de enfrentamento.

5.2 A observação de suas diferentes manifestações levou à constatação de traços comuns os quais envolvem aspectos estruturais, relacionados com a associação de pessoas que conjugam os seus esforços direcionando-os à prática de infrações penais. As organizações estruturam-se em níveis hierárquicos. A linha de frente é ocupada pelos membros mais novos sobre os quais recaem as ações mais visíveis. Estão, portanto, mais expostos à ação repressiva. À medida que os escalões de poder são galgados aumenta o distanciamento das práticas ilícitas visíveis. No topo, encontram-se os líderes, que são os responsáveis pelo direcionamento intelectual da organização. Este distanciamento fomenta vários dilemas dogmáticos do Direito Penal e que tocam, por exemplo, a problemática da autoria mediata.

5.3 As peculiaridades que tocam as organizações criminosas impõem novas medidas de investigação e de obtenção de provas que forneçam um maior grau de eficiência. A busca pela eficiência não implica restrição generalizada de direitos e garantias fundamentais. A observância da proporcionalidade direciona não só o legislador, em sua tarefa de edificação do aparato normativo processual, mas também o operador do direito.

5.4 Os mecanismos de incentivo à colaboração processual por parte de membros de organizações criminosas, desde que atrativos, contém grande potencial de eficácia. Devem, portanto, ser estruturados de forma a estabelecer uma energia suficientemente forte a ponto de estimular o colaborador a transpor as barreiras do terreno ilícito para o campo da licitude. Nesse passo, os instrumentos premiais são expedientes dotados de grande potencialidade para o sucesso.

5.5 O acordo de colaboração premiada, em sua formatação atual – Lei 12.850/2013 –, é meio de obtenção de prova. Por ele, o alvo da persecução transmuda-se para assumir nova posição jurídica, qual seja a de testemunha imprópria. Para tanto, supõe celebração de acordo o qual envolve, da parte do colaborador, ato de disposição do exercício do direito ao silêncio seguido de compromisso de prestar colaboração efetiva mediante o fornecimento de provas.

5.6 Os mecanismos da justiça negociada não constituem novidade no cenário brasileiro. Nova foi a associação entre esta e os meios de revelação/obtenção de prova. A dinâmica da tradução, que já tinha sido adotada quando da regulamentação de institutos consensuais no processo penal brasileiro na década de noventa do século passado, se manteve no desenho do acordo de colaboração premiada. A liberdade de pactuação não é plena. Ela é limitada em seu objeto, em sua forma e em sua oportunidade. Mais do que isto, está jungida ao controle judicial que se projeta nas dimensões da regularidade, da legalidade e da licitude. Não foram outras as razões que levaram o legislador a prever a possibilidade de oitiva do colaborador antes da efetiva homologação do acordo.

5.7 A voluntariedade é exigência de primeira ordem no acordo de colaboração. O ato de disposição do exercício do direito ao silêncio e a assunção da obrigação de cooperar não podem ser produto de pressão física ou psicológica. Vícios desqualificam o ato o qual fica marcado pelo selo da ilicitude. Assim, os elementos de prova fornecidos são inadmissíveis, assim como serão igualmente inadmissíveis as provas obtidas por derivação – frutos da árvore envenenada. São efeitos que podem ser reconhecidos a qualquer momento, inclusive em sentença final.

5.8 Não há liberdade plena quanto ao conteúdo do acordo. Tomados os exemplos da *Operação Lava Jato* constata-se um avanço no terreno de concessões que foram taxativamente permitidas pelo legislador. De fato, houve disposição sobre a liberdade de locomoção, sobre a imposição de medidas cautelares alternativas e sobre a progressão de regime prisional. Além disso, foram estabelecidos regimes prisionais não previstos em lei, assim como foram criadas novas causas suspensivas do prazo prescricional. Houve ainda previsão de restrição do direito de acesso à jurisdição e do duplo grau de jurisdição as quais tomaram a forma de proibição do manejo de recursos e de ações impugnativas. As restrições de direitos e garantias ferem a lógica inspiradora do acordo de colaboração premiada. Com efeito, trata-se de instrumento desenhado para a composição de benefícios legais em troca de informações relevantes para o desmonte de estruturas criminosas e não para a redução do espaço de liberdades.

5.9 Tomada a experiência até aqui construída no âmbito da *Operação Lava Jato*, constata-se uma força expansiva dos limites da colaboração premiada a qual vem sendo impulsionada para o horizonte da discricionariedade de conteúdo. Para além da ruptura com o padrão da legalidade, a prática retira a colaboração premiada de seu terreno excepcional tornando-a prática comum. Assim, a filtragem judicial há de ser rigorosa, até mesmo porque foi este o modelo que se desenhou no cenário da tradução. Regularidade formal, legalidade de conteúdo e licitude do ato de disposição de direitos da parte do colaborador norteiam a análise judicial.

Bibliografia

Alschuler, Albert: "The failure of sentencing: a plea for less aggregation", em *University of Chicago Law Review*, v. 58, 1991, 901-951.

Alschuler, Albert: "Plea bargaining and its history", em *Law & Society Review*. v. 13, n. 2, special issue on plea bargaining (Winter, 1979), 211-245.

Aras, Vladimir: "Técnicas especiais de investigação", em Carla Veríssimo de Carli (Org.). *Lavagem de dinheiro: prevenção e controle penal*. Porto Alegre: Verbo Jurídico, 2011, 403-460.

Aroca, J. Montero: "Principio acusatorio y prueba en el proceso penal. La inutilidad jurídica de un slogan político", em J.L. Gómez Colomer (Coord.). *Prueba y proceso penal*. Valencia: Tirant lo Blanch, 2008, 17-66.

AZEVEDO, David Teixeira de: "A colaboração premiada num direito ético", em *Boletim IBCCrim*. São Paulo, v. 7, n. 83, out. 1999, 5-7.

BADARÓ, Gustavo: "Hipóteses que autorizam o emprego de meios excepcionais de obtenção de prova", em Kai Ambos, Eneas Romero (Coords.), *Crime organizado. Análise da Lei 12.850/2013*. São Paulo: Marcial Pons; CEDPAL, 2017, 13-49.

BECHARA, Fabio: "Colaboração processual: legalidade e valor probatório", em *Boletim IBCCrim*, ano 23, v. 269, 2015, 6-7.

BITENCOURT, Cezar Roberto – Busato, Paulo Cesar: *Comentários à Lei de Organização Criminosa: Lei 12.850/2013*, São Paulo: Saraiva, 2014.

BITTAR, Walter Barbosa: *Delação premiada*, Rio de Janeiro: Lumen Juris, 2011.

BOVINO, Alberto: "Procedimiento abreviado y juicio por jurados", em Julio B.J. Maier; Alberto Bovino (Comps), *El procedimiento abreviado*. Buenos Aires: Del Puerto, 2005.

CORDERO, Franco: *Procedimiento penal*, Santa Fé de Bogotá: Temis, 2000.

DAMASKA, Mirjan: *Faces of justice and state authority. A comparative approach to the legal process*, New Haven: Yale University Press, 1986.

DEU, Teresa Armenta: *Sistemas procesales penales. La justicia penal en Europa y America*: Madrid/Barcelona/Buenos Aires: Marcial Pons, 2012.

ESSADO, Tiago Cintra: "Delação premiada e idoneidade probatória", em *Revista Brasileira de Ciências Criminais*. São Paulo, ano 21, v. 101, 2013, 203-227.

FANCHIOTTI, Vittorio: "Origini e sviluppo dela giustizia contrattata nell'ordinamento statunitense", em *Rivista Italiana di Diritto e Procedura Penale*. v. 27, 1984, 56-101.

FEELEY, Malcom M.: "Plea bargaining and the structure of the criminal process", em *The Justice System Journal*, v.7, n. 3, Justice system research: how can it help? (Winter, 1982), 338-354.

FERNANDES, Antonio Scarance: "O equilíbrio entre a eficiência e o garantismo e crime organizado", em *Revista Brasileira de Ciências Criminais*. São Paulo, v. 16, n. 70, jan./fev, 2008, 229-268.

Friedman, Lawrence M.: "Plea bargaining in historical perspective", em *Law & Society Review*, v. 13, n. 2, Special Issue on Plea Bargaining (Winter, 1979), 247-259.

Giacomolli, Nereu José: *Legalidade, oportunidade e consenso no processo penal na perspectiva das garantias constitucionais*. Porto Alegre: Livraria do Advogado, 2006.

Grinover, Ada Pellegrini: *Liberdades públicas e processo penal. As interceptações telefônicas*, São Paulo: Revista dos Tribunais, 1982 (1976).

Grinover, Ada Pellegrini – Gomes Filho, Antônio Magalhães – Fernandes, Antônio Scarance – Gomes, Luís Flávio. *Juizados especiais criminais: comentários à Lei 9.099, de 26.09.1995*, 5. ed., rev., atual. e ampl. São Paulo: Revista dos Tribunais, 2005.

Jardim, Afrânio Silva: "Acordo de cooperação premiada. Quais são os limites?", em *Revista Eletrônica de Direito Processual – REDP*. Rio de Janeiro, ano 10, v. 17, n. 1, jan.-jun. 2016, 2-6, <http://www.e-publicacoes.uerj.br/index.php/redp/article/viewFile/23110/16462> (24.1.2018).

Langbein, John H.: "Understanding the Short History of Plea Bargaining", em *Law & Society Review*, v. 13, n. 2, Special Issue on Plea Bargaining (Winter, 1979), 261-272.

Langbein, John H.: "Torture and plea bargaining", em *University of Chicago Law Review*, v. 46, 1978-1979, 3-22.

Langer, Maximo: "From legal transplants to legal translations: the globalization of plea bargaining and the Americanization thesis in criminal procedure", em *Harvard International Law Journal*. v. 45, n. 1, Winter, 2004, 1-64.

Legrand, Pierre: "The impossibility of legal transplants", em *Maastricht Journal of European and Comparative Law*, v. 4, 1997, 111-124.

Mendonça, Andrey Borges de; Dias, Fernando Lacerda: "A renúncia ao direito recursal em acordo de colaboração premiada", em Ricardo Sidi – Anderson Bezerra Lopes (Orgs.), *Temas atuais da investigação preliminar no processo penal*. Belo Horizonte: D'Plácido. 2017, p. 103-149.

Mendonça, Andrey Borges de: "A colaboração premiada e a nova Lei do Crime Organizado (Lei 12.850/13)", em *Revista Custos Legis*, v. 4, 2013, 1-38.

QUEIJO, Maria Elizabeth: *O direito de não produzir prova contra si mesmo. O princípio Nemo tenetur se detegere e suas decorrências no processo penal*. 2. ed., São Paulo: Saraiva, 2012.

ROMERO, Eneas: "A colaboração premiada", em Kai Ambos – Eneas Romero (Coords.). *Crime organizado. Análise da Lei 12.850/2013*. São Paulo: Marcial Pons; CEDPAL, 2017, 253-277.

SILVA, Eduardo Araujo da: *Organizações criminosas. Aspectos penais e processuais da Lei n. 12.850/13*. São Paulo: Atlas, 2014.

VASCONCELLOS, Vinicius Gomes de: *Colaboração premiada no processo penal*. São Paulo: Revista dos Tribunais, 2017.

VASCONCELLOS, Vinicius Gomes de: *Barganha e justiça criminal negocial. Análise das tendências de expansão dos espaços de consenso no processo penal brasileiro*. São Paulo: IBCCrim, 2015.

VOGEL, Mary: "The social origins of plea bargaining: an approach to the empirical study of discretionary leniency?", em *Journal of Law and Society*, v. 35, *Law's Reality: Case Studies in Empirical Research on Law*, 2008, 201-232.

WATSON, Alan: "Aspects of reception of law", em *The American Journal of Comparative Law*, v. 44, n. 2, spring 1996, 335-351.

WATSON, Alan: "From legal transplants to legal formants", em *The American Journal of Comparative Law*. v. 43, n. 3, summer, 1995, 469-476.

WATSON, Alan: *Legal transplants. An approach to comparative law*. Athens/London: The University of Georgia Press, 1974.

WINTER, Lorena Bachmaier: "Acusatorio versus inquisitivo. Reflexiones acerca del processo penal", em Lorena Bachmaier Winter (Coord.), *Proceso penal y sistemas acusatorios*, Madrid/Barcelona/Buenos Aires: Marcial Pons, 2008, 11-48.

ZANELLATO, Vilvana Damiani: "A colaboração premiada como instrumento de política criminal garantista em sua dupla dimensão", em Soraia da Rosa Mendes (Org.), *A delação/colaboração premiada em perspectiva*. Brasília: IDP, 2016, 106-119.

ZILLI, Marcos: "No acordo de colaboração entre gregos e troianos, o cavalo é o prêmio", em *Boletim IBCCrim*, ano 25, n. 300, nov., 2017, 3-6.

ZILLI, Marcos: "O juiz das garantias, a estrutura acusatória e as memórias do subsolo. Um olhar sobre o PL 8.045/10 (Projeto do Novo Código de Processo Penal)", em Ricardo Sidi – Anderson Bezerra Lopes (Orgs.), *Temas atuais da investigação preliminar no processo penal.* Belo Horizonte: D'Plácido, 2017, 387-414.

ZILLI, Marcos: "Non ducor duco. Ainda sobre os poderes instrutórios do juiz no processo penal", em *IBCCRIM 25 anos.* Belo Horizonte: D'Plácido, 2017, 211-234.

ZILLI, Marcos: "A colaboração premiada nos trópicos. Autonomia das partes e o imperativo do controle judicial. Leituras sobre a Lei 12.850/13 à luz da eficiência e do garantismo", em Alexandre J. Carneiro da Cunha Filho – Glaucio Roberto Brittes de Araújo, *48 visões sobre a corrupção.* São Paulo: Quartier Latin, 2016, 855-874.

ZILLI, Marcos: "O poder instrutório do juiz no processo penal", em Luiz Rascovski, *Temas relevantes de direito penal e processual penal.* São Paulo: Saraiva, 2012, 149- 171.

ZILLI, Marcos: *A iniciativa instrutória do juiz no processo penal.* São Paulo: Revista dos Tribunais, 2003.

Referências jurisprudenciais

Brady v. United States, 397, U.S. 742, 752 (1970).

Newman v. US, 382 F. 2d, 479, 480 (D.C. Cir. 1967).

Santobello v. New York, 404, U.S. 257, 260 (1971).

STF, Pet. 5244/DF, decisão monocrática, rel. Min. Teori Zavascki, j. 19.12.2014.

STF, HC 127.483/PR, Tribunal Pleno, rel. Min. Dias Toffoli, j. 27.08.2015, *Dje* 04.02.2016.

STJ, HC 367.156/MT, 6ª T., rel. Min. Antonio Saldanha Palheiro, j. 09.03.2017, *DJe* 22.03.2017.

US v. Cox, 342 F. 2d 167, 170-172 (5th Cir. 1965).

4

ACORDOS DE LENIÊNCIA: A EXPERIÊNCIA NACIONAL E INTERNACIONAL DE COMBATE A CARTÉIS E SUA TRANSPOSIÇÃO PARA O COMBATE À CORRUPÇÃO NO BRASIL

MARCOS PAULO VERISSIMO[1]

RESUMO: O artigo analisa as bem-sucedidas experiências brasileira e internacional de leniência no âmbito do combate a cartéis e as compara à recente experiência brasileira com leniências em casos de corrupção. Procura demonstrar que faltam, no caso do combate à corrupção, incentivos suficientes à procura do programa por empresas que ainda não estejam na iminência de ser condenadas pelas autoridades, em larga medida pela inexistência de certos elementos institucionais que estão presentes nos programas de leniência antitruste e que foram sendo paulatinamente introduzidos nestes à

1. Professor Doutor do Departamento de Direito do Estado da Faculdade de Direito da Universidade de São Paulo.

luz da experiência prática e também com base na teoria dos comportamentos estratégicos.

PALAVRAS-CHAVE: acordo de leniência; cartel; corrupção; direito premial.

1. Introdução: os acordos de leniência e sua racionalidade econômica – a experiência internacional de combate a cartéis

Acordos de leniência são ajustes por meio dos quais o Estado oferece isenção ou redução de penas a pessoas naturais e jurídicas que, não obstante tenham praticado sérias infrações à legislação penal ou administrativa em vigor, optam por informar às autoridades, de maneira em geral espontânea, acerca dessas infrações, fornecendo provas que permitem a abertura de investigações ou mesmo a obtenção de condenações em relação a terceiros que tenham atuado como coautores da mesma conduta ilícita confessada. São, portanto, instrumentos de detecção de violações à legislação em vigor (praticadas em geral por um conjunto de agentes) que se baseiam na oferta de uma vantagem a um desses agentes que se dispõe a delatar os demais. Em poucas palavras, são incentivos institucionais à traição entre agentes que tenham violado em conjunto o direito.

Instrumentos dessa ordem têm sido usados pelo Estado em situações variadas há muito tempo, abarcando práticas tão diversas como o pagamento de recompensas por informações sobre criminosos (pagamento esse feito tanto a cidadãos comuns como a comparsas do criminoso procurado pela Justiça, e que consistiu em prática corriqueira no *common law* inglês a partir do século treze), anistias a prisioneiros de guerra que forneçam informações valiosas a seus captores, ou mesmo acordos institucionalizados de colaboração premiada em processos criminais, estes últimos de uso frequente nos Estados Unidos há muitas décadas, tendo respondido em 2010 pela solução de mais de 90% dos casos penais investigados em nível federal.[2]

No plano internacional, acordos desse tipo têm sido particularmente usados nas últimas três décadas para viabilizar a detecção e punição de cartéis, como se verá em maiores detalhes adiante. No caso específico dos cartéis, a estratégia é usar os incentivos financeiros e não financeiros relacionados à isenção de penas para potencializar o caráter já naturalmente instável desses arranjos colusivos, fornecendo razões adicionais para a quebra da cooperação por parte dos membros desse tipo de acordo ilícito. De fato, nas palavras de Barry e MacCulloch, toda a ideia por trás dos programas de leniência usados no combate a cartéis é que

> "(...) cartéis são inerentemente instáveis, com cada membro do cartel sopesando constantemente os benefícios do acordo contra os benefícios que viriam da quebra da cooperação. Ao oferecer leniência aos membros do cartel que informem as autoridades acerca de sua existência, as autoridades esperam aumentar significativamente os benefícios decorrentes da quebra do acordo, aumentando assim as chances de dissolução do próprio cartel. Se a oferta de leniência também encoraja o membro dissidente a fornecer informação às autoridades, isso significa também que as autoridades podem usar essa informação para processar os demais participantes do cartel. Nos Estados Unidos isso é conhecido como a 'corrida para as portas da Justiça'."[3]

2. Spagnolo: *Leniency*, 262. Fisher: *Plea Bargaining's Triumph*. Friedman: *Law & Society Review*, 13, 2 (Special Issue on Plea Bargaining), 1979, 247-259.

3. No original: "*cartels are inherently unstable, with each member of the cartel constantly balancing the benefits of solidarity with the other cartel members against the benefits of withdrawing co-operation. By offering leniency to cartel members, who inform the authority of the existence of a cartel, the authority hopes to significantly increase the benefits of withdrawing from the cartel, and therefore increase the likelihood that a cartel will break up. If the offer of leniency also encourages the breakaway cartel member to provide useful information to the authority it also means that the authority can*

Como veremos adiante, incentivar essa *corrida às autoridades* é possivelmente o mais importante elemento organizador dos vários programas de leniência adotados no âmbito antitruste ao redor do mundo. A racionalidade subjacente é a mesma do chamado *dilema do prisioneiro*. Nesse sentido, como aponta Giorgio Monti, a racionalidade econômica dos programas de leniência é semelhante à da própria prática ilícita:

> "Programas de leniência são baseados na mesma lógica econômica da colusão. De acordo com a teoria dos jogos, a colusão faz sentido por que é uma maneira de maximizar lucros. Os acordos de leniência usam a mesma lógica para sugerir às empresas que é de seu interesse confessar. [...] Imaginemos duas empresas, 1 e 2, que sejam as únicas participantes de um cartel e que as autoridades as tenham acusado de colusão. Elas têm duas escolhas: confessar que o cartel existe ou permanecer em silêncio. Os programas de leniência fazem com que a escolha de uma delas passe a ter efeito sobre a outra. [...] apesar de não confessar ser lucrativo, os ganhos daí advindos são descontados pela probabilidade de ser pego pelas autoridades e ter que pagar uma multa. Se essa probabilidade for suficientemente alta, será mais do que racional para uma das partes confessar. E na medida em que a primeira parte a confessar 'ganha' a maior redução nas multas, com maior probabilidade de imunidade, o programa de leniência pode levar a uma 'corrida' pela confissão. Diversos cartéis foram descobertos como resultado de políticas de leniência, e em muitos casos mais do que uma empresa forneceu informações relevantes para se beneficiar do programa."[4]

take enforcement action against the other cartel participants. In the US system this is known as the 'race to the courtroom door'". Rodger; MacCulloch: *Competition law*, 51.

4. No original: "*leniency programs are based upon the same economic logic as collusion. According to game theory, collusion makes sense because it is the way for profit to be maximized. Leniency policy uses the same logic to suggest to firms that it is in their interests to confess.* [...] *Say firms 1 and 2 are the sole members of a cartel and the Commission has accused them of collusion. They have two choices: to confess that the cartel exists or to stay quiet. Leniency programs mean that the choice one firm makes has an effect on the other firm.* [...] *while not confessing is profitable, these profits are discounted by the probability of being caught and paying a fine. If that probability is sufficiently high, a party will find it more rational to confess. And because the first party to confess 'wins' the greatest reduction, with a strong possibility of immunity, then the leniency program can lead to a 'race' to*

Portanto, acordos de leniência "exploram seletivamente o dilema do prisioneiro enfrentado pelos cartéis", fazendo com que a escolha pela colusão por todos os membros seja ótima, mas perigosa caso um deles resolva delatar. Assim, individualmente, a escolha pela delação passa a ser a segunda melhor alternativa para cada membro do cartel, e ser delatado se apresenta como a pior de todas as alternativas disponíveis.[5]

No campo do direito antitruste, ainda que não sem críticas,[6] a regulamentação e incentivo ao uso de acordos de leniência transformou-se ao longo das últimas décadas, como dito acima, no principal instrumento para detecção e punição de cartéis.[7] Tais programas espalharam-se pelo mundo a partir de um raciocínio eminentemente pragmático, segundo o qual os ganhos desse tipo de programa para a detecção de ilícitos superariam em muito as eventuais perdas geradas pela concessão de imunidade à empresa colaboradora.[8] Esse tipo de mecanismo foi introduzido ou largamente aprimorado na década de 1990 tanto nos EUA[9] como na União Europeia, tendo se espalhado depois por inúmeras outras jurisdições nacionais, incluindo virtualmente todos os Estados participantes da União Europeia.[10] O sucesso desses acordos para a consolidação da política de combate a cartéis no plano internacional foi tanto que Giancarlo Spagnolo chegou a chamar o período compreendido entre meados da década de 1990 e meados da década de 2000 como a "revolução da leniência".[11]

Nos Estados Unidos o programa de leniência em cartéis começou a ser informalmente instituído em 1978, tendo sido largamente insti-

confess. Several cartels have been uncovered as a result of leniency policies, and in several cases more than one firm has provided information to benefit from leniency". Monti: *EC Competition Law*, 333.

5. Crane: *The economics*, 9.

6. Ver, a respeito, o texto que acompanha as notas 25 a 27, abaixo, bem como as próprias notas em questão.

7. Rodger; MacCulloch: *Competitionlaw*. Ver também McGowan: *The Antitrust*, 195.

8. Furse; Nash: *The Cartel Offense*, 69.

9. V. Broder: *Antitrust Law*.

10. Broder: idem, 42.

11. Spagnolo: *Leniency*, 259. Sem prejuízo, ver também, em sentido crítico, o texto que acompanha as notas 25 a 27, abaixo, bem como as próprias notas em questão.

tucionalizado e revisado em 1993, para aumentar os incentivos à colaboração.

Tal como iniciado em 1978, o programa era desenvolvido em bases não transparentes e largamente discricionárias. Em vista disso e, especialmente, da falta de segurança jurídica envolvida no ato de colaboração, o programa não gerou, inicialmente, resultados satisfatórios. As reformas de 1993 e 1994 vieram corrigir esses problemas – assegurando imunidade desde que certas condições fossem objetivamente preenchidas – e o resultado foi extremamente positivo,[12] fazendo com que o programa seja hoje considerado um "tremendo sucesso", tendo viabilizado a imposição de bilhões de dólares em multa e a condenação de dúzias de pessoas à prisão.[13]

Em sua feição atual o programa é administrado pela Divisão Antitruste do Departamento de Justiça dos Estados Unidos e é dividido entre um conjunto de regras destinadas a empresas e outro a pessoas naturais.

No primeiro caso,[14] a política consiste em não denunciar criminalmente as empresas que se disponham a informar o Departamento de Justiça sobre ilícitos antitruste, caso preenchidos certos requisitos. No caso de delações ocorridas antes do início de uma investigação, tais requisitos são os seguintes: (i) inexistência de informação do ilícito por parte do Departamento de Justiça, (ii) tomada de providências pela empresa delatora para cessar sua participação no ilícito, (iii) informação completa e verdadeira sobre a atividade ilícita, e cooperação contínua com as investigações, (iv) confissão do ilícito por parte da própria empresa, e não como um ato individual de seus executivos, (v) quando possível, reparação de danos causados a terceiros, e (vi) inexistência de liderança por parte da delatora na conduta delatada, ou de coação de outras empresas para dele terem participado. Caso uma empresa se qualifique para a leniência em tais termos todos os seus diretores e empregados que admitirem envolvimento na conduta receberão idêntica leniência e não serão processados criminalmente

12. Spagnolo: idem, 266.

13. Broder: *Antitrust Law*, 185. Entre 1997 e 2006, 156 pessoas foram condenadas à prisão nos EUA pelo crime de cartel, com penas medias de 1 ano e 2 meses, aproximadamente (cf. Crane: *The economics*, 9).

14. Department of Justice: *Corporate*.

(caso optem, como dito, por admitir sua falta e decidam também colaborar com as investigações).

Caso o primeiro ou o último dos requisitos acima não sejam preenchidos, é viabilizada à empresa uma *leniência alternativa*, desde que (a) o Departamento de Justiça não tenha ainda provas contra a companhia capazes de resultar em uma condenação, (b) os requisitos (ii) a (v) estejam todos preenchidos, e (c) o Departamento de Justiça considere que a concessão do benefício não será injusta com terceiros, dada a natureza do ilícito e a participação nele da empresa delatora. Nessa hipótese, a leniência não se estende automaticamente para os executivos, que serão considerados para o programa em bases individuais.

Nesse sentido, o programa destinado especificamente a pessoas naturais[15] também prevê imunidade para indivíduos que delatem cartéis antes do início de uma investigação pelas autoridades, desde que: (i) não exista até o momento informação da infração por parte do Departamento de Justiça, (ii) a informação seja completa e verdadeira e o indivíduo siga cooperando com as autoridades, e (iii) o indivíduo não tenha sido o líder da conduta, nem tenha coagido outros a participar dela. Também de forma semelhante ao programa corporativo, é disponibilizada uma política alternativa para indivíduos que não preencham todos esses requisitos, com reduções de pena ou imunidade outorgadas em bases discricionárias e mediante uma análise caso a caso pelas autoridades.

Inspirada no exemplo americano, a União Europeia instituiu também um programa de leniência em cartéis em meados da década de 1990, com a edição da Comunicação n. 96/C 207/2004, publicada em 18 de julho de 1996.

Essa comunicação estabeleceu uma redução de pelo menos 75% nas multas (ou mesmo sua isenção) para empresas que resolvessem colaborar com a Comissão Europeia e denunciar cartéis em curso na Europa, desde que (a) a conduta denunciada não tenha, até então, motivado qualquer investigação por parte das autoridades, e estas também não dispusessem, até então, de provas suficientes de sua ocorrência, (b) a empresa seja a primeira a trazer elementos determinantes

15. Department of Justice: *Leniency*.

de prova do ocorrido, (c) a empresa cesse sua participação no ilícito logo quando da comunicação às autoridades, (d) a empresa apresente às autoridades todas as informações e documentos que tiver sobre a conduta, e mantenha-se cooperando durante toda a investigação, e (e) a empresa não tenha sido a *líder* do cartel, tendo instigado outras a participar dele ou desempenhado papel preponderante na conduta. A inspiração nas regras americanas é, portanto, bastante clara. A mesma Comunicação estabeleceu a aplicação de descontos de 50% a 75% nas multas na hipótese de uma empresa só preencher os requisitos (b) a (e) acima (ou seja, de ter apresentado sua proposta de leniência após o início de uma investigação, mas antes que as autoridades tivessem provas suficientes da ocorrência do ilícito, observados todos os demais requisitos) ou 10% a 50%, caso não estivessem presentes mais requisitos referidos acima, mas tenha havido mesmo assim intenção da empresa em colaborar e reconhecer sua participação no ilícito em certo ponto do processo de investigação. A Comunicação excluía do programa de leniência pessoas naturais (uma vez que não há responsabilidades individuais no direito da concorrência da União Europeia), e estabelecia que os tais benefícios seriam aplicados apenas no momento da decisão final do caso. Esclarecia, ainda, que:

> "(...) o facto de uma empresa beneficiar de um tratamento favorável em matéria de coimas não a exime das consequências no foro cível decorrentes da sua participação num acordo, decisão ou prática concertada ilícitos. A este propósito, se as informações prestadas pela empresa levarem a Comissão a adoptar uma decisão nos termos do n. 1 do artigo 85 do Tratado CE, a empresa isentada do pagamento da coima ou que beneficie de uma redução da mesma será também designada como tendo cometido uma infracção ao Tratado e a decisão em questão precisará o seu papel exato na infracção. Da decisão constará igualmente que a empresa cooperou com a Comissão de forma a fundamentar a não aplicação ou a redução da coima."

A experiência na aplicação do programa europeu demonstrou, contudo, que a falta de transparência na concessão dos benefícios e de previsibilidade em relação à isenção de multas consistiam em fatores de desestímulo à colaboração, tudo aliado, também, ao baixo valor das multas que vinham sendo impostas.[16] Por isso, em 19 de feve-

16. Ver nesse sentido Spagnolo: *Leniency*, 267.

reiro de 2002 essa Comunicação foi substituída pela Comunicação n. 2002/C 45/2003.

De fato, o novo ato normativo esclareceu em seus *consideranda* que

> "(...) embora a validade dos princípios que regem a Comunicação [de 1996] tenha sido confirmada, a experiência revelou que a sua eficácia seria reforçada através de um aumento da transparência e da certeza das condições de concessão de eventuais reduções das coimas. Uma maior correspondência entre o nível da redução das coimas e a importância da contribuição da empresa para a determinação da existência da infracção poderão também aumentar esta eficiência."

Além disso, esclareceu que "a colaboração de uma empresa para a detecção da existência de um cartel possui um valor intrínseco", podendo justificar, assim, sua completa isenção de pena. Com base nisso, estabeleceu-se que seria aplicada a imunidade total para empresas que: (a) fossem as primeiras a fornecer elementos de prova suficientes a fundamentar a abertura de uma investigação com base na prática de cartel, ou (b) fossem as primeiras a fornecer elementos de prova capazes de justificar uma condenação pela prática de cartel. No primeiro caso, exigiu-se ainda que as autoridades não tivessem elementos bastantes para justificar a abertura do processo de forma autônoma e, no segundo, que não tivessem concedido a nenhuma outra empresa imunidade baseada no fornecimento de informações suficientes ao início da investigação. Mantiveram-se, ademais, os requisitos relativos à colaboração, à cessação da conduta e à inexistência de liderança no cartel por parte da empresa colaboradora. Foram também esclarecidos os procedimentos para pedido e obtenção de uma confirmação escrita das autoridades atestando o *status* de colaboradora de uma certa empresa, bem como as condições de devolução de informações recebidas de uma empresa que ao final não tenha conseguido obter tais benefícios. Além disso, foi reformado o regime de redução de pena para empresas colaboradoras que não tenham preenchido todos os requisitos da imunidade total, fixando-se essa redução em 30-50% para a primeira colaboradora depois daquela que obteve a imunidade total, 20-30% para a segunda e até 20% para a terceira de demais empresas. A norma de 2002 esclareceu finalmente que "a divulgação, em qualquer altura, de documentos recebidos no contexto desta Comunicação prejudicaria a proteção do objetivo das atividades de inspeção e inquérito" e estabeleceu que "qualquer declaração escrita feita à Comissão e relacionada com a presente Comunicação [...] não poderá ser divulgada ou utilizada para outros fins que não os da aplicação do artigo 81 do Tratado da CE".

Assim, como ocorreu no exemplo americano, essas reformas decuplicaram o número de leniências, ao agregar níveis adequados de transparência e segurança jurídica ao instrumento.[17]

Em 2006 o regime europeu foi objeto de nova reforma, também baseada na experiência de aplicação do programa de leniência até aquele momento, consubstanciada Comunicação 2006/C 298/11 de 8 de dezembro de 2006, que realizou ajustes pontuais especialmente em relação às informações que deveriam ser prestadas pela parte delatora.

Com os ajustes de 2002, o uso de acordos de leniência também passou a ser considerado por diversos autores como o ponto mais bem-sucedido da política Europeia de combate a cartéis.[18]

Um ponto interessante trazido pela disseminação desses programas de leniência em cartéis pelo mundo foi o da crescente demanda por convergência e coordenação nos casos em que as investigações se voltaram a condutas internacionais,[19] sujeitas, portanto, à ação repressiva de múltiplas jurisdições,[20] exigindo um grau elevado de harmonização entre as regras nacionais relativas à leniência e de harmonia e cooperação na ação dos vários órgãos nacionais competentes.[21]

Esse pequeno apanhado das experiências americana e europeia com leniências em cartéis permite tirar algumas conclusões relevantes, explorando os sucessos e insucessos de tais programas a cada

17. V. Spagnolo: *Leniency*, 268.

18. Monti: *EC Competition Law*, 332. Mas ver também, em sentido crítico, o texto que acompanha as notas 25 a 27, abaixo.

19. Cada vez mais frequentes: nos Estados Unidos, por exemplo, a proporção de cartéis internacionais investigados pelo Departamento de Justiça saltou de 5% para 29% em um período de apenas quatro anos, de 1993 a 1997. Cf. Freyer: *Antitrust*, 151.

20. Zanettin: *Cooperation*, 109.

21. Zanettin, idem, 153.

momento do tempo. Tais conclusões podem ser resumidas nos itens abaixo:

(a) Em ambos os casos, a falta de transparência e segurança jurídica para os potenciais colaboradores consistiu no principal entrave ao sucesso inicial dos programas; sem a certeza do resultado do processo, as chances de uma empresa aventurar-se em uma delação mostraram-se muito menores;

(b) Assim que foram criados critérios objetivos para a concessão da leniência, com a garantia de imunidade total em caso de preenchimento de todos os requisitos legais para tanto, o número de leniências aumentou muito;

(c) Em geral, os critérios adotados foram os seguintes: (i) colaboração plena com as investigações, (ii) inexistência de informações sobre a conduta ou provas de sua existência por parte das autoridades, (iii) inexistência de outras empresas que tenham se apresentado anteriormente para delatar o mesmo evento, e (iv) cessação imediata da conduta (no caso americano, exige-se ainda que a empresa delatora não tenha sido a líder do cartel);

(d) Tanto no caso americano como no europeu, distingue-se a leniência plena, concedida apenas nos casos acima à primeira parte que comparece para delatar o ilícito, da mera redução de pena fundada na colaboração posterior a esse momento, sendo que no caso europeu os descontos que podem ser obtidos por essa colaboração posterior são estipulados regulatoriamente;

(e) Em ambos os casos, a melhora no programa de leniência permitiu a obtenção de melhores provas e viabilizou condenações mais consistentes; isso, por sua vez, aumentou significativamente o valor das multas, e esse aumento retroalimentou o processo, aumentando o incentivo a novas empresas para a busca do programa de leniência, em uma verdadeira "corrida pela leniência";

Em resumo, a experiência mostrou que a opção pela colaboração com as autoridades é fundamentalmente uma questão de incentivos, e que a regulamentação, para ser bem-sucedida, precisa tornar a colaboração mais vantajosa à empresa que qualquer outra alternativa com nível igual de risco. Isso inclui diversos pontos importantes, como não apenas o da previsibilidade das consequências jurídicas advindas da colaboração, mas também o da potencial existência de múltiplos guichês de investigação e aplicação de penas, especialmente aplicável no caso de cartéis internacionais. Inclui, ainda, o tema das ações privadas de reparação, que em princípio não são abrangidas pelos benefícios decorrentes da leniência e podem ter consequências tão sérias para as empresas a ponto de as desestimularem a colaborar com as autoridades.[22-23]

Além disso, é importante ter em conta que toda a experiência internacional com as leniências em cartéis baseia-se na ideia de que tais ilícitos são uma espécie de *crime organizado*, distinto, portanto, do ato ilícito típico praticado por um indivíduo ou agente isoladamente. No cartel, assim como em outras espécies semelhantes de *crimes organizados*, ao menos três características distintivas encontram-se presentes:

(a) A cooperação entre diversos agentes é essencial para a realização do ato ilícito, o que faz com que toda a teoria econômica relacionada às dificuldades próprias à ação estratégica entre agentes racionais possa ser aplicada (efeito carona, oportunismo, *holdup, moral hazard* etc.). Além disso, as soluções tradicionais para esse tipo de problema, como por exemplo arranjos contratuais destinados

22. Nos EUA, por exemplo, foi realizada uma reforma legislativa para liberar as empresas que colaboram com o Departamento de Justiça do pagamento de indenização triplicada por responsabilidade civil (*treble damages*), nos casos de ações privadas (*private enforcement*) de reparação por cartéis. Medidas como essa certamente aumentam a efetividade do programa de leniência. Contudo, há indicações substanciais na literatura no sentido de que, por si sós, tais riscos ligados a ações de indenização não prejudicam a efetividade do programa. Nesse sentido, ver, *v.g.*, Buccirossi; Marvão; Spagnolo: *Leniency*. Em sentido parcialmente contrário, ver Cauffman: *The Competition Law Review*, 7, 2, 2011, 181-220.

23. Sobre esse ponto, ver também Monti: *EC CompetitionLaw*, 437: "[...] *facilitating private litigation diminishes the incentive for parties to make leniency application (e.g. when the reduction of a fine through leniency programmes is less than the damages that the party is likely to have to pay*" (facilitar o contencioso privado diminui os incentivos das partes para apresentar pedidos de leniência (*v.g.*, quando a redução da pena por meio do programa de leniência for inferior à indenização que a parte provavelmente terá que pagar).

a mitigá-los, não se aplicam, dada a própria ilicitude da conduta, que inviabiliza e exequibilidade de tais contratos.

(b) São ilícitos que se manifestam por meio de relações continuadas, e não atos ilícitos isolados no tempo do ponto de vista de seu cometimento, dos benefícios deles auferidos pelos agentes ou dos prejuízos à coletividade provocados por eles. Tal caráter contínuo tem reflexos na própria governança da organização criminosa (item "a" acima), dando margem a mecanismos sofisticados de punição ao longo do tempo para condutas oportunistas por parte daqueles que participam da conduta ilícita, em uma espécie de "auto-regulação" que se substitui aos arranjos contratuais tradicionais destinados a reduzir os problemas da ação estratégica em grupos.

(c) Sendo ilícitos praticados ao longo do tempo por um conjunto de agentes, deles resulta, em geral, um elevado grau de informação compartilhada entre cada um dos coautores da infração, informação essa que pode ser compartilhada com as autoridades por qualquer um dos agentes, resultando assim na condenação dos demais. Ao contrário do delito tradicional, o *crime organizado* nunca é um segredo exclusivo de uma só pessoa. Assim, fornecer os incentivos adequados para que a informação compartilhada entre o grupo seja apresentada por um de seus membros às autoridades é o segredo de qualquer programa de leniência.[24]

Essas ressalvas são importantes pois, como veremos adiante, práticas de corrupção podem em certos casos assemelhar-se mais ou menos a esse perfil típico de ilícito coletivo. Quanto mais parecidas elas forem com o perfil acima, mais útil será, em princípio, um programa de leniência desenhado à semelhança daquele introduzido internacionalmente para o combate aos cartéis. O inverso, contudo, também é verdadeiro.

Além disso, é preciso notar que o enorme sucesso dos programas de leniência no âmbito do direito antitruste também teve uma espécie de efeito perverso, consistente em uma relativa diminuição no uso de mecanismos autônomos de investigação e em uma crescente dependência das autoridades em relação ao programa de leniência para

24. Spagnolo: *Leniency*, 261.

perseguir esse tipo de conduta ilícita. Tal dependência pode acabar, evidentemente, por comprometer a própria eficácia dos programas de leniência, pois resulta em uma diminuição dos incentivos para delatar, causada pela redução das chances de ser pego em virtude dos próprios esforços investigativos autônomos das autoridades. No final do dia, os programas de leniência acabam não sendo efetivos se as empresas souberem que as autoridades não têm métodos autônomos eficazes de luta contra os cartéis ou contra a corrupção.

Além disso, o programa de leniência configura, evidentemente, um método reativo de combate aos cartéis, em que as autoridades dependem da ação das próprias empresas, ao passo que estas últimas, tendencialmente, só se autodenunciam quando os cartéis estão em crise, não quando estão em pleno funcionamento. Assim, é essencial para uma estratégia efetiva de combate a cartéis que os programas de leniência sejam associados a métodos proativos de investigação e combate aos cartéis, em uma estratégia "diversificada", como sugere, por exemplo, William E. Kovacic, configurando um "portfolio de estratégias de persecução" capaz de tornar o programa de leniência mais efetivo e de evitar os problemas que decorreriam da utilização de apenas uma técnica.[25] Essa estratégia diversificada deveria incluir não apenas o oferecimento de prêmios financeiros para informantes mas também, sobretudo, o uso conjugado de estudos de mercado, *screanings* (triagens de mercado) e métodos de análise económica para identificação dos fatores que contribuem para as práticas de colusão entre empresas, sendo certo que tais instrumentos não são substitutos aos programas de leniência, mas sim complementos a ele, capazes de aumentar a sua efetividade.[26] Abrantes-Metz, por exemplo, destaca o importante papel que foi desempenhado pelas triagens de mercado realizadas de forma independente por economistas e pela imprensa na detecção e ao final na realização do acordo de leniência relativo à manipulação da taxa LIBOR na Europa, e Ragazzo e Silva destacam o relevante papel que essas triagens de mercado desempenharam em relação aos esforços brasileiros de combate a cartéis no campo da distribuição de combustíveis.[27]

25. Kovacic, *Beyond Leniency*, p. 1-2.

26. Idem, ibidem.

27. Cf. Abrantes-Metz, *Beyond Leniency*, pp. 1-16, e Ragazzo e Silva, *Aspectos econômicos e jurídicos sobre cartéis*, p. 38.

De toda sorte, independentemente da já destacada insuficiência dos programas de leniência como mecanismos únicos de detecção e repressão a cartéis, o fato é que a experiência antitruste mostra que seu sucesso depende intrinsecamente do grau de segurança que tais programas sejam capazes de fornecer no que diz respeito às expectativas dos agentes, que sejam consideravelmente benéficos para a *primeira* pessoa a delatar o ilícito (preferencialmente isentando-a completamente de penas), que estejam disponíveis apenas antes que a autoridade conheça e comece a investigar o ilícito ou, no mínimo, antes que possua provas razoáveis para implicar os participantes, que sejam articulados com um sistema de benefícios que possam ser estendidos também aos executivos da pessoa jurídica que figura como leniente, para que ambos estejam alinhados em seus incentivos para colaborar, que sejam duros em relação a declarações falsas e incompletas, e que imponham penas altas para as empresas não lenientes e as tratem de forma muito mais dura que o tratamento dispensado ao leniente.[28]

De acordo com a literatura, um programa de leniência "moderado", que não respeite esses parâmetros e somente permita reduções menores das penas para a empresa leniente, mas lhe ofereça, em contrapartida, a oportunidade de pleitear tais benefícios mesmo no curso da investigação e depois que a autoridade já tem provas contra ela, pode ser até mesmo contraproducente.[29] Como veremos adiante, esse parece ser, justamente, o caso do programa brasileiro de leniência estabelecido pela legislação de 2013.

2. Histórico dos acordos de leniência na legislação brasileira: o caso do direito da concorrência

Em linha com as experiências internacionais mencionadas acima, o direito brasileiro incorporou um programa específico de

28. Ver a respeito: Chen; Rey: *Journal of Law and Economics*, vol. 56, 2013, 917-957; Bigoni et alii: *The Journal of Law, Economics, and Organization*, 31, 4, 2015, 663-689; Luz; Spagnolo: *Journal of Competition Law & Economics*, 13, 4, 2017, 729-766; Buccirossi e Spagnolo: *Journal of Public Economics*, 90, 2006, 1281-1297; e Buccirossi; Immordino; Spagnolo: *Whistleblower Rewards*.

29. Ver, especialmente, Bigoni et alii: *The Journal of Law, Economics, and Organization*, 31, 4, 2015, 663-689; e Buccirossi; Spagnolo: *Journal of Public Economics*, 90, 2006, 1281-1297.

leniência em matéria antitruste no ano de 2000, por meio da Medida Provisória n. 2.055, de 11 de agosto de 2000, posteriormente convertida na Lei n. 10.149, de 21 de dezembro do mesmo ano.

Essa Medida Provisória empreendeu diversas alterações na Lei n. 8.884/94, que regulava o Sistema Brasileiro de Defesa da Concorrência àquela época. Entre tais alterações, incluiu na lei dois novos artigos (35-B e 35-C), que atribuíram à Secretaria de Direito Econômico competência para celebração de acordo de leniência com pessoas jurídicas e naturais, com a extinção da ação punitiva da administração pública ou a redução de um a dois terços da penalidade aplicável, desde que houvesse colaboração com as investigações e que dessa colaboração resultasse a identificação dos demais coautores da infração e a obtenção de informações e documentos que comprovassem a infração noticiada ou sob investigação. Tais artigos previam ainda (i) que a leniência não estaria disponível às pessoas que tenham estado à frente da conduta, (ii) que os candidatos à leniência deveriam ser os primeiros a se qualificarem a respeito da infração noticiada, (iii) que a SDE não deveria dispor de provas suficientes à condenação sem a leniência, (iv) que os candidatos à leniência deveriam confessar sua participação no ilícito e concordar em cessar sua participação e colaborar até o final do processo, (v) que a proposta não aceita não configuraria confissão nem reconhecimento de ilicitude, e não poderia ser utilizada pela SDE para qualquer fim e (vi) que o acordo cumprido implicaria também a extinção da punibilidade dos crimes correspondentes, que de outra forma seriam imputáveis às pessoas naturais.

É fácil perceber que a lei brasileira buscou inspiração nas experiências internacionais existentes até aquele momento. Em resumo, inaugurou um programa de leniência fundado nas mesmas bases da experiência americana e europeia – e que garantiu não apenas imunidade administrativa às empresas colaboradoras, mas também penal aos indivíduos incluídos na leniência, nesse último caso de forma completamente inovadora.

Logo no início dos anos 2000 esse programa gerou seus primeiros resultados, viabilizando um considerável volume de leniências relacionadas a cartéis internacionais ativos em setores como os de transporte aéreo de cargas, mangueiras submarinas, compressores, etc.

Em 2011 ocorreu nova mudança legislativa, com a edição da Lei n. 12.529/2011, tendo sido eliminada a restrição que antes existia quanto à concessão de leniência a empresas "líderes", tal como ocorre hoje no sistema europeu, e alterada a competência para a celebração dos acordos, que hoje é da Superintendência Geral do CADE. Além disso, foram estendidos os efeitos da imunidade penal decorrente da leniência aos demais crimes conexos à prática de cartel não tipificados na Lei n. 8.137/1990, tais como o de associação criminosa e aqueles tipificados na Lei de Licitações (Lei n. 8.666/1990). Em maio de 2016 o CADE editou um *Guia do Programa Antitruste de Leniência do CADE* visando aumentar ainda mais a transparência e previsibilidade do programa e incrementar, assim, ainda mais o número de propostas de leniência recebidas.

Nos termos da atual legislação e também das regras estabelecidas no guia acima referido, o bem-sucedido programa do CADE conta hoje com as seguintes características:

(a) Garante imunidade total, tanto administrativa quanto penal (incluindo os crimes conexos ao de cartel), às empresas *e indivíduos* que se dispuserem a delatar a existência de um cartel, desde que a conduta não seja já conhecida pelas autoridades e que estejam preenchidos os seguintes requisitos: (i) trate-se da primeira empresa ou pessoa a se qualificar como delatora da infração, (ii) o CADE não disponha de provas suficientes para assegurar a condenação da delatora, (iii) a delatora confesse sua participação na conduta e seja capaz de prestar informações capazes de demonstrar sua ocorrência e apontar outros participantes, (iv) a delatora comprometa-se a seguir colaborando durante o curso das investigações, e (v) a delatora comprometa-se a cessar a conduta.

(b) A imunidade penal consubstancia-se na proibição do oferecimento da denúncia desde a celebração do acordo e na extinção da punibilidade quando da declaração de seu cumprimento. Além disso, o Ministério Público participa como interveniente na celebração do acordo.

(c) Nos casos em que o CADE já tenha conhecimento da denúncia e tenha começado a investigá-la (principalmente por meio da abertura de processo administrativo formal), mas ainda não disponha de provas suficientes à condenação dos participantes, a leniência é parcial, com redução de um a dois terços nas penas.

(d) Quando a leniência for celebrada por pessoa jurídica, seus efeitos podem ser estendidos às pessoas naturais relacionadas à empresa colaboradora que resolverem aderir, simultânea ou posteriormente, ao acordo. Inversamente, quando celebrada por pessoa natural, seus efeitos não se estendem a outras pessoas.

(e) A comunicação ao CADE da intenção de celebrar a leniência é feita por qualquer meio, inclusive oral, e será objeto de uma certidão (*marker*) emitida pelo CADE, declarando que aquele proponente foi o primeiro a se qualificar para a conduta em questão, registrando o objeto da proposta e a data e hora de sua apresentação. Se, no momento da proposta, já houver outra pessoa qualificada para a leniência, é emitida uma certidão que declara essa circunstância, para que o novo proponente possa ter direito à negociação da leniência caso as negociações com o primeiro qualificado não tenham êxito.

(f) Uma vez celebrada uma leniência, novos acordos de colaboração com outros participantes do mesmo cartel dão direito a benefícios substancial e sequencialmente inferiores, reduzindo as multas administrativas sem qualquer impacto penal. A redução de multas segue aproximadamente o modelo europeu: de 30% a 50% para o primeiro proponente de acordo subsequente à leniência, 25% a 40% para o segundo e até 25% para os demais. Caso um desses proponentes delate também a existência de um outro cartel, do qual o CADE não tenha até então conhecimento, fica-lhe garantida uma redução adicional de pena de até um terço, além da isenção de pena relativa ao cartel adicional delatado, que será objeto de acordo de leniência apartado (leniência *plus*).

(g) Todas as etapas da negociação do acordo são confidenciais. Caso as negociações não sejam frutíferas, o CADE é obrigado a devolver à parte proponente todas as informações e documentos recebidos, ficando proibido de utilizá-los para qualquer fim. É proibida a divulgação da proposta infrutífera de acordo, que também não importa em confissão quando ao ilícito ou à matéria de fato.

Em 17 anos de duração, o programa de leniência do CADE tem sido um grande sucesso, tendo gerado dezenas de acordos e viabilizado inúmeras condenações.

3. Os acordos de leniência na Lei n. 12.846/2013: um caso de auto-transplante mal sucedido?

O grande sucesso do programa brasileiro de leniência para combate a cartéis fez com que o legislador procurasse reproduzi-lo no âmbito do sistema administrativo de combate à corrupção instituído pela 12.846/2013.

O acordo de leniência previsto na Lei no 12.846/2013 beneficia empresas responsáveis pela prática de atos lesivos à Administração Publica nacional e estrangeira. Sua aplicação é restrita, portanto, a pessoas jurídicas, e exige a presença dos seguintes requisitos: (i) trate-se da primeira empresa ou pessoa a se qualificar como delatora da infração em questão, *quando isso for relevante*,[30] (ii) a delatora confessar sua participação na conduta e ser capaz de prestar informações capazes de demonstrar sua ocorrência, (iii) a delatora comprometer-se a seguir colaborando durante o curso das investigações e (iv) a delatora ter cessado a conduta quando da propositura do acordo.

Uma vez cumprido, o acordo previsto na Lei n. 12.846/2013 garante os seguintes benefícios: (i) redução nas multas aplicáveis em até 2/3, (ii) isenção da pena de publicação da decisão condenatória na imprensa, (iii) isenção da pena de proibição de recebimento de subsídios, empréstimos ou incentivos estatais, (iv) isenção ou atenuação das sanções administrativas previstas nos arts. 86 a 88 da Lei de Licitações (Lei n. 8.666/1993), ou em outras normas de licitações e contratos.

Esse programa, portanto, é semelhante e claramente inspirado no programa de leniência praticado pelo CADE, mas guarda, em relação àquele, importantes diferenças. Tais diferenças podem ser resumidas a partir do quadro abaixo:

30. Essa qualificação foi introduzida pelo decreto n. 8.420/2015, sendo, contudo, de constitucionalidade consideravelmente duvidosa.

	Leniência Antitruste	**Leniência Anticorrupção**
Competência	Superintendência Geral do CADE	Autoridade máxima do órgão afetado pela prática do ato, ou a GCU, no caso do Poder Executivo Federal
Identificação dos demais envolvidos na conduta	Obrigatória	Quando couber
Efeitos administrativos	Imunidade, caso o CADE não tenha iniciado a investigação formal da conduta	Redução nas multas, de até 2/3
Quem pode pedir	A primeira pessoa física ou jurídica que se qualificar para uma determinada conduta	A primeira pessoa jurídica que se qualificar para uma determinada conduta, *quando essa anterioridade for relevante*
Acordos subsequentes à leniência por parte de outros participantes da conduta	Previstos e regulamentados, com vantagens substancialmente inferiores à da leniência	Não previstos e não regulamentados
Imunidade penal para as pessoas físicas	Prevista e garantida, inclusive para crimes conexos	Não prevista e não garantida

	Leniência Antitruste	**Leniência Anticorrupção**
Competência	Superintendência Geral do CADE	Autoridade máxima do órgão afetado pela prática do ato, ou a GCU, no caso do Poder Executivo Federal
Identificação dos demais envolvidos na conduta	Obrigatória	Quando couber
Efeitos administrativos	Imunidade, caso o CADE não tenha iniciado a investigação formal da conduta	Redução nas multas, de até 2/3
Quem pode pedir	A primeira pessoa física ou jurídica que se qualificar para uma determinada conduta	A primeira pessoa jurídica que se qualificar para uma determinada conduta, *quando essa anterioridade for relevante*
Interveniência do Ministério Público	Prevista	Não prevista
Necessidade de que o órgão de investigação ainda não conheça o ilícito, ou ao menos ainda não possua provas suficientes à condenação da empresa leniente	Presente e prevista como condição para a assinatura do acordo de leniência	Não prevista

	Leniência Antitruste	**Leniência Anticorrupção**
Competência	Superintendência Geral do CADE	Autoridade máxima do órgão afetado pela prática do ato, ou a GCU, no caso do Poder Executivo Federal
Identificação dos demais envolvidos na conduta	Obrigatória	Quando couber
Efeitos administrativos	Imunidade, caso o CADE não tenha iniciado a investigação formal da conduta	Redução nas multas, de até 2/3
Quem pode pedir	A primeira pessoa física ou jurídica que se qualificar para uma determinada conduta	A primeira pessoa jurídica que se qualificar para uma determinada conduta, *quando essa anterioridade for relevante*
Confidencialidade das negociações	Prevista, com a proibição de uso das informações recebidas caso as negociações não sejam frutíferas e a previsão expressa de que o pedido não atendido não importará em confissão	Prevista, sem a proibição de uso das informações recebidas caso as negociações não sejam frutíferas. O pedido não atendido também não importa em confissão

Essas diferenças, como veremos adiante, parecem responder por boa parte das dificuldades que vêm sendo enfrentadas pelo programa de leniência no âmbito da Lei n. 12.846/2013. Alguns pontos de divergência tentaram ser mitigados pela Medida Provisória n. 703/2015, que: (i) estabeleceu a competência dos órgãos de controle interno da União, Estados, Distrito Federal e Municípios, isoladamente ou em conjunto com o Ministério Público e a Advocacia Pública, para celebrar o acordo, ou então do chefe do Executivo, em conjunto com o Ministério Público, (ii) previu a possibilidade de isenção completa de multa, caso o proponente fosse o primeiro a celebrar o acordo com relação aos fatos narrados, (iii) previu efeitos em relação a potenciais ações de improbidade, caso a advocacia pública ou o Ministério Público fossem signatários do documento, (iv) previu a supervisão do tribunal de contas para apuração de eventuais prejuízos decorrentes do acordo, (v) previu efeitos em relação a outros processos relacionados a fraudes ou ilícitos em licitações, e (vi) previu expressamente a devolução de informações e documentos em caso de negociação infrutífera do acordo.[31] Tal medida provisória, contudo, perdeu sua vigência sem que tenha sido convertida em lei, deixando de valer, portanto, tais alterações.

4. A experiência internacional com acordos de leniência no combate à corrupção

No plano internacional, também há exemplos de tentativas de implementação de programas de leniência no âmbito do combate à corrupção. Contudo, o recurso a esse tipo de instrumento parece ser bem mais restrito nesse campo do que no âmbito do combate a cartéis, acima descrito em detalhes.

Ao contrário do que ocorre com os cartéis, em diversos países simplesmente parece não haver mecanismo semelhante destinado a viabilizar a delação por parte de empresas em casos de corrupção, em troca de imunidades penais específicas ou isenção de sanções administrativas. Esse é o caso, por exemplo, de importantes países

31. Além de implementar outras alterações de efetividade mais duvidosa, como por exemplo eliminar a necessidade de admissão de culpa por parte da empresa proponente.

como a Argentina,[32] Alemanha,[33] Irlanda,[34] Itália,[35] Japão,[36] Suécia[37] e, em menor medida, de outros como Portugal e Espanha.[38] E mesmo quando há mecanismos formais para tanto, como ocorre na França,[39] Suíça[40] e Reino Unido,[41] por exemplo, sua aplicação parece encontrar entraves na falta de transparência, constância e clareza em relação à administração desses programas.

No plano internacional, o principal exemplo de política de leniência no campo do combate à corrupção vem, provavelmente, dos Estados Unidos, relacionando-se à aplicação recente do FCPA pelo Departamento de Justiça.[42] Debaixo desse programa, a colaboração voluntária das empresas pode resultar em tratamento mais benéfico e em penas menores por parte das autoridades. Contudo, mesmo no caso americano não havia até recentemente quaisquer garantias firmes nesse sentido por parte da legislação aplicável, nem era prática corrente das autoridades anteciparem aos colaboradores o nível de redução de penas que estaria disponível a eles quando do início das investigações.[43] Nesse contexto, os acordos de colaboração celebrados relacionavam-se mais a tentativas de redução de pena baseadas na confissão de ilícitos já investigados pelas autoridades (espécie de

32. V. Moyer Jr.: *Anti-Corruption*, 23.
33. Idem, 68.
34. Idem, 92.
35. Idem, 104.
36. Idem, 110.
37. Idem, 178.
38. Idem, 176.
39. Idem, 62.
40. Idem, 183.
41. Idem, 212.
42. O FCPA foi editado nos EUA em 1977, prevendo a punição de empresas responsáveis por atos de corrupção relacionados a autoridades estrangeiras. Sua aplicação, contudo, foi particularmente tímida nos seus primeiros 15 anos de vigência, com uma média de apenas um ou dois casos ao ano. A partir da década de 1990 a ação do DoJ cresceu consideravelmente e em 2015, por exemplo, o DoJ e a SEC adotaram medidas em nada menos que 20 investigações, envolvendo tanto multas como medidas criminais. Sobre o sistema atual de aplicação do FCPA, ver, entre outros, Moyer Jr.: *Anti-Corruption*, 10 e 223; Coleman: *American Criminal Law Review*, 54, 2017, 1381; Brewster:- *Virginia Law Review*, 103, 2017, 1611; Garrett: *Virginia Law Review*, 97, 2011, 1775, e Struebing: *New Criminal Law Review*, 21, 2018, 1.
43. V. Moyer Jr.: *Anti-Corruption*, 223.

plea bargaining) que propriamente em delações de arranjos ilícitos desconhecidos envolvendo vários agentes, em troca de imunidade, como ocorre no âmbito do combate a cartéis.

Em abril de 2016, o Departamento de Justiça iniciou um programa piloto de leniências propriamente ditas no âmbito de aplicação do FCPA, destinado a durar um ano. Debaixo desse programa, procurou esclarecer com mais transparência e objetividade no que consistiriam as obrigações de auto divulgação de atos ilícitos, completa cooperação com as autoridades e remediação do ilícito. Esclareceu, ainda, o tipo de benefício que adviria dessa colaboração, estabelecendo uma gradação para os casos de colaboração com auto delação e colaboração apenas depois do início das investigações. No primeiro caso, o programa estabeleceu a possibilidade de isenção total de multas, a critério do Departamento de Justiça, o que já ocorreu em 7 situações (In re: Nortek, Inc.; In re: Akamai Technologies, Inc.; In re: Johnson Controls, Inc.; In re: HMT LLC; In re: NCH Corporation; In re: Linde North America Inc. e In re: CDM Smith, Inc.). Tendo sido considerado bem-sucedido, o programa piloto foi estendido por prazo indeterminado em abril de 2017.

5. Os problemas da leniência prevista na Lei n. 12.846/2013: maus incentivos, múltiplas institucionalidades, baixa coordenação

A experiência estrangeira resenhada acima demonstra que nem sempre é fácil transplantar para o campo do combate à corrupção as bem-sucedidas experiências nacionais de leniências no âmbito antitruste. Isso ocorre por diversas razões e o caso brasileiro não foge a essa regra.

No Brasil, há notícia formal da celebração de apenas dois acordos de leniência desse tipo até o momento, sendo que um deles teve sua homologação suspensa pelo Ministério Público, que participou das tratativas. Além disso, há notícias informais de que outros onze acordos estariam sendo negociados com a Controladoria-Geral da União (CGU), tendo gerado a suspensão de processos de investigação, mas sem sucesso até o momento. De outro lado, a imprensa brasileira recentemente noticiou que o Tribunal de Contas da União (TCU) estaria investigando essa situação, que supostamente já teria sido considerada, em relatórios preliminares do órgão, como irregular.[44]

À míngua de exemplos bem-sucedidos de celebração dos acordos previstos na Lei n. 12.846/2013, a criatividade institucional brasileira acabou por fazer florescer, no contexto da *Operação Lava Jato*, um outro tipo "atípico" de "acordo de leniência", este firmado em geral com o próprio Ministério Público Federal (MPF), e homologado pelos juízos criminais em que tramitaram as ações penais e as colaborações dos indivíduos envolvidos na operação. Tais acordos informais têm por objeto, basicamente, o seguinte: (i) compromisso da empresa colaboradora de (a) trazer ao conhecimento do MPF fatos apurados e informações e documentos obtidos em investigações internas que possam auxiliar nas investigações criminais conduzidas pelo órgão, em relação aos assuntos objeto do acordo, (b) cessar sua participação nos ilícitos objeto do acordo, (c) implantar programa de *compliance*, (d) pagar multa cível em decorrência dos ilícitos objeto do acordo, a ser destinada em parte nos termos do art. 7º, § 1º, da Lei n. 9.613/1998 e, em parte, às pessoas lesadas pelos ilícitos objeto do acordo, segundo proporção determinada pelo próprio Ministério Público, e (ii) compromisso do MPF de (a) pleitear a realização de acordos semelhantes junto a outros órgãos públicos, como o CADE e a CGU, firmando também tais acordos, (b) não propor ação penal contra os prepostos da colaboradora que aderirem ao acordo de leniência, em relação aos fatos objeto dele, ou que venham a ser descobertos a partir dele, (c) não propor ações cíveis contra a colaboradora ou qualquer outra empresa de seu grupo econômico, ou seus prepostos que aderirem ao acordo, em relação aos fatos objeto dele, e (d) "postular apenas o reconhecimento declaratório dos atos de improbidade administrativa, sem aplicação de sanção", em relação a ações de improbidade já em curso.[45-46] De outro lado, seu fundamento

44. Folha de S.Paulo: *Ministério da Transparência.*

45. Uma vez que a legislação proíbe o Ministério Público de transigir ou desistir nesse tipo de ação.

46. Essas são as obrigações estabelecidas, por exemplo, no acordo firmado por uma das empreiteiras envolvidas na *Operação Lava Jato*, tornado público pelo Jornal *O Estado de São Paulo*, mas que restaram reproduzidas, no essencial, em todos os demais acordos subsequentes que também foram tornados públicos pela imprensa.

legal encontraria suposto apoio nos artigos 129, I, da Constituição Federal, 13 a 15 da Lei n. 9.807/1999, 1º, § 5º, da Lei n. 9.613/1998, 5º, § 6º, da Lei n. 7.347/1985, 26 da Convenção de Palermo, 34 da Convenção de Mérida, 4ª a 8ª da Lei n. 12.850/2013, 655 a 674 do Código de Processo Civil de 1939, 267, VI e 269, V, do Código de Processo Civil de 1973, 840 e 932, III, do Código Civil, e 16 a 21 da Lei n. 12.847/2013.

Segundo consta, acordos desse tipo teriam sido firmados, até o momento, com diversas empresas, incluindo não apenas empreiteiras envolvidas na *Operação Lava Jato* como também empresas atuantes em outros setores, como o químico e o de alimentos. Tais acordos, contudo, não protegem as empresas de vários dos demais riscos a que estão expostas, não vinculando, por exemplo, outros órgãos distintos do próprio MPF, em vista da falta de amparo legal para tanto. De outro lado, também não obrigam os possíveis prejudicados a aceitar os termos e valores da reparação fixada pelo Ministério Público em seu favor, já que o MPF não tem mandato específico para representá-los nesse acordo. Portanto, ainda que garanta proteção penal aos indivíduos que aderem ao acordo (o que não ocorreria no caso dos acordos de leniência previstos na Lei Anticorrupção) e proteja a empresa contra novas ações cíveis do próprio MPF, tal acordo atípico não afasta, por exemplo, os riscos de haver (i) ações cíveis promovidas pelo Ministério Público estadual ou por quaisquer outros legitimados, tanto particulares como ligados a órgãos públicos, incluindo ações de indenização e improbidade, (ii) processos administrativos ao amparo da Lei n. 12.846/2013, capazes de gerar multas e outras penas não financeiras, como a proibição de contratar com o poder público por exemplo, (iii) processos administrativos por violação à legislação de licitações e concessões, que podem gerar multas, desfazimento de contratos, e declarações de inidoneidade, podendo ser conduzidos pelos tribunais de contas ou mesmo pelos próprios órgãos afetados, (iv) processos administrativos pela prática de cartéis, conduzidos pelo CADE, capazes de gerar multas e penas como a proibição de contratar com o poder público, processos administrativos junto à Comissão de Valores Mobiliários (CVM) ou ao Banco Central, etc. Em virtude desses riscos que ficam de fora, os acordos de leniência atípicos firmados com o MPF têm servido mais como um instrumento usado pelos colaboradores para demonstrar boa-fé perante credores, instituições financeiras e as próprias autoridades, que como uma garantia de efetiva isenção de penas fundada na colaboração. Até por isso, tais leniências "informais" com o Ministério Público tem sido acompanhadas de tentativas paralelas de celebrar outros acordos com outros órgãos competentes, tais como o CADE e a CGU, por exemplo. De outro lado, dados os riscos que permanecem não cobertos pelo acordo, a experiência mostra que tais acordos só têm sido procurados pelas empresas *quando já não lhes resta qualquer outra alternativa viável de defesa, em virtude da existência de robustas provas por parte das autoridades contra si e contra seus executivos.*

Os problemas acima apontados estão relacionados, evidentemente, à existência de diversas institucionalidades paralelas com competências sobrepostas para a investigação de ilícitos relacionados, direta ou indiretamente, a atos de corrupção no Brasil. Tais institucionalidades já foram mencionadas acima, podem ser exemplificadas, de forma mais estruturada, pelo quadro abaixo:

Sistema Normativo	Instituições Envolvidas	Principais Consequências e Penalidades
Lei Antitruste	CADE	Multas (até 20% do Faturamento no Ramo de Atividade) e publicidade da condenação, proibição de contratar com o Poder Público por no mínimo 5 anos, inscrição no CNDC, etc.
Lei Anticorrupção	Órgão Administrativo CGU Cortes de Justiça, mediante provocação do MP ou interessado	Multas (até 20% do Faturamento) e publicidade da condenação, perdimento de bens, suspensão de atividades, proibição de subsídios e financiamentos, dissolução compulsória da PJ, etc.

Sistema Normativo	Instituições Envolvidas	Principais Consequências e Penalidades
Lei de Licitações	TCU/E/M Órgão Administrativo CGU Cortes de Justiça, mediante provocação do MP ou interessado	Multas, proibição de novos contratos com a Administração por até 2 anos, inidoneidade, anulação do ato irregular, etc.
Código Penal e Legislação Extravagante	Cortes de Justiça, mediante provocação do MP ou interessado	Multas, detenção e reclusão, ressarcimento de prejuízos, perdimento de bens (especificamente no que dia respeito aos indivíduos envolvidos na conduta)
Lei de Improbidade Administrativa	Cortes de Justiça, mediante provocação do MP ou interessado	Multa de até 3 vezes o valor da vantagem auferida, perdimento de bens, ressarcimento do dano, perda da função pública, suspensão de direitos políticos, proibição de contratar com o Poder Público e receber subsídios
Lei de Concessões	Órgão Administrativo TCU/E/M e CGU Cortes de Justiça, mediante provocação do MP ou interessado	Caducidade, rescisão, anulação da concessão

Sistema Normativo	Instituições Envolvidas	Principais Consequências e Penalidades
Legislação Societária e de Mercado de Capitais	CVM Cortes de Justiça, mediante provocação do MP ou interessado	Responsabilização dos Administradores e Acionistas por gestão temerária e prejuízos à companhia, advertência, multa, suspensão do exercício do cargo, inabilitação para o exercício de cargos por até 20 anos, etc.
Legislação Civil em Geral	Cortes de Justiça, mediante provocação do MP ou interessado	Ressarcimento de danos materiais e morais causados a indivíduos ou à coletividade

Essa multiplicidade de instâncias de investigação e punição tornou-se uma das mais importantes características do sistema jurídico brasileiro e já foi elogiada pela literatura como um mecanismo potencialmente capaz de aumentar as chances de detecção e prevenção de ilícitos, consistente na criação de uma *multiplicidade institucional* adequada, em teoria, para lidar com a corrupção a partir de uma chave de análise ligada aos problemas de ação coletiva que seriam inerentes a algumas de suas modalidades.[47] Contudo, sem entrar no mérito da correção dessa análise, não há dúvidas de que tal *multiplicidade institucional* inviabiliza, por completo, a utilização de acordos efetivos de leniência destinados a servir como mecanismos autônomos de detecção de atos ilícitos, como ocorre no âmbito antitruste, por exemplo. Conforme mapeado pela literatura, em casos de sobreposição institucional tais acordos somente se mostram viáveis caso o sistema jurídico forneça aquilo que Luz e Spagnolo chamam de *one stop point,* capaz de permitir a empresas e indivíduos que se dirijam em um único esforço às autoridades em um processo coordenado e

47. Cf. Carsona; Prado: *The Quarterly Review of Economics and Finance*, 62, 2016, 56-65.

não discricionário que lhes garanta imunidade em todas as possíveis instâncias e institucionalidades implicadas.[48] Sem esse mecanismo a opção pela leniência é (ao menos antes de as autoridades já terem detectado o ilícito e já possuírem provas para condenar o interessado) irracional, sendo que uma leniência desse tipo poderia ser, também, mecanismo eficiente de detecção e prevenção de atos ilícitos.[49]

Não há, no sistema brasileiro atual, nenhum instrumento legal capaz de fornecer proteção a uma empresa delatora contra todas as possíveis penas associadas a cada uma dessas institucionalidades, ou de garantir-lhes um *one stop point* do tipo mencionado acima. Ao contrário, a celebração de acordos que impliquem confissão com qualquer uma institucionalidades implicadas resultará em prova contra a empresa delatora perante todas as demais, reduzindo tremendamente, com isso, os incentivos para uma colaboração espontânea, que ocorra antes do início das investigações por parte das autoridades. Por isso mesmo, como já dito, acordos de leniência típicos ou atípicos nesse âmbito somente têm sido tentados pelas empresas como último recurso, de modo a evitar sanções mais severas e depois que as autoridades já possuem, em geral, provas mais que robustas aptas à sua condenação. Com isso, tais acordos passam a assemelhar-se mais a *plea bargaining agreements* (justificados por razões de economia de recursos públicos e eficiência nas ações de *enforcement*) que a acordos de leniência propriamente ditos, destinados a viabilizar a persecução de condutas ainda não conhecidas pelas autoridades.

Em parte, a dificuldade de transplantar a experiência das leniências antitruste para o campo do combate à corrupção já deriva da própria diferença que frequentemente existe entre a natureza de cada um desses ilícitos, uma vez que os atos de corrupção muitas vezes não guardam as mesmas características típicas do ilícito de cartel, acima apontadas, tais como continuidade no tempo, envolvimento de um grande conjunto coordenado de agentes, institucionalização e instabilidade.[50] Contudo, os problemas presentes na legislação

48. Luz; Spagnolo: *Journal of Competition Law & Economics*, 13, 4, 2017, 761.

49. Em adição à literatura já citada, ver também, a esse respeito, Lambsdorff; Nell: *CeGEDiscussionPaper*, N. 59, 2007.

50. Ver, sobre esse ponto, Leslie: *Texas Law Review*, 90, 2012, 171-181.

brasileira amplificam de forma importante essas dificuldades, já que essa legislação, como visto: (i) não prevê coordenação entre as várias instâncias de controle acima mencionadas, (ii) não dá imunidade penal aos indivíduos implicados em delações corporativas perante outros órgãos que não o próprio Ministério Público criminal, (iii) não prevê uma adequada gradação entre os benefícios concedidos àqueles que delatam ilícitos não conhecidos pelas autoridades e os benefícios concedidos àqueles que simplesmente colaboram depois que a conduta já foi descoberta, ou entre aqueles que delatam primeiro e os que colaboram depois, (iv) não dá previsibilidade e transparência ao processo de leniência, e, em suma, (v) não assegura os incentivos necessários à colaboração pelos agentes envolvidos em atos de corrupção, a não ser que esses agentes entendam que sua condenação já é quase certa com base nas provas já detidas pelas autoridades.[51]

51. Conforme Luz e Spagnolo, "*a major drawback of the new Brazilian Anti-corruption Law, however, is that it does not cover individuals and their criminal prosecution for corruption. It applies only to legal entities, and Brazil does not accept corporate criminal liability, except for in environmental crimes. Individual criminal prosecution for corruption falls under the Brazilian Penal Code, which provides for the crimes of active and passive corruption. Lenient treatment for individuals under the Brazilian criminal legal system is possible through a deduction in the penalty granted by the judge, under the Brazilian Penal Code, and through a form of plea bargaining, provided for in several other criminal laws. Nevertheless, these provisions are not automatic, as they still require that each case go to trial —a consequence of the Brazilian inquisitorial system. Therefore, they depend entirely on the judge's discretion, and we know from antitrust experience that discretional leniency provisions are not able to foster substantial whistleblowing. This problem is, therefore, likely to completely undermine the impact of the Brazilian Anti-corruption Law on wrongdoers' incentives to blow the whistle, although it may still induce innocent top management to report wrongdoing by other employees (and to provide scapegoats when the top management was involved)* [...] *As mentioned previously, the involvement of multiple authorities in leniency cases makes it difficult to limit disclosures and to preserve privileges, thus reducing the effectiveness of existing leniency provisions in inducing whistleblowing*" (uma importante deficiência da nova lei brasileira anticorrupção, contudo, é que ela não cobre pessoas naturais e sua persecução criminal por corrupção. Ela se aplica apenas a pessoas jurídicas, e o Brasil não aceita responsabilidade criminal para pessoas jurídicas, exceto para crimes ambientais. A persecução criminal individual por corrupção ocorre por meio do Código Penal brasileiro, que dispõe sobre os crimes de corrupção ativa e passive. O tratamento leniente para pessoas naturais é possível nos termos do Sistema criminal brasileiro por meio de uma redução de pena outorgada por um juiz, nos termos do Código de

Enquanto esses temas não forem corrigidos por meio de reforma legislativa, dificilmente um programa de leniências no âmbito do combate à corrupção poderá ser tão bem-sucedido como os programas nacional e internacionais de leniência em combate a cartéis.

Bibliografia

ABRANTES-METZ, Rosa M. Beyond Leniency: What Else Can Be Done to Deter and Detect Collusion?, PCA Conference Lisbon, October 22, 2015,

BIGONI, Maria; FRIDOLFSSON, Sven-Olof; LE COQ, Chloé; SPAGNOLO, Giancarlo: "Trust, Leniency, and Deterrence", em *The Journal of Law, Economics, and Organization*, Vol. 31, N. 4, 2015, 663-689.

BREWSTER, Rachel: "Enforcing the FCPA: International Resonance and Domestic Strategy", em *Virginia Law Review*, vol. 103, 2017, 1611-1684.

BRODER, Douglas: *U.S. Antitrust Law and Enforcement*. Oxford: OUP, 2010.

BUCCIROSSI, Paolo; IMMORDINO, Giovanni –SPAGNOLO, Giancarlo: *Whistleblower Rewards, False Reports, and Corporate Fraud*. Working Paper, 2017.

BUCCIROSSI, Paolo; MARVÃO, Catarina; Spagnolo, Giancarlo: *Leniency and Damages*. CEPR Discussion Paper No. DP10682, Jun 2015.

Processo Penal brasileiro, ou na forma de um acordo de colaboração, conforme disposto em diversas outras leis penais. Sem prejuízo disso, essas disposições não são automáticas, e elas ainda exigem que o caso vá a julgamento – como consequência do sistema jurídico brasileiro. Portanto, dependem integralmente da discricionariedade do juiz, e nós sabemos, pela experiência do direito antitruste, que essas disposições discricionárias não são capazes de viabilizar delações substanciais. Esse problema, portanto, irá provavelmente comprometer por complete o impacto da lei brasileira anticorrupção nos incentivos dos infratores para delatar, ainda que possa induzir executivos inocentes a relatar infrações cometidas por seus subordinados (e fornecer bodes expiatórios quando os próprios altos executivos estiverem envolvidos) [...] Como mencionado anteriormente, o envolvimento de múltiplas autoridades nos casos de leniência torna difícil limitar as informações e preservar sigilos legais, reduzindo assim a efetividade das regras de leniência no que se refere à indução das delações). Luz; Spagnolo: *Journal of Competition Law & Economics*, 13, 4, 2017, 744-745.

Buccirossi, Paolo; Spagnolo, Giancarlo: "Leniency policies and illegal transactions", em *Journal of Public Economics*, vol. 90, 2006, 1281–1297.

Carsona, Lindsey D.; Prado, Mariana Mota: "Using institutional multiplicity to address corruption as a collective action problem: Lessons from the Brazilian case", em *The Quarterly Review of Economics and Finance*, vol. 62, 2016, 56–65.

Cauffman, Caroline: "The Interaction of Leniency Programmes and Actions for Damages", em *The Competition Law Review*, Vol. 7, n. 2, 2011, 181-220.

Chen, Zhijun; Rey, Patrick: "On the Design of Leniency Programs", em *Journal of Law and Economics*, vol. 56, 2013, 917-957.

Coleman, Sean: "Foreign Corrupt Practices Act", em *American Criminal Law Review*, vol. 54, 2017, 1381-1442.

Crane, Daniel A.: "The economics of antitrust enforcement", em Keith N. Hylton, *Antitrust Law and Economics*. Northampton: Edward Elgar Publishing, 2010, 1-22.

Department of Justice: "Corporate Leniency Policy", em *The United States Department of Justice*, <https://www.justice.gov/atr/file/810281/download> (19.03.2018).

Department of Justice: "Leniency Policy for Individuals", em *The United States Department of Justice*<https://www.justice.gov/sites/default/files/atr/legacy/2006/04/27/0092.pdf> (19.03.2018).

Fisher, George: *Plea Bargaining's Triumph: A History of Plea Bargaining in America*. Stanford: Stanford University Press, 2003.

Folha de S.Paulo, "Ministério da Transparência decide congelar investigações da Lava Jato", em *Folha de S.Paulo*, Edição de 3 de novembro de 2017, p. A13.

Freyer, Tony: *Antitrust and Global Capitalism, 1930-2004*. New York: Cambridge, 2006.

Friedman, Lawrence M.:"Plea Bargaining in Historical Perspective", em *Law & Society Review*, vol. 13, n. 2 (Special Issue on Plea Bargaining), 1979, 247-259.

Furse, Mark; Nash, Susan: *The Cartel Ofense*. Oxford: Hart, 2004.

Garrett, Brandon L.: "Globalized Corporate Prosecutions", em *Virginia Law Review*, vol. 97, 2011, 1775-1875.

KOVACIC, William. "Beyond Leniency", em *New Frontiers of Antitrust 2014*. Bruxelles: Bruylant, 2014.

LAMBSDORFF, Johann Graf; NELL, Mathias: "Fighting Corruption with Asymmetric Penalties and Leniency", em *CeGE Discussion Paper*, N. 59, 2007.

LESLIE, Christopher R.: "Replicating the Success of Antitrust Amnesty", em *Texas Law Review*, vol. 90, 2012, 171-181.

LUZ, Reinaldo Diogo –SPAGNOLO, Giancarlo: "Leniency, Collusion, Corruption, and Whistleblowing", em *Journal of Competition Law & Economics*, Vol. 13, n. 4, 2017, 729-766.

MCGOWAN, Lee: *The Antitrust Revolution in Europe: Exploring the European Commission's Cartel Policy*. Cheltenham: Edward Elgar, 2010.

MONTI, Giorgio: *EC Competition Law*. New York: Cambridge, 2007.

MOYER JR., Homer E.: *Anti-Corruption Regulation 2016*. London: Law Business Research, 2016.

RAGAZZO, Carlos E. J.; SILVA, R. M. *Aspectos econômicos e jurídicos sobre cartéis na revenda de combustíveis: uma agenda para investigações*.Documento de Trabalho n. 40. Brasília: SEAE, 2006.

RODGER, Barry J.; MACCULLOCH, Angus: *Competition law and policy in the EC and UK*. 4ª ed. Londres: Routledge-Cavendish, 2009.

SPAGNOLO, Giancarlo: "Leniency and Whistleblowers in Antitrust", em Paolo Buccirossi, *Handbook of Antitrust Economics*. Cambridge: MIT, 2008.

STRUEBING, Jake Elijah: "Federal Criminal Law and International Corruption: An Appraisal of the FIFA Prosecution", em *New Criminal Law Review*, vol. 21, 2018, 1-56.

ZANETTIN, Bruno: *Cooperation Between Antitrust Agencies at the International Level*. Oxford: Hart, 2002.

Legislação consultada

Lei n. 8.666/1993

Lei n. 8.884/1994

Lei n. 9.613/1998

Lei n. 10.149/2000

Lei n. 12.529/2011

Lei 12.846/2013

Medida Provisória n. 2.055/2000

Medida Provisória n. 703/2015

5

DIREITO DE DEFESA NA *OPERAÇÃO LAVA JATO*

MARTA SAAD[1]

RESUMO: Estudo sobre o exercício do direito de defesa no âmbito da *Operação Lava Jato*, analisando-se decisões que revelam tendência de distanciamento a garantias do acusado, no uso da condução coercitiva, da relação entre prisão processual e colaboração processual, e da restrição ao uso do *habeas corpus*.

PALAVRAS-CHAVE: ciência da acusação, cisão de investigações, condução coercitiva, defesa técnica, direito ao confronto, direito de defesa, restrição ao uso do *habeas corpus*, prisão processual, sigilo profissional, voluntariedade do acordo.

1. Professora de Direito Processual Penal na Faculdade de Direito da USP. Advogada.

4. Voluntariedade do acordo de colaboração premiada e contraponto com a prisão processual. 5. Defesa técnica como óbice. 6. Proposta de limitação do uso e cabimento de *habeas corpus*. 7. Considerações finais.

1. Introdução

O que se convencionou chamar *Operação Lava Jato* é o maior conjunto de processos criminais no Brasil relacionados à apuração dos delitos de corrupção, lavagem de dinheiro e organização criminosa. Iniciada em 2014, com processos primordialmente em trâmite na justiça federal da seção judiciária de Curitiba, estado do Paraná, hoje tem desdobramentos em São Paulo, Rio de Janeiro e Distrito Federal, além de casos que tramitam originariamente no STF em razão do foro por prerrogativa de função dos envolvidos.

Os números da *Operação Lava Jato* impressionam. Deflagrada em março de 2014, ao tempo desta redação a *Operação* em Curitiba já conta com 877 mandados de busca e apreensão cumpridos, 221 conduções coercitivas, 97 prisões preventivas decretadas e 110 prisões temporárias. Foram apresentados 303 pedidos de cooperação jurídica internacional, contados pedidos ativos (176) e passivos (127). Foram celebrados 158 acordos de colaboração premiada e 10 acordos de leniência. Foram proferidas 165 sentenças condenatórias em face de 107 pessoas. O valor do ressarcimento do dano alcança R$ 38,1 bilhões.[2]

Desde o início da *Operação*, porém, vozes se levantaram contra o método utilizado pela investigação, dito eficientista, calcado primordialmente em atos coativos considerados ilegítimos, que repercutem no exercício do direito de defesa do investigado, com vistas à obtenção de provas.[3]

Decorridos mais de três anos da deflagração da *Operação*, este trabalho pretende analisar decisões, escolhidas por amostragem, proferidas nos processos da *Operação Lavo Jato*, que cuidam de questões relacionadas ao exercício do direito de defesa.

2. Dados disponíveis em MPF: *A Lava Jato em números*.
3. Macedo; Affonso: *Advogados divulgam manifesto*.

2. Defesa como garantia do acusado

O direito de defesa constitui núcleo central do modelo de desenvolvimento do processo penal. A própria história do processo é permeada por movimentos pendulares, que, mesmo que de maneira reducionista, ora consideram o direito de defesa um requisito indispensável para a legitimidade política do sistema processual penal, ora consideram a participação da defesa um óbice inconveniente ao exercício do poder-dever de punir do Estado.[4]

No sistema processual penal brasileiro, o direito de defesa sempre veio consagrado nas constituições, desde a Constituição de 1824. E a Constituição da República de 1988, ampliando as redações anteriores, assegurou, no artigo 5º, inciso LV, que aos acusados em geral são assegurados o contraditório e a ampla defesa, com os meios e recursos a ela inerentes.

Pode dizer-se, portanto, que normativamente o direito de defesa sempre foi, como ainda é, enunciado como uma garantia do acusado. As práticas forenses, porém, nem sempre repercutiram tal garantia. Basta relembrar os processos secretos do regime ditatorial, com a correlata supressão do *habeas corpus*, nem tão distantes cronologicamente dos dias atuais. E, na atualidade, vigora em muitos países modelo político-criminal que preconiza o combate a fenômenos criminológicos, como terrorismo, crime organizado, crimes políticos, por meio de restrições aos direitos fundamentais do acusado, dentre eles o direito de defesa.[5]

3. Ciência da acusação como pressuposto do exercício do direito de defesa

Um dos corolários do exercício do direito de defesa é o direito fundamental de o acusado ser informado da imputação que pesa contra si.[6] Afastada a ciência da acusação, compromete-se o pleno exercício do direito de defesa. Como premissa indispensável ao exercício do direito de defesa, a ciência prévia da acusação permeia toda a persecução penal, assegurando que, conhecedora dos reais termos

4. Malan: *Defesa técnica*, 143-186.
5. Malan: *Defesa técnica*, 143-186.
6. Mendes de Almeida: *Processo penal*, 114.

da acusação e do material que a sustenta, possa a defesa ser garantida e plenamente exercitada a todo momento da persecução.

A Constituição da República, no artigo 5º, inciso LV, assegura o contraditório e a ampla defesa, com os *meios* e recursos a ela inerentes. Dentre tais meios, o Pacto de São José da Costa Rica prevê, no artigo 8º, 2, *b*, a garantia judicial da comunicação prévia e pormenorizada ao acusado da acusação formulada.

Na fase de inquérito policial, ou preliminar da persecução penal, também vigora tal regra para o investigado, tratado constitucionalmente como um acusado em geral. A partir da instauração do inquérito policial, inúmeros atos que acarretam restrição a direitos constitucionalmente assegurados podem ocorrer em desfavor do investigado, tais como os decretos de prisão preventiva e temporária, ou prisão em flagrante; busca pessoal ou domiciliar; apreensão; arresto e sequestro de bens; quebra de sigilo fiscal e bancário; interceptação das comunicações telefônicas; determinação do indiciamento; e, ao fim, possível formalização da acusação, com o início da segunda fase da persecução penal.

Por isso, o exercício do direito de defesa, eficaz e tempestivo, deve se iniciar no inquérito policial, permitindo-se então uma defesa integral, contínua e unitária.[7] E, para o exercício de defesa no curso do inquérito policial, é premissa indispensável a possibilidade de o investigado, por seu defensor, ter acesso aos autos de inquérito policial.

A primeira fase da persecução penal compõe-se de atos de investigação e atos de instrução. Quem investiga rastreia, pesquisa, indaga, segue vestígios e sinais, busca informações para elucidação de um fato. Depois de documentada a diligência, passa-se da investigação à instrução, que pode se dar mediante atos transitórios ou repetíveis, e, portanto, suscetíveis de ser renovados, ou definitivos e irrepetíveis, os quais se incorporam ao bojo de eventual ação penal e, salvo falsidade, escusam repetição. É este cunho de definitividade, inerente a certos

7. Saavedra Rojas: "Derecho Penal y Criminologia", *Revista del Instituto de Ciencias Penales y Criminologicas de la Universidad Externado de Colombia*, 17, 56, 1995, 25-26.

atos, que exige garantia ao exercício do direito de defesa já na fase preliminar da persecução penal.

Assim, deve guardar-se sigilo somente quanto aos atos de investigação, tanto na deliberação quanto na sua prática, nos termos do artigo 20 do CPP. Os atos de instrução, porém, enquanto documentação dos elementos colhidos na investigação, devem estar acessíveis ao investigado e seu defensor, à luz da garantia constitucional do direito de defesa.

A jurisprudência, todavia, não era firme em assegurar ao investigado o direito de acesso aos autos, na primeira fase da persecução. Em 2004, o STF garantiu à defesa do investigado o direito de vista dos autos do inquérito policial antes de sua inquirição.[8] Depois, assegurou também ao investigado pelo Ministério Público acesso aos autos de procedimento que visava a apurar ilícito penal.[9] Por fim, foi editada a súmula vinculante n. 14, cujo verbete diz que é direito do defensor ter acesso amplo aos elementos de prova que, já documentados em procedimento investigatório realizado por órgão com competência de polícia judiciária, digam respeito ao exercício do direito de defesa.

Nos casos da *Operação Lava Jato*, o direito de ciência prévia da acusação não foi a todo tempo prestigiado. Importa analisar então o direito de ciência do investigado, notadamente as questões relativas a (i) condução coercitiva, (ii) cisão de investigações e, (iii) no campo da colaboração premiada, os direitos de ciência do colaborador e do delatado.

3.1 Condução coercitiva

A *Operação Lava Jato* utilizou-se largamente da condução coercitiva de investigados, medida excepcional prevista no artigo 260 do CPP.

O CPP, além de prever a condução coercitiva de testemunhas (artigo 228), vítimas do crime (artigo 201, § 1º) e peritos (artigo 278), prevê, no artigo 260, a condução do próprio acusado que não atenda à

8. STF, HC 82.354, *DJ* de 24.09.2004.
9. STF, HC 88.190, *DJ* de 06.10.2006.

intimação para interrogatório, reconhecimento ou qualquer outro ato que, sem ele, não possa ser realizado.

Se o acusado não atende intimação, tem-se previsão de tratá-lo então como objeto do poder-punitivo: conduzido para interrogatório, *v.g.*, é visto este como meio de prova.

De acordo com precedentes outros do STF, o direito ao silêncio permite que o acusado se recuse a participar de diligência de reconstituição do crime,[10] se recuse a fornecer material para exame de confronto,[11] permite que negue falsamente a prática de crime,[12] que se recuse a responder às perguntas formuladas,[13] dentre outras garantias. O interrogatório é visto como meio de autodefesa do interrogando.[14]

Assim, intimado para o ato de interrogatório, o indivíduo comparece se quiser, sem que disso advenha qualquer sanção. Se não comparece, demonstra seu interesse em não participar do ato, deixando de exercer a autodefesa, que, como visto acima, é renunciável.

Por isso, o uso de força ou intimidação, mediante privação de liberdade, ainda que temporária, para a finalidade de interrogar o investigado, é incompatível com o exercício do direito ao silêncio como meio de defesa.[15]

Em diversas ocasiões, porém, a *Lava Jato* valeu-se de conduções coercitivas de investigados, que não haviam sido previamente

10. STF, HC 96.129-MC, *DJe* de 14.10.2008.

11. STF, HC 99.245, *DJe* de 20.09.2011.

12. STF, HC 68.929, *DJ* de 28.08.1992. Não pode, porém, atribuir-se falsa identidade (STF, RE 640139, *DJe* de 13.10.2011).

13. STF, HC 136.331, *DJe* de 26.06.2017. STF, HC 106876, *DJe* de 30.06.2011.

14. STF, HC 111.567 AgR, rel. Min. Celso de Mello, *DJe* de 29.10.2014.

15. Há quem considere que as duas outras hipóteses para condução coercitiva, previstas no artigo 260 do CPP, seriam admissíveis: para o acusado participar de ato processual ou administrativo de reconhecimento pessoal e submeter-se a identificação criminal. E, mesmo nestas duas hipóteses, a condução deve ser considerada cabível só quando não houver nenhum outro meio de reconhecimento ou esclarecimento da identidade do acusado ou suspeito (Malan: *Boletim do Instituto Brasileiro de Ciências Criminais*, 266, jan. 2015, 02-04).

intimados para comparecimento. Lê-se nas decisões de primeiro grau que autorizaram a condução coercitiva de investigados:

> "Medida da espécie [*condução coercitiva*] não implica cerceamento real da liberdade de locomoção, visto que dirigida apenas a tomada de depoimento. Mesmo com a condução coercitiva, mantém-se o direito ao silêncio dos investigados.
>
> A medida é oportuna para evitar concertação fraudulenta de depoimentos entre os investigados."[16]

Em tais decisões, tomadas no âmbito da *Lava Jato*, sustenta-se que a condução coercitiva seria necessária para impedir que os investigados estabelecessem uma versão concertada sobre os fatos.

Em alguma medida, trata-se assumidamente de uma forma de assegurar que o investigado, pressionado, deixe de exercer seu direito de não colaborar com a acusação.

Ademais, a proibição de contato de investigados não tem previsão legal, nem mesmo na medida alternativa à prisão preventiva prevista no artigo 319 do CPP, que estabelece a proibição de o indiciado ou acusado manter contato com pessoa determinada quando, por circunstâncias relacionadas ao fato, deva permanecer distante dela.

Em outras ocasiões, a condução coercitiva foi deferida como se fosse medida menos gravosa quando comparada à prisão preventiva, que constava da representação original formulada pelo Ministério Público Federal:

> "Para fins, porém, de investigação, defiro em substituição a condução coercitiva de J.A.P. para a tomada de seu depoimento. Medida da espécie [*condução coercitiva*] não implica cerceamento real da liberdade de locomoção, visto que dirigida apenas a tomada de depoimento. Mesmo com a condução coercitiva, mantém-se o direito ao silêncio do investigado."[17]

16. Decisão proferida nos autos do pedido de prisão preventiva 5010964-71.2017.4.04.7000/PR, da 13ª vara federal de Curitiba da seção judiciária do Paraná, em 11.04.2017.

17. Decisão proferida nos autos do pedido de busca e apreensão criminal 5004257-8-58.2015.4.047000/PR, da 13ª vara federal de Curitiba da seção judiciária do Paraná, em 19.05.2015.

Em ocasião muito particular, a condução foi tomada para proteção do investigado a fim de prestar declarações:

> "A condução coercitiva para tomada de depoimento é medida de cunho investigatório. [...]
>
> Por outro lado, nesse caso, apontado motivo circunstancial relevante para justificar a diligência, qual seja evitar possíveis tumultos como o havido recentemente perante o Fórum Criminal de Barra Funda, em São Paulo, quando houve confronto entre manifestantes políticos [...]
>
> Colhendo o depoimento mediante condução coercitiva, são menores as probabilidades de que algo semelhante ocorra, já que essas manifestações não aparentam ser totalmente espontâneas.
>
> Com a medida, sem embargo do direito de manifestação política, previnem-se incidentes que podem envolver lesão a inocentes."[18]

Porém, como visto, o investigado tem direito à informação, desde o início da persecução penal, assim que concluídas as investigações e iniciados os atos de instrução. Assim, tão logo exista imputação contra determinada pessoa, ou seja, indícios ou elementos de prova que convirjam e permitam identificar a autoria delitiva, o indivíduo contra quem pesa a acusação deve ser notificado, chamado a comparecer à delegacia de polícia, ou perante a autoridade que presida a persecução penal preliminar ou prévia, em qualquer das modalidades.

Na notificação para comparecimento, a autoridade que preside a persecução penal preliminar deverá fazer constar uma síntese da acusação. Ainda, deve-se fazer constar na notificação que o sujeito será ouvido na qualidade de suspeito ou indiciado, e não como testemunha. Tal ressalva é importante, porque direitos são devidos ao investigado. Pode ser também que determinada pessoa, ouvida inicialmente como testemunha, passe, no correr do inquérito, a ser considerada suspeita. Deve-se então cientificá-la desse fato, para que possa se fazer acompanhar de defensor, bem como guardar silêncio, se entender conveniente.

18. Decisão proferida nos autos da petição 500740106.2016.4.04.7000/PR da 13ª Vara Federal de Curitiba da seção judiciária do Paraná, em 29.02.2016.

Tudo isso se diz no plano ideal e dentro da sistemática constitucional, porque, normativamente, nenhum dispositivo determina que se proceda dessa forma detalhada. Por isso, para a efetividade real do direito de defesa, na fase preliminar da persecução penal, uma das principais alterações legislativas diz respeito à introdução de dispositivo legal que garanta que toda e qualquer notícia-crime, da qual resulte uma imputação fundada e contra pessoa determinada, seja imediatamente comunicada ao investigado, para que possa exercer seu direito de defesa atuando no procedimento (inclusive no interrogatório policial devidamente assistido por defensor). É imprescindível que no inquérito policial seja consagrado normativamente o momento em que se deva entender produzida a imputação, o dever de comunicação da sua existência e conteúdo, para se assegurar o mínimo de contraditório e direito de defesa ao investigado.

De todo modo, a intimação ordinária, mesmo não sendo a ideal, assegura de alguma maneira o exercício do direito de defesa no inquérito policial, desde que haja entre a expedição da notificação e a data designada para oitiva tempo razoável para a defesa.

Já o conduzido coercitivamente, tomado de surpresa, fica sem qualquer possibilidade de preparar sua defesa. E o ato, ante o exercício do direito de silêncio, torna-se então completamente inócuo e materialmente desnecessário, configurando-se medida coativa, midiática, no mais das vezes, ou um prenúncio de prisão preventiva.

Como a condução coercitiva veio sendo utilizada como medida primeira para chamada do investigado, sem sua prévia intimação para comparecimento regular e usual, tem-se que o exercício do direito de defesa resta comprometido, porque impede que o conduzido e seu defensor tenham ciência prévia da existência e do conteúdo do inquérito policial. Ademais, a condução dificulta a possibilidade de entrevista prévia e reservada do sujeito com seu advogado, tal como determina o artigo 186, § 5º, do CPP.

Dado o uso da condução coercitiva como método ordinário, substitutivo de regular intimação, questionou-se a recepção, pela Constituição da República, do disposto no artigo 260 do Código de Processo Penal, sob argumento de que a prática judiciária de se determinar a condução coercitiva como medida cautelar autônoma para obtenção de interrogatório chocasse com o direito de não autoincriminação, previsto no artigo 5º, inciso LXIII, da Constituição da República.

Foi só em junho de 2018 que o Plenário do Supremo Tribunal, por maioria de votos, ao julgar duas ações de descumprimento de preceito fundamental, registradas sob os ns. 395 e 444, julgou inconstitucional a condução coercitiva para fins de interrogatório.

Assim, o manejo de tal expediente para interrogatório, tal como praticado na *Lava Jato*, constitui coação que não se afina com a garantia do devido processo penal, descompassada do direito contra a não autoincriminação e do direito de defesa, assegurados constitucionalmente.

3.2 Cisão de investigações

A *Operação Lava Jato* tornou-se conhecida por sua cisão em muitas fases, assim chamada a deflagração da operação. Em Curitiba, a *Operação* está na 45ª fase, intitulada *Operação Abate 2*.[19]

Se por um lado os órgãos de investigação e acusação, assim como o Juízo, dispunham da visão do todo, a defesa podia conhecer fatos delimitados, parcialmente considerados em relação ao todo onde se inseriam.

A consequência desta cisão foi de duas ordens, ambas comprometedoras da defesa: (i) as denúncias faziam referências a informações e documentos que não estavam nos autos e (ii) a própria narrativa de determinados crimes foi cindida, comprometendo-se a sua compreensão.

Todos os elementos colhidos na fase preliminar devem constar dos autos, segundo orientação do STF.[20]

19. O Globo: Todas as fases da Operação Lava Jato.

20. "O procedimento investigatório instaurado pelo Ministério Público deverá conter todas as peças, termos de declarações ou depoimentos, laudos periciais e demais subsídios probatórios coligidos no curso da investigação, não podendo, o 'Parquet', sonegar, selecionar ou deixar de juntar, aos autos, quaisquer desses elementos de informação, cujo conteúdo, por referir-se ao objeto da apuração penal, deve ser tornado acessível tanto à pessoa sob investigação quanto ao seu Advogado. O regime de sigilo, sempre excepcional, eventualmente prevalecente no contexto de investigação penal promovida pelo Ministério Público, não se revelará oponível ao investigado e ao Advogado

Ocorre que muitas denúncias da *Operação Lava Jato* se apoiavam em elementos e informações que não estavam nos seus autos respectivos, mas disponíveis em outros procedimentos, aos quais o investigado não tinha acesso, por envolver outras pessoas.

Em outro giro, também acontecia a circunstância de a própria narrativa dos fatos acabar comprometida, porque interligada por diferentes denúncias, constantes de diferentes processos.[21] Além disso, o uso de processos digitais, se por um lado dinamiza o trâmite processual e o acesso remoto, tem como efeito colateral a subtração, ao acusado, da visão do conjunto, em razão das sucessivas cisões.

Ao acusado ficava difícil compreender a integralidade dos fatos, comprometendo-se, por consequência, o exercício do direito de defesa. Por isso, importante que no processo digital se permita ao acusado acesso a todos os procedimentos relacionados ao principal.

3.3 Colaborador

Quanto ao colaborador, a questão da ciência prévia é essencial a fim de dimensionar as vantagens e desvantagens de celebrar acordo de colaboração. Afirma-se que, em verdade, a informação é condição, ao lado da voluntariedade, para a celebração do acordo.

Está-se em um âmbito de consenso, com negociação entre investigado e Ministério Público. E, neste âmbito, não se pode estabelecer sigilo ou surpresa.

Assim, o que pretende ser colaborador deve conhecer as acusações a ele imputadas, com a exposição dos elementos já em posse das autoridades.[22] Deve também compreender "as consequências do acordo de colaboração premiada"[23] e também "conhecer os seus direitos e as renúncias que está realizando".[24]

por este constituído, que terão direito de acesso – considerado o princípio da comunhão das provas – a todos os elementos de informação que já tenham sido formalmente incorporados aos autos do respectivo procedimento investigatório" (STF, HC 94.173, *DJe* de 26.11.2009).

21. Toron: *Revista Brasileira de Ciências Criminais*, 122, agosto de 2016.
22. Vasconcellos: *Colaboração premiada*, 144.
23. Vasconcellos: *Colaboração premiada*, 144.
24. Vasconcellos: *Colaboração premiada*, 144.

Por isso, a Lei n. 12.850/2013, que disciplina o procedimento de colaboração processual, deveria adotar garantias adicionais, como a exigência de que o acusador possua base empírica idônea, justa causa sobre a autoria e materialidade do ilícito, para poder iniciar negociação de acordo de colaboração. Sem isso, o sujeito pode ficar no plano das suposições, imaginando o que a acusação guarda contra si, o que lhe causa evidente coação ilegal.

Além disso, desta base para a colaboração, o acusador deveria ter o dever de divulgar previamente ao investigado todos os elementos informativos incriminadores de que já dispõe.

3.4 Delatado

Quanto ao delatado, a discussão sobre a efetividade do direito de defesa se coloca em dois planos: o primeiro, pressuposto do segundo, é o direito de acesso ao acordo de colaboração e provas produzidas pelo colaborador; o segundo, o direito de confrontar o colaborador e o próprio acordo de colaboração.

O acordo de colaboração premiada é celebrado entre o acusador e o colaborador, com assistência de defensor técnico. Em regra, as negociações e a formalização e depois a homologação do acordo são sigilosas, até o momento do recebimento da denúncia.

A Lei n. 12.850/2013 regulamentou a questão do acesso ao teor do acordo feito pelo colaborador. Estabelece no artigo 7º, § 2º, que o acesso aos autos será restrito ao juiz, ao Ministério Público e ao delegado de polícia, como forma de garantir o êxito das investigações, assegurando-se ao defensor, no interesse do representado, amplo acesso aos elementos de prova que digam respeito ao exercício do direito de defesa, devidamente precedido de autorização judicial, ressalvados os referentes às diligências em andamento.[25] E, no artigo 7º, § 3º, determina que o acordo de colaboração premiada deixa de ser sigiloso assim que recebida a denúncia.

Deste modo, os coimputados somente terão conhecimento da colaboração premiada com o início formal do processo, especialmente no momento das declarações do colaborador.

25. STJ, RHC 67493, *DJe* de 02.05.2016.

Ainda antes da edição da Lei n. 12.850/2013, o STF reconheceu o direito de o delatado saber quais foram as autoridades que participaram e firmaram o acordo de delação premiada com outro investigado, mas afastava a possibilidade aos acusados de acesso ao conteúdo do acordo de delação.

A Lei n. 12.850/2013 foi além, permitindo o acesso ao conteúdo do acordo feito pelo colaborador. Persiste, porém, dificuldade de ordem prática no tocante ao que seja o "êxito das investigações" mencionado no dispositivo, que, segundo a Lei, demandaria sigilo ainda no curso do inquérito policial. Isso porque não é incomum que haja sobreposição de outras linhas de apuração de fatos correlatos ou até de outras pessoas envolvidas na organização criminosa.[26]

Além disso, a Lei aparentemente faz distinção entre acordo de colaboração e declarações do colaborador, como se nota no disposto no artigo 4º, § 7º, que aparta termo de acordo e declarações do colaborador. Serão analisados os aspectos formais da colaboração, seus pressupostos e requisitos.[27] Assim, o termo do acordo pode, eventualmente, não conter a íntegra das declarações do colaborador.

Deste modo, surge espaço para entendimento que, mesmo depois de afastado o sigilo, conste do termo de acordo de colaboração apenas um relato simplificado da colaboração e possíveis resultados, mas não o conjunto de declarações feitas pelo colaborador.[28] Esta posição, porém, parece claramente afrontar o direito de defesa, muito embora sufragada pelo STF.[29]

Sustenta-se que deveria ser assegurada a publicidade do acordo de colaboração premiada a partir da homologação do acordo, assegurando-se com isso o exercício do direito de defesa aos delatados, ressalvadas as hipóteses que necessitem de manutenção de sigilo sob pena de frustração da investigação.[30]

Ainda, depois do problema do acesso, há a questão do direito ao confronto do colaborador. Assim, os delatados devem ter assegurado

26. Pereira: *Delação premiada*, 52.
27. Vasconcellos: *Colaboração premiada*, 241.
28. Pereira: *Delação premiada*, 153.
29. STF, HC 127.483, *DJe* de 03.02.2016.
30. Vasconcellos: *Colaboração premiada*, 144.

o direito de ser ouvidos ainda na fase preliminar e de produzir prova em seu favor, afastando o risco de acusações falsas, precipitadas ou até temerárias.

Se denunciados, a defesa do delatado pode confrontar o colaborador em suas declarações, por meio da formulação de perguntas ao colaborador, que, por determinação legal, constante do artigo 4º, § 14, renuncia ao direito ao silêncio e assume o compromisso legal de dizer a verdade. Pode, ainda, exercer contraditório sobre as provas apresentadas pelo colaborador, que necessitem de elementos de corroboração.

O STF, porém, decidiu que o delatado não tem direito de contestar o acordo de colaboração celebrado pelo colaborador. Decidiu o Supremo que "o acordo de colaboração, como negócio jurídico personalíssimo, não vincula o delatado e não atinge diretamente sua esfera jurídica",[31] de sorte que é inviável a impugnação do acordo pelo delatado, em razão da falta de interesse e legitimidade.

4. Voluntariedade do acordo de colaboração premiada e contraponto com a prisão processual

A colaboração premiada mudou radicalmente a estratégia de investigação da criminalidade econômico-financeira complexa no sistema brasileiro. E foi utilizada de maneira ampla na *Operação Lava Jato*, com acordos celebrados primordialmente com investigados presos.

A colaboração premiada está disciplinada nos artigos 4º a 9º da Lei n. 12.850/2013. Pode ocorrer em qualquer fase da persecução penal e, até mesmo, após o trânsito em julgado da condenação, já na execução da pena.

Comporta fase de negociação e acordo, homologação judicial e sentença, quando se decidirá sobre o cumprimento do acordo, aplicando-se ou não o benefício.

Muito se discute acerca da adequação da colaboração ao modelo processual penal brasileiro, mas o que interessa a este estudo é a

31. STF, HC 127.483, *DJe* de 03.02.2016.

análise do exercício do direito de defesa neste modelo, tanto por parte do colaborador como do delatado.

Em relação ao colaborador, o primeiro questionamento que se faz é acerca da voluntariedade.

A aceitação do acordo deve ser voluntária, diz o artigo 4º, *caput*, da Lei n. 12.850/2013, e o colaborador deve estar assistido por advogado. Além disso, prevê a lei que o controle judicial, no momento da homologação, deve analisar a voluntariedade.

Assim, nas negociações prévias à celebração do acordo, o investigado ou acusado deve estar assistido por defensor (artigo 4º, § 6º, da Lei n. 12.850/2013).

O juiz, previamente à homologação, também pode ouvir o colaborador, na presença de seu defensor (artigo 4º, § 7º, da Lei n. 12.850/2013).

Homologado o acordo, o colaborador poderá ser ouvido pelo membro do Ministério Público e pelo delegado de polícia responsável pelas investigações, sempre acompanhado por seu defensor (artigo 4º, § 9º, da Lei n. 12.850/2013).

Além disso, o colaborador, nos depoimentos que prestar, ao renunciar ao direito ao silêncio e se submeter ao compromisso legal de dizer a verdade, também deverá fazê-lo na presença de seu defensor (artigo 4º, § 14, da Lei n. 12.850/2013).

A Lei, a título de reforço, dispõe no artigo 4º, § 15, da Lei n. 12.850/2013, que o colaborador deverá ser assistido por defensor em todos os atos de negociação, confirmação e execução da colaboração.

Prevê ainda que, para ter validade, o termo de acordo da colaboração premiada deverá ser feito por escrito e conter a declaração de aceitação do colaborador e de seu defensor (artigo 6º, inciso III, da Lei n. 12.850/2013) e as assinaturas do representante do Ministério Público ou do delegado de polícia, do colaborador e de seu defensor (artigo 6º, inciso IV, da Lei n. 12.850/2013).

Temos, porém, que, para se assegurar a natureza voluntária da aceitação do acordo, é inaceitável o uso de qualquer meio de coação para induzir o investigado a aceitar o acordo. Também o controle judicial sobre a voluntariedade não pode ser formal, e sim substancialmente incrementado.

Neste contexto, o uso desmedido da prisão preventiva, nos processos da *Operação Lava Jato*, colocou em xeque a voluntariedade dos acordos de colaboração processual.

Em um momento inicial, as prisões preventivas dos investigados, decretadas em primeiro grau, mantidas pelo TRF – 4ª Região e pelo STJ, calcaram-se, basicamente, na garantia da ordem pública.

Muito embora a garantia da ordem pública esteja prevista no artigo 312 do CPP como um dos motivos autorizadores da prisão preventiva, a jurisprudência dos tribunais superiores, atenta à garantia da presunção de inocência, vinha reconhecendo que o conceito de garantia da ordem pública era vago e impreciso e, de maneira apócrifa, permitia a assimilação, pela prisão preventiva, de finalidades próprias da pena de prisão.

Assim, a gravidade abstrata do crime apurado no processo penal não pode ser tomada como argumento suficiente à motivação para a decretação e manutenção da prisão preventiva,[32] nem choque na opinião pública e a repercussão do crime e a suposta intranquilidade social dele advinda.[33] A prisão não pode ser decretada para restaurar a credibilidade da justiça e combater a sensação de impunidade.[34]

Na *Operação Lava Jato* todos estes argumentos foram utilizados para a decretação de prisões preventivas. Veja-se decisão que decretou a prisão preventiva no juízo de 1º grau de Curitiba:

> "O respeito ao Estado de Direito demanda medida severa, mas necessária, para coibir novas infrações penais por parte dos investigados, por ser constatada a habitualidade criminosa e reiteração delitiva, com base em juízo fundado nas circunstâncias concretas dos crimes que constituem objeto deste processo. A gravidade em concreto dos crimes também pode ser invocada como fundamento para a decretação da prisão preventiva. A credibilidade das instituições públicas e a confiança da sociedade na regular aplicação da lei e igualmente no Estado de Direito restam abaladas quando graves violações da lei penal não recebem uma resposta do sistema de Justiça criminal. Não se trata de antecipação de pena,

32. STF, HC 139.325, *DJe* de 09.08.2017. STF, HC 95.460, *DJ* de 21.10.2010. STF, HC 101.981, *DJ* de 28.10.2010. STF, HC 101.705, *DJ* de 02.09.2010.

33. STF, HC 91.741, *DJ* de 04.09.2008.

34. STF, HC 101.537, *DJe* de 14.11.2011.

nem medida da espécie é incompatível com um processo penal orientado pela presunção de inocência. [...]

Ante o exposto, defiro o requerido e decreto, com base no artigo 312 do CPP e em vista dos riscos à ordem pública, à investigação, à instrução criminal e à aplicação da lei penal, a prisão preventiva dos seguintes investigados: [...]."[35]

Decisões como esta foram mantidas pelo TRF – 4ª Região:

"1.5. O sentimento de vulneração e violação individual, associado ao risco pessoal (ou de pessoas próximas) de vir a ser vítima de crime contra a pessoa norteou o entendimento doutrinário e jurisprudencial quanto ao cabimento da prisão preventiva. A escalada da violência e da criminalidade organizada deu ensejo ao terrível sentimento geral de insegurança; latrocínio, homicídios, roubos, estupros, tráfico de drogas, são exemplos de fatos que crimes orientaram a formação do pensamento sobre prisão preventiva e medidas cautelares, em sede do direito penal.

Ocorre que, a singularidade do presente caso está a exigir que se estabeleça um novo standard quanto à aplicação do instituto da prisão preventiva e das demais medidas cautelares.

Nada do que foi dito ou escrito sobre estas medidas foi pensado a partir de fatos como os que são objeto de apuração nos diversos inquéritos policiais e processos penais que se seguiram à Operação Lava jato. Não há, pois, como simplesmente aplicar-se a jurisprudência até então predominante, haja vista a inexistência de parâmetros judiciais de igual proporção.

A originalidade e dimensão do caso impõem que todos os operadores do direito – e de um modo especial os julgadores – passem para uma compreensão singular, sem olvidar dos direitos fundamentais.

A advertência de Sutherland é muito apropriada para a construção deste novo paradigma. É inevitável que se ultrapasse aquela compreensão individualista dos requisitos da prisão preventiva, para uma inteligência mais consentânea com a segurança jurídica, com a ordem e com os nefastos efeitos, pretéritos, presentes e futuros, que condutas como as investigadas encerram.

É evidente que quase a imensa maioria dos investigados ou réus da Operação Lava jato não colocará em risco a segurança individual de quem quer que seja. Jamais cometeriam pessoal-

35. Decisão proferida no pedido de busca e apreensão criminal 5073475-13.2014.404.7000/PR, da 13ª. vara federal de Curitiba/PR, em 10.11.2014.

> mente qualquer dos crimes violentos acima elencados, talvez nunca portem uma arma de fogo, ou subtraiam diretamente recursos de outra pessoa física.
>
> Porém, os delitos financeiros e contra a Administração Pública trazem reflexos mais amplos e atingem toda coletividade. Os efeitos dos crimes investigados são de tal monta que, passados vários meses, ainda não é possível dimensionar o alcance da corrupção que envolve conhecidos empresários e agentes públicos que se serviram da maior empresa pública nacional.
>
> O respeito ao Estado de Direito demanda medida severa, e, havendo fundada razão diante das circunstâncias concretas, mostra-se inevitável a adoção de medidas amargas que cessem a cadeia delitiva e sirvam de referência aos que tratam com desprezo às instituições públicas, sempre acreditando na impunidade. [...]
>
> 1.6. Assim como no conhecido caso mensalão, a Operação Lava jato não pode ser analisada com olhos comuns e com o foco apenas em parâmetros interpretativos regulares e aplicáveis a qualquer processo. Na Ação Penal n. 470, o próprio Supremo Tribunal Federal releu sua tradicional jurisprudência a fim de adaptá-la à excepcionalidade dos fatos.
>
> O mesmo caminho deverá ser seguido neste caso. Do Direito Penal, como de resto das ciências jurídicas, exige-se que se adapte aos tempos, aos fatos e à sociedade. [...]
>
> Por óbvio, a tarefa não é fácil, quer para o juízo de origem, quer para os juízos recursais. A complexidade dos fatos está a exigir dedicação plena e, acima de tudo, uma condução do processo serena, como, até o momento, se viu do juízo da causa. [...]
>
> Os fatos, como anteriormente afirmado, são escandalosos e de dimensão amazônica. Há elementos suficientes quanto a autoria e materialidade delitiva."[36]

O STJ, por seu turno, ou não conhecia dos *habeas corpus* que visavam a revogar as prisões,[37] sob argumento de supressão de instância e invocação do verbete da súmula n. 691 do STF, ou, então, mantinha as prisões, sem substituição por medidas alternativas.[38]

36. TRF4, HC 5029060-90.2014.404.0000/PR, j. em 19.12.2014.

37. STJ, HC 315.973/PR, j. em 26.02.2015.

38. STJ, HC 323.331/PR, *DJe* de 30.09.2015. HC n. 312.684/PR, *DJe* de 30.03.2015.

Todavia, o STF, quando relator da *Operação Lava Jato* naquela Corte o ministro Teori Zavascki, concedeu *habeas corpus* para substituir a prisão preventiva imposta a investigados por medidas cautelares alternativas:

> "5. A jurisprudência desta Corte, em reiterados pronunciamentos, tem afirmado que, por mais graves e reprováveis que sejam as condutas supostamente perpetradas, isso não justifica, por si só, a decretação da prisão cautelar. De igual modo, o Supremo Tribunal Federal tem orientação segura de que, em princípio, não se pode legitimar a decretação da prisão preventiva unicamente com o argumento da credibilidade das instituições públicas, 'nem a repercussão nacional de certo episódio, nem o sentimento de indignação da sociedade' [...]. 6. Não se nega que a sociedade tem justificadas e sobradas razões para se indignar com notícias de cometimento de crimes como os aqui indicados e de esperar uma adequada resposta do Estado, no sentido de identificar e punir os responsáveis. Todavia, a sociedade saberá também compreender que a credibilidade das instituições, especialmente do Poder Judiciário, somente se fortalecerá na exata medida em que for capaz de manter o regime de estrito cumprimento da lei, seja na apuração e no julgamento desses graves delitos, seja na preservação dos princípios constitucionais da presunção de inocência, do direito a ampla defesa e do devido processo legal, no âmbito dos quais se insere também o da vedação de prisões provisórias fora dos estritos casos autorizados pelo legislador. 7. O tempo decorrido desde o decreto de prisão e a significativa mudança do estado do processo e das circunstâncias de fato estão a indicar que a prisão preventiva, por mais justificada que tenha sido à época de sua decretação, atualmente pode (e, portanto, deve) ser substituída por medidas cautelares que podem igualmente resguardar a ordem pública, nos termos dos arts. 282 e 319 do Código de Processo Penal. 8. Ordem parcialmente concedida, para substituir a prisão preventiva do paciente por medidas cautelares específicas, estendida por força do art. 580 do Código de Processo Penal."[39]

Até que este precedente viesse à tona, quase seis meses depois da prisão de executivos de empreiteiras, e mesmo depois desta decisão, as decretações de prisão em primeiro grau foram se avolumando, expandindo-se a *Operação Lava Jato* em outras fases. O caminho até o STF era longo, em razão da proibição de supressão de instância, e

39. STF, HC 127.186, j. em 28.04.2015.

o TRF – 4ª Região e o STJ vinham mantendo as prisões decretadas em primeiro grau.

Muitos viram neste cenário uma espécie de coação para a celebração de acordos de colaboração, instituto ainda recente no sistema jurídico brasileiro, regulamentado procedimentalmente há pouco tempo, em 2013, pela Lei n. 12.850.

Em parecer ofertado em *habeas corpus* n. 5029050-46.2014.404.0000, impetrado perante o TRF – 4ª Região, a Procuradoria da República chegou a reconhecer que a prisão processual, em caso da *Operação Lava Jato*, teria "importante função de convencer os infratores a colaborar com o desvendamento de ilícitos penais":

> "2. Além de se prestar a preservar as provas, o elemento autorizativo da prisão preventiva, consistente na conveniência da instrução criminal, diante da série de atentados contra o país, tem importante função de convencer os infratores a colaborar com o desvendamento dos ilícitos penais, o que poderá acontecer neste caso, a exemplo de outros tantos. 3. Parecer pela denegação da ordem, porquanto o decreto de segregação encontra agasalho em dois elementos autorizativos do artigo 312, do CPP, quais sejam, a garantia da ordem e a conveniência da instrução criminal."[40]

A prisão, ou o temor de ser encarcerado, as poucas chances de sucesso de ter a prisão preventiva revogada nos tribunais superiores, as penas altas que começavam a ser impostas em primeiro grau, fizeram da colaboração uma opção real de defesa.

E via-se que, tendo colaborado, o sujeito era colocado em liberdade. Dizia-se que a prisão preventiva decretada não teve objetivo de forçar a confissão ou a colaboração, não havendo relação entre prisão cautelar e colaboração, mas, com a celebração do acordo de colaboração, o risco à ordem pública é atenuado, em função do rompimento do pacto do colaborador com a sua suposta organização criminosa. Isso porque o acordo de colaboração envolve compromisso de cessação de atividade criminosa e de colaboração com a investigação e a instrução processuais.

O STF chegou a determinar substituição da prisão preventiva por medidas cautelares a um acusado porque, dentre outras razões,

40. TRF4, HC 5029050-46.2014.404.0000/PR.

sua situação era semelhante à de corréus que haviam sido postos em liberdade depois da celebração de acordo de colaboração premiada.[41]

Se é certo que não se admite que a prisão processual sirva de coação à celebração de acordo de colaboração, também é certo que não deve ser tolhido do investigado preso cautelarmente, por motivos legítimos, o direito de celebrar acordo. Eventual proibição retiraria daqueles que respondem presos a possibilidade de celebrar um acordo que, muitas vezes, pode integrar a estratégia de defesa.

A persecução penal como um todo envolve algum grau de coação. Não é diferente com o acordo de colaboração. Nem com o inquérito e a ação penal.

O desafio é distinguir e apartar o grau de coação proporcional e que não viole o requisito da voluntariedade, acima mencionado, indispensável para o acordo ser homologado pelo Juiz, daquele que é excessivo. Parece-nos que a distinção reside na legalidade ou não da prisão preventiva. Se a prisão é ilegal, maculada a voluntariedade do acordo.[42]

5. Defesa técnica como óbice

Na *Operação Lava Jato*, constatou-se em certas circunstâncias o tratamento da defesa como óbice ao sistema de persecução penal e do advogado como coautor ou partícipe de delitos.

A relação cliente/advogado é resguardada legalmente pelo sigilo. O sigilo profissional está previsto no artigo 5º, incisos XIII e XIV, da Constituição da República.

O Estatuto da OAB, no artigo 7º, inciso II, expressamente assegura como prerrogativa do advogado ter respeitada a inviolabilidade de seu escritório ou local de trabalho, de seus arquivos e dados, de sua correspondência e de suas comunicações, inclusive telefônicas ou afins, salvo caso de busca e apreensão determinadas por magistrado e acompanhadas de representante da OAB.

E, como o advogado é indispensável à administração da justiça, de acordo com o disposto no artigo 133 da Constituição da Repú-

41. STF, HC 127.186, *DJe* de 31.07.2015.
42. Vasconcellos: *Colaboração premiada*, 143.

blica, suas prerrogativas de sigilo profissional e de inviolabilidade do ambiente de trabalho articulam-se para assegurar o direito à ampla defesa.

Na *Operação Lava Jato*, houve caso de interceptação de um telefone tronco de ramal de escritório de advocacia,[43] justificada depois sob o argumento de não se saber que o número telefônico interceptado era de escritório de advocacia que representava o investigado.[44]

Além disso, há notícia de vários advogados investigados pela prática de lavagem de dinheiro, juntamente com seus clientes.[45] Se o advogado é ele mesmo investigado, pela coautoria ou participação no crime investigado, não é possível invocar a proteção legal de sigilo profissional, mas deve ver-se com cautela a criminalização da atividade defensiva.[46]

Outra situação identificada em casos da *Operação Lava Jato* é o repúdio ao concerto de versão de dois investigados sobre os mesmos fatos ou concerto de versões entre seus advogados. Essa suposta combinação de versões poderia ser enquadrada no tipo previsto no artigo 2º, § 1º, da Lei 12.850/2013, que criminaliza a conduta de quem impede ou, de qualquer forma, embaraça a investigação de infração penal que envolva organização criminosa.

Sob este argumento, e a fim de decretar a prisão preventiva do investigado e do advogado, alega-se que estariam indicadas, simultaneamente, a reiteração criminosa e a ação de embaraço à instrução criminal, o que daria suporte à prisão para garantia da ordem pública e por conveniência da instrução criminal. Confira-se decisão judicial nesse sentido, *verbis*:

43. Informação disponível em G1: *Moro fez grampo ilegal.* E, também, Oliveira: *OAB pede ao Supremo.*

44. Conjur: *MPF ataca.*

45. Informação disponível em G1: *Lava Jato bloqueia.*

46. A este respeito, convém registrar julgado do Tribunal Supremo espanhol, que condenou o juiz de instrução Baltasar Garzón por, dentre outros fatos, ter autorizado a escuta de conversas de acusados no escândalo de corrupção "Gürtel", que estavam em prisão preventiva, com seus advogados (Ambos: *Los procedimientos contra Baltasar Garzón*).

"Note-se que existe uma discussão antiga se mentir num interrogatório seria lícito ou ilícito. Em verdade, estão em jogo duas concepções de ilicitude, uma que sempre é associada a sanções, e outra no sentido de que o ato pode ser lícito se contrariar o ordenamento jurídico como um todo, incluindo normas ou princípios, ainda que não haja sanção alguma para tal ato. A mentira do próprio acusado, em tese, está abrangida pelo princípio da ampla defesa, razão pela qual, por si só, não pode ser considerada ilícita. Por exemplo, pergunta-se a um acusado de homicídio se ele é culpado ou inocente. Se for mesmo o autor do homicídio, declarar-se inocente, dizendo que não matou já seria uma mentira. Essa mentira do próprio acusado está abrangida pelo princípio da ampla defesa e não pode ser considera ilícita. Há limites, porém, para a mentira. Acusar injustamente um terceiro inocente, por exemplo, configuraria ilícito penal. Produzir documentos falsos para reforçar a própria mentira também caracterizaria, em tese, ilícitos penais de falsidade.

Nesta linha de raciocínio, a combinação de depoimentos representa algo mais do que a mentira. Significa influenciar o outro para mentir e beneficiar a sua própria mentira. Tal conduta evidentemente não está abrangida pelo princípio da ampla defesa, tendo em vista que o acusado passa a instigar outros réus ou testemunhas a mentirem em seu favor (o objetivo seria o de reforçar a própria mentira). Tal conduta é ilícita e configura risco à instrução criminal, ensejando a prisão preventiva.

Há elementos concretos que justificam o risco à instrução criminal, que pode ser obstada pela produção de documentos falsos e depoimentos combinado."[47]

As reuniões dos investigados, entre si e com advogados, para traçar estratégia de defesa, parece ser um direito inerente à ampla defesa.[48]

Mais recentemente, o ministro Gilmar Mendes, analisando caso de decretação de prisão preventiva em razão da reunião de investigados com um advogado, concedeu *habeas corpus*, mas ressalvou que o STF não afirmou ser decorrente necessária de direitos fundamentais

47. Decisão proferida nos autos da representação policial para prisão preventiva, busca e apreensão e conduções coercitivas n. 0005854-75.2016.403.6181, da 6ª vara federal criminal da seção judiciária de São Paulo, em 03.06.2016.

48. STF, HC 86.864 MC, *DJe* de 16.12.2005.

uma prerrogativa de imputados influenciarem-se uns aos outros e combinarem versões.[49] Ressaltou que os limites de aplicação do tipo penal previsto no artigo 2º, § 1º, da Lei 12.850/2013 "ainda estão por ser traçados. No entanto, parece que se desenha uma posição favorável à aplicabilidade, ao menos em casos de coação ou de tentativa de embaraçar uma postura colaborativa".

O fato de a jurisprudência não dar resposta definitiva acerca da abrangência do direito constitucional ao silêncio, a fim de asseverar se o concerto de versões entre investigados integra ou não a estrutura do direito constitucional de defesa, gera insegurança jurídica e expõe o advogado à situação de vulnerabilidade, como vem acontecendo.

6. Proposta de limitação do uso e cabimento de *habeas corpus*

O *habeas corpus* é remédio constitucional destinado à proteção da liberdade de locomoção, assim previsto na Constituição da República, no artigo 5º, inciso LXVIII. Encontra, ainda, sua disciplina no CPP, nos arts. 647 a 667.

É possível a impetração de *habeas corpus* em sede de inquérito policial, porque

> "(...) seja de quem for o ato constritivo da liberdade de locomoção que ostente ilegalidade ('desconformidade de atuação ou omissão, do agente do Poder Público, com a lei, qualquer que esta, formalmente considerada, seja'), ou abuso de poder ('praticado como se lei não houvesse, vale dizer, como se 'a autoridade legislasse e criasse uma situação não prevista nem autorizada anteriormente'), é admissível o *habeas corpus.*"[50]

Além de *habeas corpus* para revogação de prisão processual, pode-se ainda impetrar *habeas corpus* para concessão de liberdade provisória, com ou sem fiança; para solicitar o relaxamento de prisão em flagrante delito, se negado pela autoridade competente; para solicitar a substituição da prisão preventiva por medidas alternativas; ou contra prisão temporária, para questionar a sua pertinência, a competência do juiz que a determinou ou sua manutenção além do prazo estabelecido.

49. STF, HC 141.478, *DJe* de 18.10.2017.
50. Tucci: *Direitos e garantias*, 444-445.

Pode-se impetrar *habeas corpus* visando ao trancamento do inquérito policial instaurado para apurar fato evidentemente atípico (artigo 4º do CPP) ou instaurado contra pessoa manifestamente inocente. Ainda, para trancamento do inquérito policial pelo reconhecimento da extinção da punibilidade, da ilicitude da prova que o embase ou para reconhecimento do *bis in idem.*

O *habeas corpus* também pode ser impetrado, no curso do inquérito policial, para evitar a participação na reconstituição do crime, na acareação ou reconhecimento e na colheita de material para realização de exame.

Também para impedir, sustar ou tornar sem efeito o indiciamento realizado sem a prévia coleta de indícios suficientes de autoria. Cabe ainda *habeas corpus* visando ao desentranhamento da prova ilícita dos autos do inquérito policial, nos termos do artigo 5º, inciso LVI, da Constituição da República.

Nas chamadas *10 medidas contra a corrupção*, apresentadas pelo Ministério Público Federal, sob argumento de aumento da eficiência e da justiça dos recursos no processo penal, previa-se restrição ao uso de *habeas corpus.*

Apresentado em 29 de março de 2016, o PL n. 4.850/2016 reúne todas as propostas citadas nas intituladas *10 medidas contra a corrupção*. Uma das propostas do Ministério Público Federal era proibir a concessão de *habeas corpus* de ofício, em caráter liminar e sem prévia requisição de informações ao promotor ou procurador natural. Além disso, o instrumento não poderia mais discutir nulidade, trancar investigação ou processo criminal em curso. Para todos os casos, haveria exceção apenas para evitar a continuidade de prisão manifestamente ilegal. Vedava-se a utilização do *habeas corpus* como sucedâneo de recurso.

A previsão de limitação do *habeas corpus* não prosperou e foi retirada do texto do substitutivo apresentado pelo deputado Onyx Lorenzoni, na Câmara dos Deputados.

7. Considerações finais

O sucesso da *Operação Lava Jato* possa talvez ser creditado à sua excepcionalidade. Prisões processuais e conduções coercitivas, uso da mídia, sufocamento da defesa pela falta de tempo hábil e acesso à integralidade dos elementos existentes contra o investigado propiciaram um processo ágil e de resultado.

Um micromodelo, que, espera-se, não precise ser replicado como única forma de o sistema de persecução penal ser eficiente no Brasil.

Em decisão proferida em recurso que solicitava a instauração de procedimento administrativo disciplinar contra o juízo da 13ª vara federal de Curitiba, o TRF – 4ª. Região decidiu que:

> "(...) é sabido que os processos e investigações criminais decorrentes da chamada 'Operação Lava jato', sob a direção do magistrado representado, constituem *caso inédito (único, excepcional)* no direito brasileiro. Em tais condições, neles haverá situações inéditas, que escaparão ao regramento genérico, destinado aos casos comuns. Assim, tendo o levantamento do sigilo das comunicações telefônicas de investigados na referida operação servido para preservá-la das sucessivas e notória tentativas de obstrução, por parte daqueles, garantindo-se assim a futura aplicação da lei penal, é correto entender que o sigilo das comunicações telefônicas (Constituição, art. 5º, XII) pode, em casos excepcionais, ser suplantado pelo interesse geral na administração da justiça e na aplicação da lei penal. A ameaça permanente à continuidade das investigações da Operação Lava jato, inclusive mediante sugestões de alterações na legislação, constitui, sem dúvida, uma situação inédita, a merecer um tratamento excepcional. [...]
>
> Enfim, cabe enfatizar que, antes da Reclamação n. 23.457, não havia precedente jurisprudencial de tribunal superior aplicável pelo representado, mesmo porque, como antes exposto, as investigações e processos criminais da chamada 'Operação Lava jato' constituem *caso inédito*, trazem *problemas inéditos* e exigem *soluções inéditas*. Em tal contexto, não se pode censurar o magistrado, ao adotar medidas preventivas da obstrução das investigações da Operação Lava jato. Apenas a partir desse precedente do STF (Rcl n. 23.457) é que os juízes brasileiros, incluso o magistrado representado, dispõem de orientação clara e segura a respeito dos limites do sigilo das comunicações telefônicas interceptadas para fins de investigação criminal."[51]

A integridade do sistema constitucional depende do valor atribuído à liberdade individual e à valorização do acusado – ainda que

51. TRF4, P.A. 0003021-32.2016.4.04.8000/RS, j. em 23.09.2016.

informalmente acusado, ou seja, investigado, nos momentos iniciais da persecução penal – como sujeito de direitos e não mero objeto de investigação.

Neste âmbito, o que se observa da fenomenologia decisória da *Lava Jato* é que as garantias constitucionais do acusado nem sempre recebem guarida, particularmente em primeiro grau de jurisdição, mas também em grau recursal.

É certo que as observações revelam variável grau de nitidez quanto à violação de tais garantias; mas, em olhar panorâmico sobre o conjunto amostral, observa-se de forma perceptível que a *Operação* tem atuado, de forma sistemática (e, como já se arguiu, tendo aí a condição de sua notável eficiência), de forma a estar os limites das garantias constitucionais do acusado, seja em confronto com o texto legal, seja com os precedentes jurisdicionais até então. É possível questionar se se trata do mesmo movimento pendular que, ora, vê o direito de defesa como pedra de toque do sistema processual penal, ora o vê como óbice ao poder-dever de punir, sugerindo-se que o braço do pêndulo tem oscilado no sentido deste segundo extremo.

Estando a *Operação* ainda viva e sendo escassos os estudos acadêmicos sobre o tema, talvez seja prematuro asseverar qual será seu legado sobre o processo penal brasileiro, ou mesmo afirmar que sua eficiência está relacionada ao distanciamento das garantias; de qualquer forma, o que desde logo se pode dizer com base no estudo amostral é que parece existir uma tendência, que não parece ser estatisticamente desprezível, no sentido de se distanciar metodicamente das garantias do acusado, sobretudo àquelas relacionadas ao pleno e efetivo exercício do direito de defesa.

Bibliografia

Livros e artigos

Batista, Nilo: "A criminalização da advocacia", em *Revista de Estudos Criminais*, Porto Alegre, n. 20, out./dez. 2005, 85-91.

Fernandes, Antonio Scarance: *A reação defensiva à imputação*. São Paulo: Revista dos Tribunais, 2002.

MALAN, Diogo: "Condução coercitiva do acusado (ou investigado) no processo penal", em *Boletim do Instituto Brasileiro de Ciências Criminais*, São Paulo, n. 266, jan. 2015, 02-04.

____. "Defesa técnica e seus consectários lógicos na Carta Política de 1988", em Geraldo Prado; Diogo Malan (Org.). *Processo penal e democracia*: estudos em homenagem aos 20 anos da Constituição da República de 1988. Rio de Janeiro: Lumen Juris, 2009, v. 1, 143-186.

MENDES DE ALMEIDA, Joaquim Canuto: "Ainda o direito de defesa no inquérito policial", em *Revista dos Tribunais*, São Paulo, n. 272, jun. 1958, 07-22.

____. *Processo penal, ação e jurisdição.* São Paulo: Revista dos Tribunais, 1975.

MOURA, Maria Thereza Rocha de Assis; BASTOS, Cleunice A. Valentim:"Defesa penal: direito ou garantia?", em *Revista Brasileira de Ciências Criminais*, São Paulo, n. 04, out./dez. 1993, 110-125.

PEREIRA, Francisco Valdez: *Delação premiada*: *legitimidade e procedimento*. 2. ed.. Curitiba: Juruá, 2013.

SAAD, Marta: "Assimilação das finalidades da pena pela prisão preventiva", em *Revista Eletrônica de Direito Penal*, v. 1, 2013, 247-262.

____. "Duas formas de ciência da acusação, premissa para pleno exercício do direito de defesa: acusação formal, certa e definida e acesso aos autos de inquérito policial", Celso Sanchez Vilardi; Flávia Rahal Bresser Pereira; Theodomiro Dias Neto (Org.). *Direito penal econômico*: *crimes econômicos e processo penal.* São Paulo: Saraiva, 2008, 249-284.

____. *O direito de defesa no inquérito policial.* São Paulo: Revista dos Tribunais, 2004.

SAAVEDRA ROJAS, Edgar: "Derecho a la defensa", em *Derecho Penal y Criminologia – Revista del Instituto de Ciencias Penales y Criminologicas de la Universidad Externado de Colombia.* Bogotá, ano 17, n. 56, mayo/ago. 1995, 25-26.

TORON, Alberto Zacharias: "Direito de defesa na Lava Jato", em *Revista Brasileira de Ciências Criminais*, n. 122, agosto de 2016, 15-41.

TUCCI, Rogério Lauria: *Direitos e garantiasindividuais no processo penal brasileiro.* São Paulo: Saraiva, 1993.

VASCONCELLOS, Vinícius Gomes de: *Colaboração premiada no processo penal.* São Paulo: Revista dos Tribunais, 2017.

Recursos de internet

Ambos, Kai: "Los procedimentos contra Baltasar Garzón", em <http://www.kas.de/wf/doc/kas_6117-1442-4-30.pdf?120305192036> (30.03.2018).

Conjur: "MPF ataca Conjur por noticiar como 'lava jato' grampeou 25 advogados de banca", em *Consultor Jurídico*, <https://www.conjur.com.br/2016-mar-17/mpf-ataca-conjur-noticiar-lava jato-grampeou-25-advogados> (29.10.2017).

G1: "Lava Jato bloqueia R$ 700 mil de advogado investigado na 36ª fase", em *G1*, <http://g1.globo.com/pr/parana/noticia/2016/11/lava jato-bloqueia-r-700-mil-de-advogado-investigado-na-36-fase.html> (29.10.2017).

G1: "Moro fez grampo ilegal de escritório de advocacia, diz defesa de Lula", em *G1*, <http://g1.globo.com/politica/operacao-lava jato/noticia/2016/03/moro-fez-grampo-ilegal-de-escritorio-de-advocacia-diz-defesa-de-lula.html> (29.10.2017).

Khaled Jr., Salah: "A criminalização da advocacia no Brasil", em *Justificando*, <http://justificando.cartacapital.com.br/2016/02/12/a-criminalizacao-da-advocacia-no-brasil/> (29.10.2017).

Macedo, Fausto – Affonso, Julia: "Advogados divulgam manifesto contra a Lava Jato", em *Estadão*, <http://politica.estadao.com.br/blogs/fausto-macedo/advogados-divulgam-manifesto-contra-a-lava jato/>(29.10.2017).

MPF: "A Lava Jato em números no Paraná", em *Ministério Público Federal*, <http://www.mpf.mp.br/para-o-cidadao/caso-lava jato/atuacao-na-1a-instancia/atuacao-na-1a-instancia/parana/resultado> (12.10.2017).

O Globo: "Todas as fases da Operação Lava Jato", em *O Globo*, <https://infograficos.oglobo.globo.com/brasil/todas-as-fases-da-operacao-lava jato.html> (29.10.2017).

Oliveira, Mariana: "OAB pede ao Supremo que anule escutas de advogados de Lula", em *G1*,<http://g1.globo.com/politica/operacao-lava jato/noticia/2016/04/oab-pede-ao-supremo-que-anule-escutas-de-advogados-de-lula.html> (29.10.2017).

Referências jurisprudenciais

13ª Vara Federal de Curitiba da seção judiciária do Paraná, pedido de busca e apreensão criminal 5004257-8-58.2015.4.047000/PR, j. em 19.05.2015.

13ª Vara Federal de Curitiba da seção judiciária do Paraná, pedido de busca e apreensão criminal 5073475-13.2014.404.7000/PR, j. em 10.11.2014.

13ª Vara Federal de Curitiba da seção judiciária do Paraná, pedido de prisão preventiva 5010964-71.2017.4.04.7000/PR, j. em 11.04.2017.

13ª Vara Federal de Curitiba da seção judiciária do Paraná, petição 500740106.2016.4.04.7000/PR, j. em 29.02.2016.

6ª Vara Federal Criminal da seção judiciária de São Paulo, representação policial para prisão preventiva, busca e apreensão e conduções coercitivas n. 0005854-75.2016.403.6181, j. em 03.06.2016.

STF, ADPF 395-MC, rel. Min. Gilmar Mendes, j. em 18.12.2017.

STF, ADPF 444-MC, rel. Min. Gilmar Mendes, j. em 18.12.2017.

STF, HC 101.537, rel. Min. Marcelo Aurélio, *DJe* de 14.11.2011.

STF, HC 101.705, rel. Min, Ayres Britto, *DJ* de 02.09.2010.

STF, HC 101.981, rel. Min. Dias Toffoli, *DJ* de 28.10.2010.

STF, HC 106876, rel. Min. Gilmar Mendes, *DJe* de 30.06.2011.

STF, HC 111.567 AgR, rel. Min. Celso de Mello, *DJe* de 29.10.2014.

STF, HC 127.186, rel. Min. Teori Zavascki, *DJe* de 31.07.2015.

STF, HC 127.186, rel. Min. Teori Zavascki, j. em 28.04.2015.

STF, HC 127.483, rel. Min. Dias Toffoli, *DJe* de 03.02.2016.

STF, HC 136.331, rel. Min. Ricardo Lewandowski, *DJe* de 26.06.2017.

STF, HC 139.325, rel. Min. Gilmar Mendes, *DJe* de 09.08.2017.

STF, HC 141.478, rel. Min. Gilmar Mendes, *DJe* 18.10.2017.

STF, HC 68.929, rel. Min. Celso de Mello, *DJ* de 28.08.1992.

STF, HC 82.354, rel. Min. Sepúlveda Pertence, *DJ* de 24.09.2004.

STF, HC 86.864 MC, rel. Min. Carlos Velloso, *DJe* de 16.12.2005.

STF, HC 88.190, rel. Min. CezarPeluso, *DJ* de 06.10.2006.

STF, HC 91.741, rel. Min. Eros Grau, *DJ* de 04.09.2008.

STF, HC 94.173, rel. Min. Celso de Mello, *DJe* de 26.11.2009.

STF, HC 95.460, rel. Min. Joaquim Barbosa, *DJ* de 21.10.2010.

STF, HC 96.129-MC, rel. Min. Celso de Mello, *DJe* de 14.10.2008.

STF, HC 99.245, rel. Min. Gilmar Mendes, *DJe* de 20.09.2011.

STF, RE 640139 RG, rel. Min. Dias Toffoli, *DJe* de 13.10.2011.

STJ, HC 315.973/PR, rel. Des. convocado Newton Trisotto, j. em 26.02.2015.

STJ, HC 323.331/PR, rel. Des. convocado Newton Trisotto, *DJe* 30.09.2015.

STJ, HC 312.684/PR, rel. Des. convocado Newton Trisotto, *DJe* de 30.03.2015.

STJ, RHC 67493, rel. Min. Felix Fischer, *DJe* de 02.05.2016.

TRF4, HC 5029060-90.2014.404.0000/PR, rel. Des. Federal João Pedro Gebran Neto, j. em 19.12.2014.

TRF4, P.A. Corte Especial 0003021-32.2016.4.04.8000/RS, rel. Des. Federal Rômulo Pizzolatti, j. em 23.09.2016.

6

SEQUESTRO DE BENS, DIREITOS E VALORES: A MOTIVAÇÃO DAS DECISÕES JUDICIAIS NA *OPERAÇÃO LAVA JATO*

TIAGO CINTRA ESSADO[1]

RESUMO: O *caso Lava Jato* ganhou destaque no cenário nacional e internacional, dentre vários aspectos, por conta dos valores econômicos recuperados. O sequestro de bens, direitos e valores, instituto processual penal de pouco uso na prática judiciária brasileira, foi fundamental para viabilizar a recuperação de ativos. A decisão que o decreta precisa ser motivada, e deve conter estrutura própria e requisitos específicos para atender ao equilíbrio almejado dentro de um processo penal justo.

PALAVRAS-CHAVE: cautelar patrimonial; justa causa; medidas assecuratórias; motivação da decisão; necessidade; sequestro de bens; *Operação Lava Jato*; proporcionalidade.

1. Doutor em Direito Processual pela USP. Promotor de Justiça/SP.

SUMÁRIO: 1. Introdução; 2. Sequestro de bens, direitos e valores: o uso na *Lava Jato*; 3. A motivação da decisão judicial e o devido processo; 4. Justa causa, necessidade e proporcionalidade. 4.1. Da justa causa. 4.2. Da necessidade. 4.3 Da proporcionalidade; 5. Análise de decisões da Lava Jato; 6. Conclusão.

1. Introdução

O presente artigo propõe algumas reflexões sobre a aplicação da cautelar patrimonial de sequestro de bens, direitos e valores no *caso Lava Jato*, especialmente em torno da motivação das decisões judiciais que a decretaram.

A recuperação de ativos, sobretudo em relação às cifras apresentadas, conforme se verá, foi um dos pontos de destaque do *caso Lava Jato*. Tal aspecto se distanciou do que tradicionalmente ocorre na justiça penal brasileira, com olhos voltados na persecução penal, preponderantemente, apenas para a elucidação da autoria e da materialidade delitiva.

Com a *Lava Jato*, houve especial atenção para medidas de natureza patrimonial, o que viabilizou a recuperação de elevadas quantias em prol do erário, de forma a minimizar os prejuízos advindos da corrupção e também como meio de dissuadir os infratores deste jaez quanto a práticas criminosas que tem no lucro o objeto principal. A aplicação da perda de bens (confisco) e a fixação de valor a título de reparação do dano em crimes dessa natureza é uma tendência universal[2] e, nesse aspecto, a *Lava Jato* andou bem.

2. Sobre isso afirma Correia: "Demonstrar que o crime não compensa, indemnizando o ofendido e privando o arguido das suas enormes vantagens, constitui uma das atuais preocupações jurídicas universais. Por toda a parte surgem novas propostas, mais ou menos audaciosas, dirigidas nesse sentido: o confisco tornou-se num instrumento jurídico (internacional e local) imprescindível para combater a criminalidade, que tem no lucro o seu principal móbil. Sem ele, dificilmente poderemos enfrentá-la: a motivação económica subjacente à generalidade dos crimes só pode ser contrariada com medidas antagónicas da mesma natureza." Cf. "*Non-conviction*", 71.

Parte disso deve-se ao uso da medida cautelar de sequestro de bens, direitos e valores, que visa a assegurar o patrimônio do investigado ou acusado para garantir a futura perda de bens e a reparação do dano. Afinal, de nada adianta declarar a perda de bens e condenar em vultosas quantias a título de reparação do dano, se nada sob o aspecto patrimonial foi assegurado previamente.

Daí que o presente artigo analisa a referida cautelar patrimonial, com o fim de contribuir para o aperfeiçoamento da aplicação do instituto, dentro de parâmetros que permitam atingir o equilíbrio entre, de um lado, o respeito aos direitos e garantias fundamentais do acusado e, de outro, a busca por um processo penal justo, eficiente e efetivo.

2. Sequestro de bens, direitos e valores: o uso na *Lava Jato*

Após três anos do início da *Lava Jato*, a força-tarefa do Ministério Público Federal (MPF) que trabalha na operação prestou contas sobre o caso.[3] Nessa ocasião, afirmou-se que a *Lava Jato* promoveu a recuperação de R$ 10 bilhões aos cofres públicos, entre valores já devolvidos e outros que estão em processo de recuperação. Dentre esses valores, o MPF informou que houve o bloqueio de bens da ordem de R$ 3,2 bilhões.[4]

Dessa maneira, nota-se que, segundo os dados até então divulgados, a recuperação de ativos a partir da *Lava Jato* alcançou cifras antes ignoradas na realidade do processo penal brasileiro.

A verificação dos números obtidos na *Lava Jato* no tocante à recuperação de ativos, como forma de recomposição do dano ao erário, suscita a necessidade de aferir o conteúdo das decisões judiciais com reflexos patrimoniais. E isso por diversas razões.

A primeira, para que se aprofunde a discussão quanto à imprescindibilidade de se atentar para o aspecto patrimonial em fatos cujo resultado útil do processo penal passa necessariamente pela recuperação de ativos, e não apenas pela condenação penal. Fica cada vez mais evidente que quando o móvel criminoso é a vantagem patrimonial, em especial nos casos de criminalidade organizada, medidas

3. Deu-se em 17.03.2017, na sede do Ministério Público Federal em Curitiba. Ver MPF: *Lava Jato completa*.

4. Cf. Terra: *Em três anos, investigações da Lava Jato*.

processuais isoladas apenas com conteúdo pessoal, sem reflexo patrimonial, tendem a ser ineficientes.

Há pouca utilidade processual em crimes cujo lucro é o objeto principal, sobretudo aqueles praticados com profissionalismo e organização, acaso inexista a correspondente persecução processual patrimonial, voltada para a recuperação dos ativos obtidos de forma ilícita.[5]

Aliás, é interessante observar que no âmbito do sistema português os mecanismos voltados para a apreensão e o sequestro de bens são compreendidos como garantias processuais da perda de bens.[6]

Não se pretende, contudo, a imposição cega e abusiva de medidas patrimoniais, com risco de retrocesso a confiscos medievais. A ideia a prevalecer neste cenário contemporâneo é a do respeito ao devido processo legal. E uma das formas de verificar se esse fim está sendo atingido dá-se pela análise do conteúdo das decisões judiciais.

Conforme dito, o sequestro patrimonial foi muito usado na *Lava Jato*. Resta saber se as decisões que o decretaram foram adequadamente fundamentadas.

3. A motivação da decisão judicial e o devido processo

O sequestro de bens, direitos e valores é considerado pela doutrina como uma medida cautelar patrimonial.[7]

5. Desde 2014, em tese de doutorado, esse ponto de vista é defendido, cf. Essado: *A perda de bens*, 32-33. Estudo profundo sobre a persecução processual penal patrimonial e com análise do sistema português do confisco, cf. Correia: *Da proibição*. Reafirmando esse entendimento, em recente trabalho, Correia ressalta a importância da harmonização das normas dos diversos Estados-membros sobre o "congelamento" e o confisco no âmbito da União Europeia para a efetividade da recuperação de ativos, cf. *Que futuro*, passim. Também na perspectiva do direito português há estudo específico sobre a recuperação de ativos e com destaque para as cautelares patrimoniais, Hélio Rigor Rodrigues e Carlos A. Reis Rodrigues: *Recuperação de activos*, 85-118.

6. Sobre o assunto, e citando diversos doutrinadores portugueses quanto à natureza jurídico-processual da apreensão de bens, cf. Andrade e Antunes. *Da apreensão*, 360-363.

7. Badaró: *Processo*, 797.

Tem como finalidade garantir a reparação do dano causado pelo delito, a partir de eventual sentença penal condenatória. A demora do trâmite do processo penal implica risco à manutenção da situação patrimonial do investigado ou do acusado, que pode se alterar significativamente, o que pode inviabilizar com o advento da sentença condenatória definitiva a efetiva reparação do dano.

As decisões de sequestro de bens na *Lava Jato* fundaram-se tanto no art. 125 do Código de Processo Penal (CPP) como no art. 4º da Lei de Lavagem de Dinheiro (Lei 9.613/1998).

A disposição prevista no CPP refere-se apenas ao sequestro de bens adquiridos a título de "proventos da infração". Ainda, "para a decretação do sequestro, bastará a existência de indícios veementes da proveniência ilícita dos bens" (CPP, art. 126).

Já a redação dada pela Lei de Lavagem de Dinheiro é mais ampla, e não se utiliza propriamente a expressão *sequestro*. Segundo ela, pode-se decretar "medidas assecuratórias de bens, direitos ou valores do investigado ou acusado, ou existentes em nome de interpostas pessoas, que sejam instrumento, produto ou proveito dos crimes previstos nesta Lei ou das infrações penais antecedentes" (art. 4º).

O critério probatório para a decretação dessas medidas na Lei de Lavagem de Dinheiro é o de "indícios suficientes de infração penal" (art. 4º).

Vê-se, portanto, que a lei indica de forma clara os requisitos para o decreto de medidas assecuratórias de bens, direitos ou valores do investigado ou do acusado. Daí que para a adequada viabilização dessas medidas há de se demonstrar a efetiva presença desses requisitos legais, a partir das decisões judiciais que a decretam.

Por isso que a motivação da decisão judicial que decreta sequestros de bens, direitos e valores é fundamental para a ocorrência do devido processo penal.[8]

O dever de fundamentar as decisões judiciais, sob pena de nulidade, encontra amparo na Constituição Federal (art. 93, inc. IX).

8. Para estudo aprofundado sobre o tema da motivação das decisões judiciais, cf. por todos, Gomes Filho, *A motivação*.

Para a doutrina, "fundamentar uma decisão é explicar e justificar, racionalmente, a motivação fática e jurídica do convencimento, de modo que possa ser compreendida".[9] É preciso delinear, de forma clara e segura, as bases fáticas e jurídicas que nortearam a fundamentação. "A motivação se constitui na ação determinante da razão de ser da decisão, na instrumentalidade orientativa da explicação da decisão. É o motivo que direciona a ação (decidir) num sentido ou no outro".[10]

Quanto às decisões das medidas de sequestro de bens, direitos e valores, é o motivo que direciona a ação para decretá-las ou não; em maior ou menor grau.

Se todas decisões judiciais devem ser motivadas, quanto maior o potencial da decisão de atingir direitos fundamentais, maior deve ser o nível de motivação dela.

As decisões patrimoniais exigem do juiz observância de todos os requisitos legais, com razoável demonstração fática e jurídica dos motivos que autorizaram o sequestro de bens, direitos e valores. Conquanto não tenham o mesmo impacto das decisões de natureza pessoal, pois estas atingem a liberdade do investigado ou do acusado, as cautelares patrimoniais não devem ser lacônicas e vazias de substrato fático e jurídico, sob pena de nulidade.

A necessidade de fundamentação das decisões de sequestro de bens, direitos e valores viabiliza a consecução de duas finalidades sob a ótica processual penal. Uma de natureza endoprocessual, outra de natureza social.[11]

Sua importância para o processo considerado em si mesmo está em permitir às partes o conhecimento das razões de decidir, o que permite o uso da via recursal e o respectivo controle jurisdicional.

9. Giacomolli: *O devido*, 212. Sobre o assunto, cf. Fernandes, *Processo penal*, 127-131.

10. Giacomolli: *O devido*, 212.

11. Sobre a evolução da forma de se analisar a garantia da motivação das decisões, cf. Gomes Filho, *A motivação*, 44-63. Gomes Filho discorre com profundidade tanto sob a motivação como garantia política (*A* motivação, 64-79) e também como garantia processual (*A* motivação, 80-88). Ver ainda Fernandes, *Processo penal*, 127-128.

Sob o viés do controle social, a motivação das decisões judiciais viabiliza que a sociedade em geral tenha ciência do conteúdo decisório, o que vai ao encontro do regime democrático ínsito à república brasileira. Pertence aos tempos da prevalência do arbítrio a possibilidade de se aplicar o direito sem qualquer fundamentação racional e razoável.

Daí que uma sentença será considerada suficientemente motivada quando atender tanto a finalidade endoprocessual como a extraprocessual. Não atingir esses fins dá ensejo à ausência de motivação, o que gera a nulidade do ato decisório.[12]

A doutrina brasileira acolheu como conteúdo mínimo e essencial da motivação as seguintes diretrizes: 1. O enunciado das escolhas do juiz, com relação: a) à individuação das normas aplicáveis; b) à análise dos fatos; c) à sua qualificação jurídica; d) às consequências jurídicas desta decorrentes; 2. Nexos de implicação e coerência entre os referidos enunciados.[13]

Essa estrutura para a motivação das decisões judiciais aplica-se tanto às sentenças como às decisões interlocutórias, respeitando-se a importância de cada uma delas para se estabelecer uma motivação mais ou menos complexa, dentro do que a realidade fática e jurídica exige.

Assim, as decisões de sequestros de bens, direitos e valores devem ser motivadas, sob pena de nulidade.[14]

4. Justa causa, necessidade e proporcionalidade

Sem prejuízo da observância do conteúdo mínimo e essencial da motivação de toda e qualquer decisão judicial, acima apontado, a realidade contemporânea indica que deve haver esforço, sob o ponto de vista teórico, para se construir os requisitos mínimos e específicos do conteúdo decisório das medidas cautelares patrimoniais.

12. Badaró: *Processo*, 24.

13. A lição é de Taruffo (*La motivazione*, 467), Fernandes: *Processo penal*, 128. Badaró: *Processo*, 24-25.

14. Sobre a motivação da sentença na parte que declara a perda de bens, cf. Essado: *A perda*, 94-97.

Isso contribui para o advento de decisões judiciais devidamente motivadas, o que eleva o nível da aplicação jurisdicional.

Nesse sentido, para o decreto do sequestro de bens, direitos e valores três requisitos afiguram-nos essenciais. São eles: a justa causa, a necessidade e a proporcionalidade.

4.1 Da justa causa

A noção de justa causa guarda aqui a mesma relação com aquela desenvolvida para a viabilidade da ação penal.[15] A justa causa passa de um conceito abstrato para algo concreto.

Se para a ação penal deve-se perquirir "a existência de um suporte probatório mínimo, tendo por objeto a existência material de um crime e a autoria delitiva",[16] para o decreto de sequestro a justa causa vincula-se à presença dos indícios da origem ilícita dos bens do investigado ou de interpostas pessoas, e dos indícios do próprio crime de lavagem de dinheiro e dos que o antecederam, no caso dessa infração penal.

Vê-se que a justa causa liga-se necessariamente à realidade fática, e do que foi obtido até então nas investigações. Por isso que se entende relevante inserir o requisito da justa causa como o primeiro a ser aferido e demonstrado na decisão que analisa a medida de sequestro de bens, direitos e valores. Constitui-se ponto fundamental da estrutura dessa decisão a efetiva indicação da presença dos elementos informativos mínimos que a autorizam.

Dentro disso, quais são os critérios legais para se aferir a presença da justa causa, sob o ponto de vista probatório?

Conforme dito, o CPP prevê a necessidade da "existência de indícios veementes da proveniência ilícita dos bens" (art. 126). A Lei de Lavagem de Dinheiro (Lei 9.613/1998, com as alterações promovidas pela Lei 12.683/2012), por sua vez, estabelece o requisito da existência de "indícios suficientes de infração penal" (art. 4º).

15. Sobre o assunto, cf. importante, específico e ainda atual estudo, Moura: *Justa causa*.

16. Badaró: *Processo*, 104.

Percebe-se que a tendência legislativa é a de se contentar com a presença de indícios suficientes da origem ilícita dos bens.

Para Bottini e Badaró, "por se tratar de medida cautelar, fundada em cognição sumária, não será necessário um juízo de certeza da proveniência ilícita de tais bens, bastando *indícios suficientes* da origem ilícita".[17]

E aqui toca-se no tema dos critérios de decisão, dos *standards* probatórios ou dos modelos de constatação.[18] Em síntese, qual o grau de convencimento que se exige do julgador para poder decidir se um fato está ou não provado?[19]

Em primeiro lugar, é preciso deixar claro que é possível ao legislador estabelecer diferenças quanto aos critérios de decisão de determinado fato. Para tanto, tais distinções podem fundar-se quanto à natureza do processo e quanto à natureza processual da decisão e de seus efeitos.[20]

O processo pode ser, em regra, de natureza civil ou penal. Enquanto nesse, em geral, o critério probatório vincula-se ao princípio da presunção de inocência em razão do risco à liberdade do acusado, e isso deve ser levado em consideração para o estabelecimento do procedimento probatório, para o processo civil o nível de suficiência probatória pode ser menos restritivo e, portanto, diverso do processo penal.

No âmbito processual penal, ora decide se é o caso de se decretar a prisão preventiva, ora se é o caso de se assegurar o patrimônio do acusado. Ambas as decisões são de natureza cautelar. Uma, contudo, é de natureza pessoal, cujo risco para o investigado ou acusado é a liberdade. Outra é de natureza real, cujo risco é a limitação dos direitos de propriedade. Vê-se que, em razão dessas distinções, é

17. Bottini-Badaró: *Lavagem de dinheiro*, 298.

18. O assunto é bem explorado em Danilo Knijnik: *A prova*, 15-19; Bottini-Badaró: *Lavagem de dinheiro*, 293-298. Cf. ainda Essado: *A perda*, 274-279, onde se discute a importância de se estabelecer pela via legislativa procedimento probatório, com definição dos critérios de decisão, sobre aspectos patrimoniais, em específico a perda alargada, projetada no bojo do estudo referido.

19. Bottini-Badaró: *Lavagem de dinheiro*, 294.

20. Essado: *A perda*, 276.

possível e desejável que o legislador estabeleça *standards* probatórios diferenciados.

Ainda dentro do processo penal é possível e desejável que haja diferentes *standards* probatórios em razão de diferentes momentos processuais. Para uma medida cautelar (prisão preventiva ou sequestro) não se deve exigir o mesmo critério de decisão de uma medida definitiva (condenação ou perda de bens).

O sequestro de bens é uma medida de natureza patrimonial, o que justifica a presença de critério probatório inferior ao previsto para medidas que restringem a liberdade pessoal.[21] Além disso, nota-se que a decisão dá-se mediante cognição sumária, sem qualquer juízo aprofundado do material probatório, sobretudo em razão do momento em que ela ocorre, ou seja, em geral durante a fase investigatória.

Daí que a justa causa para o sequestro de bens, direitos e valores consiste em perquirir no campo informativo e probatório, se há a presença dos indícios suficientes da origem ilícita dos bens, demonstrando-os efetivamente.

E por indícios suficientes conclui-se a existência de elementos concretos, ainda que indiciários, que apontem para a probabilidade de um fato ter ocorrido, e não de sua certeza (prova além da dúvida razoável).

4.2 Da necessidade

Além da justa causa, outro requisito fundamental para a análise do sequestro de bens, direitos e valores é a necessidade, que se vincula à urgência e ao fim do próprio instituto. Faz-se necessário o sequestro

21. Com o mesmo entendimento, mas na perspectiva da legislação italiana, visando à prevenção e repressão da criminalidade organizada, cf. Balsamo: *Le misure*, 49-50: "La recente reforma porta ad ulteriori sviluppi una linea di tendenza già da tempo manifestatasi nella realtà giurisprudenziale, dove il procedimento di prevenzione non è rimasto confinato entro i limiti di una funzione surrogatoria o alternativa rispetto all'intervento penale, ed è venuto sempre più a configurarsi come un 'processo al patrimonio', condotto parallelamente al processo penal attraverso metodi probatori e criteri di giudizio più 'elastici' rispetto ala rígida disciplina valevole per il dibattimento, ma comunque conformi alle esigenze di tutela dei diritti fondamentali."

patrimonial para assegurar os bens no momento em que pleiteada a medida?

Se houve a verificação de que há indícios da origem ilícita dos bens e da prática criminosa, não há razões para se adiar a asseguração deles. Ao menos que se vislumbre e demonstre naquele momento ser improvável eventual declaração de perda de bens e da reparação do dano – o que necessita de motivação idônea, racional e razoável –, vislumbrada a justa causa para o sequestro, conclui ser ele inevitável.

Por isso que a investigação patrimonial é medida fundamental para a utilidade processual em crimes que têm no lucro o intuito principal, como no caso dos crimes financeiros, alguns crimes contra a administração pública e da lavagem de dinheiro. Pouco resolverá, tanto sob o aspecto penal como sob o processual penal, apurar, por exemplo, a ocorrência de lavagem de dinheiro, sem identificar qualquer patrimônio apto a ser assegurado e futuramente declarado perdido.

A verificação da justa causa na análise do sequestro de bens, direitos e valores aponta, via de regra, para a necessidade de se decretar a medida. É que a não concretização do bloqueio de ativos móveis e imóveis com indícios de origem ilícita pode levar ao desaparecimento deles, e consequentemente dificultar ou mesmo inviabilizar o decreto de perda e a reparação do dano.

Soa bonita a declaração de perda milionária de bens, assim como a fixação de elevadas quantias a título de reparação do dano. Contudo, acaso inexista patrimônio para saldar tais valores, essas decisões serão ineficientes, e a mensagem dada aos infratores é a de que o crime compensou.

Dentro da estrutura decisória ora proposta, o requisito da necessidade deve ser aferido após o juízo sobre a justa causa, sem qualquer preocupação, por ora, no que toca o *quantum* a ser sequestrado.

Nessa parte da decisão deve-se deixar evidente quais os riscos para o caso concreto acaso não haja o bloqueio dos ativos (móveis e imóveis) do acusado, em seu nome ou de interpostas pessoas.

Da mesma forma, acaso decida-se pela ausência do requisito da necessidade, deve-se externar, de forma racional, clara e convincente, por quais razões encontra-se carente esse requisito no caso concreto e que, por conta disso, o sequestro não será decretado.

4.3 Da proporcionalidade

Por fim, o terceiro requisito essencial para a aplicação do sequestro patrimonial consiste na proporcionalidade, que balizará o *quantum* do decreto de sequestro. Qual o alcance do sequestro? Em outras palavras, quais bens, direitos e valores deverão ser atingidos pela medida?

A ideia principal da proporcionalidade na aplicação do direito reside na proibição do excesso. Como garantia dos direitos fundamentais,[22] "tem seu sentido e finalidade voltados para a limitação das restrições".[23]

A doutrina desenvolveu requisitos próprios para a proporcionalidade, que consistem na adequação, na necessidade e na proporcionalidade em sentido estrito (sopesamento ou ponderação).[24]

Para o presente estudo, o ponto fundamental está em verificar o sentido e o fim da proporcionalidade, de modo a aplicar a medida de sequestro de bens, direitos e valores da forma mais justa e equilibrada possível. A proporcionalidade tem sua afirmação "no sentido de garantir o indivíduo contra os excessos na atuação dos órgãos detentores do poder, buscando encontrar a medida adequada, necessária e justa".[25]

Como já se adiantou, para a decisão de sequestro de bens, direitos e valores há que se verificar a justa causa e a necessidade.

22. Afirma Luciano Feldens: "Na doutrina e na jurisprudência alemãs, a proporcionalidade é concebida como *princípio inerente ao Estado de Direito*, figurando como uma das *garantias básicas* que *devem* ser observadas em todo caso onde possam ver-se lesionados direitos e liberdades fundamentais", *Direitos fundamentais*, 81.

23. Moraes: *Presunção*, 311.

24. Conforme observa Moraes: *Presunção*, 313, a referida divisão doutrinária foi concebida por Nicolas Gonzalles-Cuellar Serrano, na obra *Proporcionalidad y derechos fundamentales en el proceso penal*. No Brasil, diversos autores adotaram esse modelo, entre eles Fernandes: *Processo penal*. Para o estudo da proporcionalidade numa abordagem geral, e não circunscrita ao processo penal, cf. Silva: *Direitos fundamentais*, 167-182; Robert Alexy: *Teoria dos direitos fundamentais;* Suzana de Toledo Barros: *O princípio da proporcionalidade e o controle de constitucionalidade das leis restritivas de direitos fundamentais*.

25. Fernandes: *Processo penal*, 54.

Uma vez presentes ambos os requisitos, a proporcionalidade entra como critério indicativo do *quantum* a ser sequestrado. Há que se ter de forma clara e transparente quais critérios foram usados para definir o patrimônio sequestrável, sob pena de arbítrio.

Quais serão os bens (móveis e imóveis) sequestráveis? No caso de ativos financeiros, qual será o valor total, ou quais contas e aplicações devem ser objeto do bloqueio (sequestro), e por quais razões?

Almeja-se, para uma decisão em conformidade com a motivação, que haja clareza e especificação do que deve ser sequestrado, e por quais razões. E aqui deve haver uma vinculação com a finalidade da medida, que consiste em dar efetividade à eventual declaração de perda de bens e à reparação do dano. Nesse aspecto, importante esclarecer que a reparação do dano compreende também todas as despesas processuais e penas pecuniárias, enfim todas as despesas patrimoniais decorrentes da prática criminosa (CPP, art. 140).

A observância desses três requisitos afigura-nos importante para que o instituto seja aplicado com equilíbrio, dentro dos parâmetros do devido processo penal.[26]

Vê-se que há uma sequência a ser observada na análise desses requisitos. Uma vez inexistente o primeiro deles – a justa causa – os demais ficam prejudicados.[27] Presente a justa causa, segue-se para a verificação da presença da necessidade da medida. E somente com a presença de ambos os requisitos é que se passará para a ponderação sobre o que deverá ser assegurado cautelarmente (proporcionalidade em sentido estrito).

26. A busca pelo equilíbrio na aplicação das medidas patrimoniais também é destacada por Correia: *Da proibição*, 179, na perspectiva do direito português: "À semelhança das medidas de coação, também as medidas de garantia patrimonial estão sujeitas aos princípios da necessidade, da adequação, da proporcionalidade (artigo 193 do CPP) [...]. Sem estes requisitos mínimos, a intromissão nos direitos individuais será ilegítima e constitucionalmente insustentável.".

27. Virgílio Afonso da Silva, em estudo profundo sobre a proporcionalidade, destaca a necessidade de se observar a sequência pré-definida de análise dos requisitos da proporcionalidade, denominados por ele de sub-regras: adequação, necessidade e proporcionalidade em sentido estrito (Revista dos Tribunais, 798, 2002, 23-50).

E todos esses requisitos devem estar claramente motivados na decisão que analisa a medida.

5. Análise de decisões da *Lava Jato*

Desde o início da *Lava Jato*, a Polícia Federal e o MPF fizeram uso, durante a fase pré-processual, de medidas cautelares patrimoniais para garantir a indisponibilidade de ativos (bens, direitos e valores) e, com isso, viabilizar a efetividade de eventual decreto de perda de bens e da própria reparação do dano ao erário, à vista das condutas criminosas que implicaram desvios de verbas públicas.

Em geral, houve a concessão do bloqueio de ativos financeiros dos investigados e de suas empresas, sobretudo aquelas utilizadas para a prática das operações financeiras criminosas.

Duas decisões serão objeto de estudo.[28] A estrutura lógica delas obedeceu à seguinte sequência.

Analisou-se, de início, o conjunto informativo obtido durante as investigações, com razoável indicação do que fora obtido, a permitir a conclusão, em sede de cognição sumária, da presença de indícios dos crimes antecedentes e de lavagem de dinheiro.

Isso ocorreu de forma suficiente para a defesa insurgir-se pela via recursal. Primeiro justificou-se a competência do juízo; depois fez-se breve histórico da investigação; após, motivou-se quanto às prorrogações das interceptações telefônicas. Apenas em seguida é que se adentrou no campo informativo e probatório para delinear algumas das atividades e das condutas dos investigados.

Até aqui, conclui-se que houve atendimento quanto à presença da justa causa para o decreto do sequestro, ainda que isso não fora inserido expressamente nas decisões. O importante foi a constatação dos elementos informativos e probatórios suficientes para indicar as condutas criminosas dos investigados.

28. Cf. 13.ª Vara da Justiça Federal do Paraná. Pedidos de busca e apreensão criminal n. 500146131.2014.404.7000/PR e n. 500143885.2014.404.7000/PR. Decisões publicadas em 20.02.2014.

Após esse conteúdo, é que se adentrou nos comandos decisórios, dentre eles o de sequestro de bens, ao lado de pedidos de busca e apreensão e de prisões processuais.

De início analisou-se o sequestro de imóveis. Em regra, apenas houve o deferimento nos casos em que se especificou os imóveis, presentes os demais requisitos legais. Assim, para os casos de pedidos genéricos de sequestro de imóveis, sem indicação específica do bem, os pedidos foram negados, exigindo-se do órgão de investigação a discriminação do bem.

> "Pleiteou a autoridade policial o sequestro de imóveis de alguns acusados. Autorizam os artigos 125 do CPP e o artigo 4.º da Lei n. 9.613/1998 o sequestro do produto do crime. Entretanto, aqui se faz necessária a discriminação dos bens, não reputando este Juízo viável a emissão de ordem genérica de sequestro de bens. Poderá a autoridade policial, dispondo dos dados necessários, renovar o pleito antes ou depois das buscas."[29]

Vê-se que houve cautela do juiz ao exigir a especificação dos bens imóveis, o que vai ao encontro do equilíbrio pretendido nas decisões patrimoniais. Evita-se, com isso, a adoção de sequestros genéricos, cabendo à acusação indicar efetivamente quais imóveis são passíveis de sequestro e por quais razões.

Além da especificação exigida, contudo, deve ser efetivamente demonstrada a presença dos requisitos da justa causa, da necessidade e da proporcionalidade, sem os quais a discriminação dos bens, por si só, é medida insuficiente para o sequestro.

Reconhece-se, no entanto, a dificuldade de realizar a investigação patrimonial imobiliária, a permitir a identificação e especificação dos imóveis do investigado, e compatibilizá-la com o imprescindível sigilo dessa fase da persecução penal. A ideia do sequestro é inviabilizar transferências de bens fraudulentas, e garantir a perda de bens e a reparação do dano.

No caso em que se vislumbrou, desde a fase pré-processual, que o investigado fazia da prática de crimes financeiros e de lavagem de dinheiro a atividade habitual – denominada na decisão judicial de

29. Cf. 13.ª Vara da Justiça Federal do Paraná. Pedido de busca e apreensão criminal n. 500146131.2014.404.7000/PR. Decisão publicada em 20.02.2014.

"meio de vida" – determinou-se o sequestro de todo o patrimônio encontrado, concluindo ser produto de atividade criminal.

> "[...] em vista da especificação de bens constante na representação complementar no evento 17, é o caso de decretar o sequestro. Considerando que as provas indicam que [o investigado] faz da prática de crimes financeiros e de lavagem o seu meio de vida, é razoável concluir, nessa fase, que todo o seu patrimônio constitui produto de atividade criminal. Tal juízo é reforçado por sua colocação em nome de pessoas interpostas. Assim, com base no artigo 125 do CPP e no artigo 4.º da Lei n. 9.613/1998, defiro o requerido e decreto o sequestro dos imóveis relacionados no tópico V, retro."[30]

Essa parte da decisão revela a importância da análise da proporcionalidade ao se aplicar o sequestro, e a imprescindível necessidade de haver motivação quanto a esse requisito. Acaso se conclua, de fato, que todos os bens do investigado devam ser sequestrados, isso precisa estar bem motivado na decisão, dada a extensão da medida. Ainda, por "todo o patrimônio do investigado", depreende-se que seja todo o patrimônio indicado pela acusação. Logo, nota-se que mesmo para esses casos em que houve o sequestro de todo o patrimônio, apenas foi objeto de sequestro os imóveis especificados, sem qualquer comando genérico e abstrato.

Quanto ao sequestro dos valores existentes em instituições financeiras, os argumentos usados para fundamentar as decisões, em geral, foram os seguintes:

> "Viável, porém, o decreto do bloqueio dos ativos financeiros dos investigados e de suas empresas, especialmente daquelas utilizadas para a prática das operações financeiras criminosas. Os valores que circulam nas contas dos investigados e nas contas das pessoas interpostas e empresas em nome de pessoas interpostas por eles utilizadas constituem produto dos crimes financeiros e de lavagem praticados, em parte o ganho dos operadores do mercado de câmbio negro, outra parte os recursos dos clientes que recorrem aos seus serviços ilícitos. A medida, além de oportuna para o sequestro dos valores, poderá igualmente contribuir em parte para a interrupção da atividade delitiva, já que, se bem sucedida,

30. Cf. 13.ª Vara da Justiça Federal do Paraná. Pedido de busca e apreensão criminal n. 500146131.2014.404.7000/PR. Decisão publicada em 20.02.2014.

privará os investigados de parte pelo menos de seus recursos. Decreto, com base no artigo 125 do CPP e no artigo 4.º da Lei n. 9.613/1998 e em atendimento ao requerimento específico da autoridade policial, o bloqueio dos ativos mantidos em contas e investimentos bancários dos seguintes investigados, entidades e empresas."[31]

Vê-se que houve ênfase na análise da medida quanto ao fim de contribuir, no caso concreto, para cessar a atividade criminosa.

Essa perspectiva é interessante na medida em que a atividade criminosa sob análise faz da via financeira meio necessário para sua própria manutenção. Daí que o bloqueio de ativos encontrados em contas bancárias e em investimentos financeiros torna-se imprescindível para a interrupção da atividade criminosa ou para que se dificulte a continuidade delitiva.

Não nos parece que tenha havido desvirtuamento do instituto da forma como foi aplicado, mas adequação à realidade contemporânea e à prática criminosa em questão. Haveria desvio de finalidade se não houvesse com o sequestro nenhuma perspectiva de perda dos valores bloqueados.

E isso não significa que a lavagem de dinheiro configure crime meio, e, portanto, menos relevante dentro do contexto do *caso Lava Jato* e de práticas adotadas pela criminalidade organizada em geral. Trata-se, na verdade, de crime autônomo, com finalidade específica e fundamental para viabilizar o gozo tranquilo das vantagens econômicas derivadas de práticas criminosas. Enfim, é por meio da lavagem de dinheiro que se busca concretizar a máxima de que o *crime compensa*, desde que o lucro com ele obtido permaneça intacto e distante das intervenções estatais. E é exatamente em razão disso que a lavagem de dinheiro restou criminalizada, atentando-se para uma preocupação internacional.[32]

31. Cf. 13.ª Vara da Justiça Federal do Paraná. Pedido de busca e apreensão criminal n. 500143885.2014.404.7000/PR. Decisão publicada em 20.02.2014.

32. Sobre isso, afirmam Bottini-Badaró: *Lavagem de dinheiro*, 27: "No início, o enfrentamento da *lavagem de dinheiro* se pautou pelo uso de figuras típicas tradicionais, como o *favorecimento* ou a *receptação*. Percebeu-se, no entanto, que as peculiaridades e a sofisticação dos atos de *mascaramento* em especial aqueles perpetrados por organizações criminosas estruturadas, exigiam o desenvolvimento de um tipo penal específico, com abrangência

O *caso Lava Jato* não teria a amplitude que teve, sobretudo quanto aos aspectos patrimoniais, acaso não houvesse aplicado – e do modo como se utilizou – o sequestro de bens, direitos e valores.

Nas decisões estudadas não se identificou análise do conteúdo informativo e probatório superficial e insuficiente. Pelo contrário, houve exposição clara de dados concretos a concluir pela justa causa e pela necessidade do sequestro patrimonial.

6. Conclusão

A *Lava Jato* abriu vasto campo para o estudo do processo penal brasileiro. Um deles, que merece ser explorado, diz respeito às decisões com reflexos patrimoniais.

A cautelar patrimonial de sequestro de bens, direitos e valores, originariamente prevista no CPP e reforçada na Lei de Lavagem de Dinheiro, representa importante instituto processual a ser utilizado na persecução penal contemporânea, cuja prática criminosa traz requintes empresariais. A habitualidade, a organização, o fim lucrativo são algumas das características que permeiam as organizações criminosas que atuam nessa quadra da história nacional e internacional.

De pouco uso na realidade brasileira, se comparado com medidas processuais penais de natureza pessoal, a aplicação do sequestro patrimonial ainda carece de estudos próprios, a definir seus específicos contornos. Um dos pontos a merecer atenção da doutrina, portanto, está na motivação das decisões dessa cautelar patrimonial.

É preciso diferenciar os requisitos da decisão da prisão preventiva, daqueles do sequestro de bens, direitos e valores. Se a motivação deve estar presente em ambos os casos, cada qual deve possuir requisitos próprios. São medidas cautelares de natureza distinta, e com finalidades diversas.

mais ampla, e capacidade de abarcar novas situações, como a punição do autor do crime antecedente em concurso com a ocultação de bens. Isso levou à incorporação – em diversas legislações nacionais e internacionais – de figuras típicas inéditas, ora na forma de um *favorecimento especial*, ora de *receptação qualificada*. Surgem, então, os tipos de *lavagem de dinheiro*".

Diferentemente de uma medida de sequestro patrimonial que torna indisponível um veículo, um imóvel, ou determinada quantia em valor, cuja decisão via de regra tem fácil motivação, a complexidade dos casos investigados no âmbito da criminalidade organizada leva à necessidade de se ampliar a motivação e demonstrar minimamente por quais razões se decretará ou não sequestros patrimoniais.

É que se o sequestro é medida fundamental para a prevenção e a repressão a essas práticas criminosas, em que o lucro é o fim principal desse tipo de infração penal, o atual estágio do direito requer a observância a requisitos que compõem o devido processo penal.

A motivação, pois, requer especial atenção da doutrina e do aplicador do direito quanto ao sequestro de bens, direitos e valores, a fim de que a urgência da medida, muitas vezes, não passe por cima da análise cuidadosa e refletida que ela merece, sob pena de banalizar instituto que, como se viu, é de vital importância para o processo penal contemporâneo. E isso tanto na defesa dos interesses do acusado como para a salvaguarda do interesse público, visando viabilizar um processo penal justo, eficiente e efetivo.

Bibliografia

ANDRADE, Manuel da Costa; ANTUNES, Maria João: "Da apreensão enquanto garantia processual da perda de vantagens do crime", em *Revista de legislação e de jurisprudência*, ano 146º, n. 4005, Julho-Agosto de 2017, 360-370.

BADARÓ, Gustavo Henrique Righi Ivahy: *Processo penal*, 2ª ed., Rio de Janeiro: Campus: Elsevier, 2014.

BALSAMO, Antonio: "Le misure di prevenzione patrimoniali come modello di 'processo al patrimonio'. Il rapporto con le misure di prevenzione personali", em Balsamo, Antonio; Contrafatto, Vania; Gugliemo, Nicastro (Coord.) *Le misuse patrimoniali contro la criminalità organizzata*, Milano: Giuffrè Editore, 2010, 33-57.

BOTTINI, Pierpaolo Cruz; BADARÓ, Gustavo Henrique Righi Ivahy: *Lavagem de dinheiro: aspectos penais e processuais penais: comentários à Lei 9.613/1998, com alterações da Lei 12.683/2012*, São Paulo: Editora Revista dos Tribunais, 2012.

CORREIA, João Conde: *Da proibição do confisco à perda alargada*, Lisboa: Imprensa Nacional Casa da Moeda, 2012.

CORREIA, João Conde: *"Non-conviction based confiscations" no direito penal português vigente: "quem tem medo do lobo mau?"*. In: Julgar. Quadrimestral, Maio-Agosto, Edição Associação Sindical dos Juízes Portugueses, 2017, 71-95.

CORREIA, João Conde: *Que futuro para a recuperação de ativos na União Europeia?* In: O novo regime de recuperação de ativos à luz da diretiva 2014/42/UE e da lei que a transpôs. Coord. Maria Raquel Desterro Ferreira, Elina Lopes Cardoso e João Conde Correia. Lisboa: Imprensa Nacional, 2018, 333-357.

ESSADO, Tiago Cintra: *A perda de bens e o novo paradigma para o processo penal brasileiro*, Rio de Janeiro: Lumen Juris, 2015.

FELDENS, Luciano: *Direitos fundamentais e direito penal: garantismo, deveres de proteção, princípio da proporcionalidade, jurisprudência constitucional penal, jurisprudência dos tribunais de direitos humanos*, Porto Alegre: Livraria do Advogado Editora, 2008.

FERNANDES, Antonio Scarance: *O papel da vítima no processo penal*, São Paulo: Malheiros, 1995.

FERNANDES, Antonio Scarance: *Processo penal constitucional*, 6. ed., rev., atual e ampl., São Paulo: Editora Revista dos Tribunais, 2010.

GIACOMOLLI, Nereu José: *O devido processo penal: abordagem conforme a Constituição Federal e o Pacto de São José da Costa Rica*, São Paulo: Atlas, 2014.

GOMES FILHO, Antonio Magalhães: *A motivação das decisões penais*, 2ª ed. rev. e atual., São Paulo: Editora Revista dos Tribunais, 2001.

KNIJNIK, Danilo: *A prova nos juízos cível, penal e tributário*, Rio de Janeiro: Forense, 2017.

MORAES, Maurício Zanoide: *Presunção de inocência no processo penal brasileiro: análise de sua estrutura normativa para a elaboração legislativa e para a decisão judicial*, Rio de Janeiro: Editora Lumen Juris, 2010.

MPF: "Lava Jato completa três anos com mais de 180 pedidos de cooperação internacional", em *MPF*, <http://www.mpf.mp.br/pr/sala-de-imprensa/noticias-pr/lavajato-completa-tres-anos-com-mais-de-180-pedidos-de-cooperacao-internacional> (25.10.2017).

MOURA, Maria Thereza Rocha de Assis: *Justa causa na ação penal*, São Paulo: Editora Revista dos Tribunais, 2001.

RODRIGUES, Hélio Rigor; RODRIGUES, Carlos A. Reis: *Recuperação de activos na criminalidade económico-financeira: viagem pelas idiossincrasias de um regime de perda de bens em expansão*, Lisboa: SMMP, 2013.

SILVA, Virgílio Afonso da: "O proporcional e o razoável", em *Revista dos Tribunais*, v. 798, 2002, 23-50.

SILVA, Virgílio Afonso da: *Direitos fundamentais*: conteúdo essencial, restrições e eficácia, 2ª ed., São Paulo, Malheiros, 2010.

TERRA: "Em três anos, investigações da Lava Jato chegam a 43 países", em *Terra*, <https://www.terra.com.br/noticias/brasil/politica/lava jato/em-tres-anos-investigacoes-da-lava jato-chegam-a-43-paises,f2 4526b6d37638230dd6cb7019da81fb75dpcl07.html> (22/10/2017).

Referências jurisprudenciais e legislativas

Decisão de Sérgio Fernando Moro, de 20.02.2014, no âmbito do pedido de busca e apreensão criminal n. 500146131.2014.404.7000/PR, 13ª Vara Federal de Curitiba

Decisão de Sérgio Fernando Moro, de 20.02.2014, no âmbito do pedido de busca e apreensão criminal n. 500143885.2014.404.7000/PR, 13ª Vara Federal de Curitiba;

Código Penal (CP) – Decreto-lei n. 2.848/1940

Código de Processo Penal (CPP) – Decreto-lei n. 3.689/1941

Constituição Federal (CF), 1988

Lei 9.613/1993, com a redação dada pela Lei 12.683/2012

7

AUTORIA E PARTICIPAÇÃO NA DENOMINADA *OPERAÇÃO LAVA JATO*: APLICAÇÃO DA TEORIA DO DOMÍNIO DO FATO

HELENA REGINA LOBO DA COSTA[1]

RESUMO: O presente artigo tem como objetivo analisar o tratamento dos conceitos de autoria e de participação nas decisões proferidas na denominada *Operação Lava Jato*. Tal operação, por examinar fatos complexos, muitos dos quais praticados em âmbitos hierarquicamente organizados, tais como empresas, entidades governamentais ou partidos políticos, constitui-se como um espaço propício para a utilização da teoria do domínio do fato, corrente considerada majoritária, na atualidade, para a solução de diversas questões relativas ao concurso de pessoas. Entretanto, conforme será exposto, muitas decisões não se valeram da teoria citada, sendo relevante indagar quais os critérios por elas

1. Professora Associada da Faculdade de Direito da Universidade de São Paulo. Advogada.

adotados para definir a autoria e a participação. Outras decisões, por sua vez, fazem referência à expressão domínio do fato, mas não se relacionam com a teoria tal qual desenvolvida. O trabalho busca, então, traçar uma crítica da relação entre jurisprudência e doutrina a partir de tal diagnóstico.

Palavras-chave: autoria, concurso de pessoas, domínio do fato, participação.

Sumário: 1. Brevíssimas notas sobre o sistema brasileiro de concurso de pessoas; 2. Domínio do fato na ação penal n. 470, do Supremo Tribunal Federal; 3. Autoria e participação na denominada *Operação Lava Jato*; 3.1. As decisões proferidas em primeira instância; 3.2. As decisões proferidas em âmbito recursal; 4. Reflexões sobre o diagnóstico traçado.

1. Brevíssimas notas sobre o sistema brasileiro de concurso de pessoas

Antes de examinar a questão objeto do presente artigo, cumpre esclarecer alguns pressupostos breves, porém essenciais, para sua compreensão.

À primeira vista, o Código Penal brasileiro (CPB), diferentemente do alemão e do espanhol, por exemplo, leva à adoção da teoria unitária do concurso de pessoas,[2] embora com alguma mitigação. Isto porque o legislador não estabeleceu diferenciação no nível do injusto no que se refere a autores e partícipes, que responderão todos pelo mesmo crime, sem distinção fundamental sobre as formas de concorrência de cada um para o delito. Tal sistema tem como fundamento a teoria da equivalência das condições (nos termos da fórmula *conditio sine qua non*, expressamente adotada pelo CPB, em seu art. 13): sendo a conduta de dada pessoa causal para a ocorrência do delito, será ela considerada autor. Assim, e em geral, a teoria unitária

2. Sobre o desenvolvimento histórico da teoria unitária do concurso de agentes, bem como sua aplicação em alguns países que a adotam atualmente, nomeadamente Dinamarca, Suécia, Noruega, Áustria e Itália, vide: Rotsch: "*Einheitstäterschaft*", 11 e ss. e 152 e ss.

corresponde à adoção de um conceito extensivo de autor,[3] também fundado na teoria da equivalência,[4] sendo igualmente possível afirmar, ao menos preliminarmente, que esta leitura é a que decorre dos dispositivos do CPB. Importante destacar, desde logo, que a concepção unitária tem merecido importantes críticas,[5] dentre elas a de que se funda em mera causalidade, violando os preceitos atuais de imputação.[6]

O Código traz, contudo, diversos dispositivos que parecem relativizar a adoção da teoria unitária. O primeiro deles consistiria na parte final do art. 29,[7] ao empregar a expressão "na medida de sua culpabilidade". Esta previsão, contudo, não afasta a unidade do injusto, apenas busca adequar a pena a cada concorrente.[8]

Há previsão, ainda, no art. 29, § 1º, de redução de pena para a participação de menor importância. Ortiz, com razão, chama a atenção para o fato de que tal dispositivo exige a diferenciação entre distintas causas naturalísticas do delito[9] – do contrário, jamais poderia ser aplicada, pois a participação que é causa é relevante e aquela que não

3. O conceito extensivo de autor pode ser mais facilmente compreendido a partir de sua oposição ao conceito restritivo de autor. Este afirma que autor é apenas quem realiza, por si próprio, a ação descrita no tipo. Outras condutas, ainda que contribuam para a produção do resultado, não são suficientes a configurar a autoria. Já o conceito extensivo de autor estabelece que autor é aquele que contribuiu causalmente para o resultado típico, ainda que sua conduta não se caracterize como aquela tipicamente descrita. Portanto, aqui, a mera verificação de um nexo causal entre ação e o resultado típico é suficiente para a afirmação da autoria.

4. Sobre o tema, vide: Ortiz: *Concurso de agentes*, 47 e ss. Importante destacar que Rotsch propôs um modelo unitário que não se resume à mera causalidade, sendo compatível com um sistema normativo funcional. A aplicação da teoria da imputação objetiva, ao lado de outros parâmetros, possibilita superar a percepção de que a teoria unitária se funda apenas na equivalência de condições. Vide: Rotsch: "*Einheitstäterschaft*", 421 e ss. Tal trabalho, contudo, não teve grande repercussão no Brasil, provavelmente pela falta de tradução.

5. Sobre o tema, vide: Ortiz: *Concurso de agentes*, 43 e s.

6. Vide, por exemplo: Batista: *Concurso de agentes*, 34.

7. "Art. 29. Quem de qualquer modo, concorre para o crime incide nas penas a este cominadas, *na medida de sua culpabilidade*." (destaque meu).

8. Neste sentido, vide: Greco-Teixeira: *Autoria*, 69. Batista: *Concurso de agentes*, 15 e ss. Ortiz, *Concurso de agentes*, 77.

9. *Concurso de agentes*,78.

é causa não se insere no âmbito de ilicitude. Há, pois, aqui, um claro indicativo de que a teoria da equivalência das condições não consiste em fundamento suficiente para a autoria de um delito segundo o Código. Para adquirir relevância, a conduta deve apresentar algum outro dado característico para além da mera causalidade.

Outra menção importante para compreender o concurso de pessoas no direito penal brasileiro consiste na previsão trazida pelo art. 31, que adota o princípio da acessoriedade da participação. Tal princípio é característico dos sistemas diferenciadores, sendo apontado por muitos autores como um reconhecimento da diferenciação entre autores e partícipes e, mais ainda, de adoção de um conceito restritivo de autor.[10]

Em tal contexto legislativo, a teoria do domínio do fato deveria ter impacto mais reduzido no Brasil do que o que apresenta em sistemas que diferenciam autor e cúmplice de modo mais relevante. Efetivamente, se a teoria se presta, especialmente, para distinguir tais figuras – a partir da regra de que o autor tem domínio (da ação, da vontade ou funcional) do fato, ao passo que o instigador e o cúmplice não detêm tal domínio – é fácil perceber que suas consequências no direito penal brasileiro acabam sendo mais limitadas, já que autores e partícipes responderão pelo mesmo crime.

Deve também perceber-se que a teoria do domínio do fato, ao ser aplicada em um sistema que adota um conceito extensivo de autor, acaba por operar efeitos tão-somente limitadores de tal sistema, já que o conceito extensivo,[11] em conjunto com a teoria unitária, representam maior âmbito de aplicação da autoria do que aquele demarcado pela teoria do domínio do fato.[12]

Uma última observação sobre o sistema brasileiro deve ser feita: em razão dos dispositivos legais de certo modo contraditórios

10. Greco-Teixeira: *Autoria*, 76. Mariana Ortiz afirma que "o conceito restritivo de autor se caracteriza, também, por conceber a autoria como um conceito principal e independente, enquanto que a participação assume um papel subsidiário. Afirma-se, pois, o caráter acessório da conduta do partícipe, sempre dependente da existência de um comportamento principal do autor". Ortiz: *Concurso de agentes*, 59.

11. Vide nota 3, acima.

12. Leite: *Domínio do fato*, 136.

trazidos pelo CPB, a doutrina costuma admitir sua compatibilidade com um conceito restritivo de autor e uma teoria diferenciadora, sendo, portanto, possível a aplicação da teoria do domínio do fato no Brasil.[13] Entretanto, como se verificou, as consequências da caracterização de um concorrente como autor ou como partícipe serão muito mais limitadas do que em sistemas jurídicos que adotam, de modo claro e coerente, uma vertente diferenciadora entre autoria e participação.

2. Domínio do fato na ação penal n. 470, do Supremo Tribunal Federal

Ainda antes de se enfrentar o ponto central deste trabalho, cumpre mencionar uma importante discussão ocorrida em razão do julgamento da ação penal n. 470, pelo Supremo Tribunal Federal, e que teve enorme repercussão.

O processamento e julgamento da mencionada ação foi acompanhada com atenção pelos brasileiros, recebendo imensa cobertura midiática, já que se tratava de julgamento de membros do Governo Federal e de parlamentares (dentre outros) por diversos crimes graves, dentre eles corrupção, peculato e lavagem de dinheiro.

Na decisão proferida, diversas foram as menções e discussões envolvendo a teoria do domínio do fato. Contudo, prevaleceu a imprecisão terminológica, o equívoco na aplicação e a completa desconsideração dos critérios dogmáticos no voto de alguns ministros.[14] Este ponto gerou imensa discussão doutrinária, que inclusive repercutiu na mídia em geral.[15]

13. Nesta linha, exemplificativamente, vide: Santos: *Direito Penal*, 351 e ss. Batista: *Concurso de agentes*, 59 e ss. Contrariamente, Alflen: *Revista Eletrônica de Direito Penal AIDP-GB*.s.l., ano 2, vol 2, n. 2. dez. 2014, 153 e s.

14. Para um exame detalhado, vide Leite: *Domínio do fato*, 130 e ss.

15. Canário: *STF aplicou domínio do fato.* Disponível em <https://www.conjur.com.br/2013-abr-28/stf-aplicou-teoria-dominio-fato-forma-grotesca--advogado>, acesso em 20.04.2018. Greco; Leite: *Fatos e mitos.* Disponível em <https://www.conjur.com.br/2013-out-18/luis-greco-alaor-leite-fatos-mitos-teoria-dominio-fato>, acesso em 20/04/2018.Bottini:*Aplicação da teoria.* Disponível em: <https://www.conjur.com.br/2013-ago-13/direito-defesa-aplicacao-teoria-dominio-fatos-ap-470>, acesso em 20.04.2018. Greco; Leite: *Revista dos Tribunais*, v. 933, jul. 2013, 1-19. Alflen: *Revista Eletrônica de*

Conforme o correto diagnóstico feito por Leite,[16] um simulacro de teoria do domínio do fato foi utilizado pelo Tribunal, em realidade, para fundamentar a punição de pessoas que detinham posições de comando – independentemente, sequer, de uma prévia análise sobre comportamentos que causalmente tivessem contribuído para a prática delituosa, tampouco de exame dos critérios relativos à aplicação da teoria.

A Ministra Rosa Weber chegou a afirmar que a teoria levaria a uma presunção de autoria por parte dos dirigentes da empresa:

> "[S]e a vontade do homem de trás, sobre quem recai a presunção de autoria do crime, constitui a própria ação final da ação delituosa da empresa, o que se há de descrever na denúncia é como referida empresa desenvolveu suas ações. Basta isso. A autoria presumida do ato é de seus dirigentes."[17]

A afirmação, de fato, faz corar qualquer penalista, dissociando-se totalmente dos ditames mínimos de um direito penal fundado na responsabilidade pessoal. Sequer em casos de aplicação de responsabilidade objetiva no campo do direito civil se opera deste modo, já que se exige o estabelecimento de nexo de causalidade.

Sem querer aprofundar o tema, que não consiste em objeto deste trabalho, o fato é que houve grande constrangimento do tribunal em razão de tal aspecto da decisão. Diversos foram os autores que apontaram o grave equívoco na suposta utilização da teoria, especialmente os discípulos brasileiros mais próximos de Roxin, Alaor Leite e Luis Greco.[18]

Certamente, esse é um dado a impactar a discussão da questão no âmbito da também amplamente debatida *Operação Lava Jato*. Resta examinar, agora, se o impacto se mostra mais como um aprendizado (no sentido de não se repetir o erro cometido na ação penal 470 e buscar o emprego correto da teoria) ou como uma repetição dos equívocos (utilizando-se, talvez, até mesmo o acórdão da ação penal n. 470 como precedente).

Direito Penal AIDP-GB.s.l., ano 2, vol 2, n. 2. dez. 2014, 153 e s. Costa: *A Teoria do Domínio Funcional*, 223 e s.

16. Leite: *Domínio do fato*, 130 e s.
17. Ação penal n. 470. Julgada em 17.12.2012. p. 52777.
18. Greco-Leite: *Revista dos Tribunais*, v. 933, jul. 2013, 1-19.

3. Autoria e participação na denominada *Operação Lava Jato*

Sob o pseudônimo de *Operação Lava Jato* estão reunidas diversas investigações penais e ações criminais que tiveram origem em investigação contra o ex-deputado José Janene, já falecido, e que começou, em dado momento, a investigar fatos relacionados à empresa Petrobras. A partir daí, foram sendo descobertos diversos núcleos de atuação, investigados e processados separadamente. A maior parte de tais processos tramitou (ou tramita) perante a 13ª Vara Federal de Curitiba ou perante os tribunais, em razão de prerrogativa de foro de investigados ou acusados. Há, ainda, processos em curso no Rio de Janeiro e em Brasília. Neste universo, foram analisadas diversas sentenças e acórdãos.

Deve observar-se que o presente trabalho não pretendeu fazer um exame exaustivo da questão, até porque em muitos processos da *Operação Lava Jato* não foi ainda proferida sentença e/ou acórdão. E, dentre as sentenças e os acórdãos já proferidos, fez-se um exame extenso, porém não exaustivo de todas as decisões. Foram consultadas, ainda, algumas denúncias, conforme será referido adiante, para compreender melhor dados aspectos das sentenças. Todavia, não houve exame da prova produzida ou das alegações defensivas, até porque o que se busca é um exame das decisões e de suas fundamentações internas. Portanto, não se busca examinar ou criticar a condenação ou absolvição deste ou daquele réu, mas sim examinar e criticar a fundamentação teórica contida nas decisões.

3.1 As decisões proferidas em primeira instância

Dentre as diversas sentenças analisadas proferidas pelo Juízo da 13ª Vara Federal de Curitiba, oriundas da denominada *Operação Lava Jato*, a única que se refere expressamente à teoria do domínio do fato é aquela proferida no âmbito da ação penal relativa à empreiteira Odebrecht, que assim afirma:

> "881. Não é necessário, como reclama a Defesa de M.B.O., reportar-se à conhecida teoria do domínio do fato para a responsabilização dele e que, aliás, jamais teve o sentido de determinar, na perspectiva probatória, o autor de um crime. Basta a referência

às provas acima discriminadas e ao mais conhecido artigo 29 do Código Penal."[19]

Este dado é curioso, porque se trata de processos que trazem diversas questões relacionadas ao concurso de pessoas, muitas delas envolvendo condutas praticadas em contextos empresariais, outras envolvendo estruturas organizacionais da administração pública. Cuida-se, portanto, de campo fértil para a aplicação – ou, ao menos para a discussão – da teoria do domínio do fato.

Além disso, muitas denúncias apresentadas pelo Ministério Público Federal perante a 13ª Vara Federal de Curitiba, também no âmbito da *Operação Lava Jato*, referem-se ao "domínio" de fatos por parte de denunciados. Como exemplo, pode-se citar a denúncia oferecida contra executivos de uma construtora, em que se afirmou que eles:

> "[C]omandavam a atuação do subnúcleo da ANDRADE GUTIERREZ junto à organização criminosa, compartilhando entre si o domínio de todos os fatos delituosos praticados eles [*sic*] no interesse do referido grupo empresarial, e repartindo a execução direta de determinados papéis específicos nas condutas ilícitas."[20]

Há, também, denúncias que mencionam expressamente o domínio final do fato, como por exemplo:

> "Verifica-se, do exposto, que O., G. e R1., bem como R2., associaram-se para a prática do crime de tráfico de entorpecentes. Verifica-se, ainda, que os três efetivamente transportaram 698 Kg de cocaína, enquanto que R2. a importou. Embora o trans-

19. Ação penal n. 5036528-23.2015.4.04.7000/PR. Julgada em 08.03.2016.

20. Denúncia oferecida na ação penal n. 5036518-76.2015.4.04.7000/PR. p. 38. Outro exemplo: "Note-se que C.K. e J.A., na condição de altos executivos da Engevix, tinham pleno domínio das atividades desempenhadas pela empreiteira, possuindo, portanto, papel igualmente importante ao de G.A. na concretização dos negócios escusos que visavam a resguardar e a zelar pelos interesses da empresa. Demonstrou-se que, além de os acusados disporem de grande poder de decisão, não obstante o papel de destaque desempenhado por G.A., as decisões eram tomadas entre os três de pleno e comum acordo. [...] Dada a vultuosidade dos valores recebidos da Estatal e dos pagamentos espúrios direcionados a agentes públicos corrompidos, não é crível que os demais sócios desconhecessem o esquema." Denúncia oferecida na ação penal n. 5045241-84.2015.4.04.7000/PR.

> porte, diretamente, fosse feito por O., R1. e G., na qualidade de batedores, viabilizavam para que tal transporte fosse feito com sucesso, concorrendo para o crime, de forma decisiva. R2., por sua vez, era quem detinha o *domínio final do fato*, dado ser o importador da droga."[21]

E mais: a menção à teoria aparece também em memoriais da acusação, como ocorreu, por exemplo, na ação penal relativa à empreiteira Camargo Corrêa.[22] E, certamente, foi objeto de exame por parte de algumas defesas, já que integrava a argumentação acusatória.

Em tal contexto, causa realmente bastante estranheza em termos teóricos o fato de as sentenças de primeira instância, quase em sua totalidade, calarem sobre a teoria, com exceção da já mencionada decisão – a qual, na verdade, a rechaça de forma bastante rápida, afirmando bastar "a referência às provas acima discriminadas e ao mais conhecido artigo 29 do CPB".

Contudo, o art. 29 do CPB, isoladamente, não consegue proporcionar ao intérprete um referencial teórico completo para a aplicação dos conceitos relativos ao concurso de pessoas. É necessário que se utilize ao menos um conceito de autor (para que se possa compreender em que consiste a locução "concorrer para o crime"), bem como um critério para a distribuição da responsabilidade entre as diversas pessoas que concorreram para o crime. Ainda, conforme já mencionado, que o CPB indique uma concepção unitária, há regras relevantes a serem aplicadas diante de certas características da coautoria ou participação no delito, razão pela qual sua diferenciação precisa ser feita pelo aplicador do direito.

No que se refere às sentenças proferidas pelo Juízo da 7ª Vara Federal Criminal do Rio de Janeiro, o diagnóstico não é muito diferente. Não há menções expressas à teoria do domínio do fato – embora uma das decisões, ao fundamentar a condenação, fale em direção finalística de atividades por parte de um dos acusados:

> "Em relação à atuação de S.C.na solicitação da Taxa de Oxigênio, entendo induvidosa, uma vez que era ele o mentor intelectual e fiador de todo o esquema de cobrança de propina

21. Ação penal n. 5025687-03.2014.404.7000/PR. Julgada em 20.10.2014. Negrito original. Grifos meus.
22. Ação penal n. 5083258-29.2014.4.04.7000/PR. Julgada em 20.07.2015.

institucionalizado no âmbito do governo do Estado do Rio de Janeiro, aí incluído o subesquema de H.B. Vale dizer, S.C. era o principal idealizador de todo o esquema e não mero 'conhecedor'. Nessa condição, tinha poder de decisão sobre as práticas dos réus diretamente ligados a ele, como é caso de H.B., então Secretário de Obras de seu governo, e *dirigia finalisticamente a atividade de cada um deles*."[23]

Há, ainda, outra sentença que, ao refutar alegação da defesa no sentido de que certo acusado não teria domínio do fato, aduz que:

> "Por fim, a discussão sobre o domínio do fato afigura-se meramente retórica, pois não há necessidade de identificação do mentor ou chefe da organização, até mesmo porque, a acusação não lança sobre nenhum dos acusados a responsabilidade pelo comando da organização criminosa."[24]

Aqui fica clara, mais uma vez, a incompreensão que persiste sobre a teoria, já que ela não se presta à identificação de mentores ou chefes de organização no âmbito de imputação de comando de organização criminosa. O que a teoria do domínio do fato justifica é a responsabilização do chamado homem de trás em certas circunstâncias de fungibilidade do denominado homem de frente, por meio da estrutura de autoria mediata. Não se trata, pois, de um critério que auxilie a se examinar a prova produzida em processo penal e, assim, identificar quem comandava uma organização criminosa. Ademais, a referência, na primeira sentença da 7ª Vara Federal do Rio de Janeiro citada, a uma "direção finalística" claramente confunde o domínio final do fato, nos termos da teoria roxiniana, e uma concepção welzeliana.

O que se verifica, assim, da leitura das sentenças, é que diante de supostos fáticos que aportam muitas questões relacionadas ao concurso de pessoas, inclusive com indicações expressas nas denúncias, a teoria atualmente mais aceita e tida como a mais desenvolvida para tratar de tal matéria não foi utilizada no processo decisório e, em duas oportunidades, teve seu emprego sumariamente descartado. Daí, surgem duas indagações: *(i)* qual a razão para a ausência de tal teoria?

23. Ação penal n. 0509503-57.2016.4.02.5101/RJ. Julgada em 20.09.2017.
24. Ação penal n. 0510926-86.2015.4.02.5101/RJ. Julgada em 03.08.2016.

(ii) alguma outra linha teórica foi adotada pelas sentenças, ainda que implicitamente, para resolver tais problemas?

Quanto à pergunta *(i)*, podem afastar-se hipóteses de inutilidade da teoria e de seu desconhecimento, já que, conforme se mencionou, trata-se de supostos fáticos muito apropriados para seu emprego e, ainda, a teoria foi extensamente discutida quando do julgamento da ação penal n. 470, não se podendo cogitar de seu desconhecimento. Pode, então, perquirir-se se se trata de teoria por demais hermética, o que dificultaria a aplicação a casos concretos. Esta hipótese, contudo, não se sustenta, já que a teoria do domínio do fato vem sendo discutida há muitos anos de modo bastante concreto, inclusive sendo corrente, na doutrina, a invocação de diversos casos práticos para demonstrar sua aplicação e consequências. O fato de a teoria ter sido amplamente aplicada, de modo correto, em casos bastante complexos mundo afora[25] consiste em outro indicativo de sua acessibilidade ao aplicador.

É possível, também, estabelecer a hipótese de que os juízes sentenciantes preferiram não mencionar a teoria exatamente para não ficarem sujeitos às diversas polêmicas que envolveram sua aplicação quando do julgamento da ação penal 470 pelo STF, conforme narrado acima. É importante lembrar que Sergio Moro, juiz da 13ª Vara Federal de Curitiba, atuou de modo direto na ação penal citada, na qualidade de juiz instrutor da ministra Rosa Weber – que, aliás, menciona larga e equivocadamente a teoria em seu voto, consoante já referido. Esta explicação parece ser mais factível do que a anterior para responder à indagação formulada acima.

Já para a resposta à pergunta *(ii)*, um novo exame das sentenças se impõe, buscando identificar-se eventuais critérios para definir autoria e participação no âmbito de tais processos, que envolvem não apenas pluralidade de agentes, como também fatos bastante complexos. Até porque, conforme o preciso diagnóstico de Rotsch, no âmbito da criminalidade organizada há uma evidente tendência político-cri-

25. Podendo citar-se sua utilização pelo Tribunal Penal Internacional, bem como pela decisão que condenou o ex-presidente peruano Alberto Fujimori. Para referências mais detalhadas, vide, Leite: *Domínio do fato*, 140, nota 70. Ressalve-se que a ação penal n. 470, do STF, já mencionada, pode ser apontada como exceção a uma correta aplicação.

minal de se nivelarem autores e partícipes na figura do autor.[26] Este dado poderia justificar a não utilização da teoria do domínio do fato, com uma possível adoção de uma vertente menos mitigada da teoria unitária. De todo modo, as sentenças devem esclarecer tais escolhas teóricas na aplicação do direito. Assim, busca, agora, compreender-se quais foram os critérios usados nas sentenças de primeiro grau para estabelecer a autoria, a coautoria e a participação em delitos.

As sentenças mais apropriadas para examinarmos tais questões são aquelas relativas às empreiteiras – embora haja, também em outras ações penais, indicativos da linha de raciocínio utilizada. Em tais sentenças, é possível apontar alguns elementos comuns, que aparecem, senão em todas, em sua maioria.

Em primeiro lugar, deve notar-se que as decisões estabelecem antes a chamada prova de materialidade, para depois passar ao exame da autoria. Nesta linha, afirmam que a pessoa jurídica teria praticado certos fatos, para depois perquirir quais as pessoas físicas responsáveis. Isto é bem evidente, por exemplo, nas sentenças referentes às empreiteiras Camargo Corrêa e OAS, respectivamente:

> "405. Resta provado, como apontado, que a Camargo Corrêa, em decorrência de sua participação no cartel de empreiteiras e no ajuste fraudulento de licitações, pagou propina à Diretoria de Abastecimento da Petrobras com dinheiro proveniente dos antecedentes crimes de cartel e de ajuste de licitações, ocultando e dissimulando sua origem e natureza, o que caracteriza corrupção ativa e lavagem de dinheiro.[27]
>
> 430. Resta provado, como apontado, que a OAS, em decorrência de sua participação no cartel de empreiteiras e no ajuste fraudulento de licitações, pagou propina à Diretoria de Abastecimento da Petrobras com dinheiro proveniente dos antecedentes crimes de cartel e de ajuste de licitações, ocultando e dissimulando sua origem e natureza, o que caracteriza corrupção ativa e lavagem de dinheiro."[28]

26. Rotsch: "*Einheitstäterschaft*", 205-209.
27. Ação penal n. 5083258-29.2014.4.04.7000/PR. Julgada em 20.07.2015.
28. Ação penal n. 5083376-05.2014.404.7000/PR. Julgada em 05.08.2015.

A mesma lógica aparece nas decisões da Andrade Gutierrez,[29] da Engevix, dentre outras. A leitura destes trechos das decisões causa inclusive estranheza ao penalista, que não está acostumado a imputações de crimes "à pessoa jurídica", já que não há, no Brasil, responsabilidade penal da pessoa jurídica para os crimes julgados no âmbito da *Operação Lava Jato*.

Contudo, deve notar-se que esta forma de proceder coincide exatamente com o primeiro passo do raciocínio proposto pela Min. Rosa Weber, e já citado acima, ao julgar a ação penal n. 470, quando disse que bastaria, inicialmente, se verificar como dada empresa desenvolveu ações criminosas para, a seguir, aplicar uma presunção (relativa) de autoria por parte de seus dirigentes.

Após proceder a este denominado "exame da materialidade", a decisão dedica-se a examinar a autoria, oportunidade em que não volta a mencionar elementos específicos de prova. Por conta disso, sequer se identificam, em muitos casos, os responsáveis pela prática direta do comportamento, já que a menção a *e-mails*, documentos e diversos outros elementos são feitos em referência à pessoa jurídica, quando do exame da "materialidade". E, ainda, cabe mais uma crítica no sentido de que examinar a materialidade de um crime não se confunde com a imputação de fatos a pessoas jurídicas.

As decisões deste grupo utilizam, a seguir, alguns argumentos recorrentes para estabelecer os autores dos crimes. Dentre eles, podem ser destacados os seguintes:

O primeiro consiste no fato de os valores dos contratos assinados com a Petrobras (e cuja assinatura justificaria o pagamento de vantagens indevidas a funcionários públicos) serem altos, tratando-se de negócios relevantes, em alguns casos envolvendo mais de uma empresa do grupo, o que seria um dos indicativos para se concluir que os dirigentes da empresa têm responsabilidade penal:

> "437. Apesar da OAS ser uma das gigantes da construção civil, tratam-se [*sic*] de negócios e valores também para ela relevantes.
>
> 438. Não se tratavam [*sic*], portanto, de negócios triviais, mesmo para a OAS.

29. Ação penal n. 5036518-76.2015.4.04.7000/PR. Julgada em 21.08.2017.

> 439. Chama também a atenção o fato de que, para os repasses nas operações de lavagem, terem sido utilizadas não uma, mas várias empresas do Grupo OAS, como a Construtora OAS, a OAS Engenharia, a OAS S/A, a Coesa Engenharia e o Consórcio Viário São Bernardo.
>
> 440. No contexto, não é possível acreditar que a prática dos crimes tenha sido produto de iniciativa individual de um ou outro executivo desviado.
>
> 441. A utilização de várias empresas do grupo no repasse do dinheiro, aliás, aponta para a responsabilidade de dirigentes que tinham controle sobre todas elas, o que significa o envolvimento da cúpula do Grupo OAS."[30]

Contudo, a magnitude dos contratos e os repasses feitos a diversas empresas do grupo podem constituir indicativo de conhecimento dos dirigentes, mas não se aponta qualquer ato de concorrência para a prática do delito – o que se exigiria com base em um conceito unitário de autor, tampouco se menciona domínio do fato, seja por meio do domínio da vontade de terceiro, ou domínio de organização.

Um segundo critério utilizado largamente pelas sentenças como fundamento para a responsabilidade criminal consiste em considerar como indicativo de autoria a não adoção de providências de apuração e investigação interna após a publicação de notícias, pela mídia, da ocorrência de fatos ilícitos nas empresas:

> "329. A ilustrar a empreitada coletiva, a Andrade Gutierrez, desde o início da assim denominada Operação Lava jato em 17/03/2014 e durante todo o ano de 2014 e 2015, não tomou qualquer providência para apurar internamente os crimes que constituem o objeto da presente ação penal.
>
> 330. Fossem os crimes produto da ação de executivos isolados e desviados, a empresa deveria, antecipando-se à investigação e à ação penal, ter apurado os fatos internamente e informado a Justiça o ocorrido e os responsáveis."[31]

É importante, apesar da longa citação, a análise detalhada de tal fundamento, para compreender a linha argumentativa da decisão:

30. Ação penal n. 5083376-05.2014.404.7000/PR. Julgada em 05.08.2015. Na mesma linha, ação penal n. 5083258-29.2014.4.04.7000/PR e ação penal n. 5036528-23.2015.4.04.7000/PR.

31. Ação penal n. 5036518-76.2015.4.04.7000/PR. Julgada em 21.08.2017.

> "331. A empresa nada fez e ao contrário do esperado, logo após a efetivação das prisões preventivas em 19/06/2015 de alguns dos seus executivos, ainda publicou, em 24/06/2015, nos principais jornais do Brasil, o 'Comunicado Andrade Gutierrez' no qual negou os crimes de cartel e corrupção e ainda atacou as ações da Polícia Federal, do Ministério Público Federal e da Justiça (evento 785).
>
> 332. Muito depois, ao final de 2015, é que os executivos da Andrade Gutierrez e a própria Andrade Gutierrez passaram, louvadamente, a reconhecer as suas responsabilidades, chegando até mesmo a celebrar acordo de leniência, homologado por este Juízo em 05/05/2016 (evento 912).
>
> 333. Com o comportamento adotado pela empresa em 2014 e 2015, é inviável fiar-se na alegação de que os dirigentes da empresa, inclusive a Presidência do Grupo Andrade Gutierrez e seus principais executivos, desconhecessem a prática criminosa, pelo menos de forma geral. Tendo eles conhecimento e não tendo censurado os executivos mais diretamente envolvidos, é certo que tinham a conduta destes como consistente com a política corporativa adotada, sendo sua também a responsabilidade."[32]

Este fundamento também não parece indicar a adoção dos critérios dogmáticos para a fundamentação da autoria. Aponta-se para fatos ocorridos após a consumação do delito, e que, portanto, não poderiam, logicamente, dele ser causa. Também não há menção aos critérios desenvolvidos pela teoria do domínio do fato.

Na verdade, o último parágrafo indicaria claramente uma fundamentação baseada na estrutura de crime comissivo por omissão, já que o conhecimento da prática criminosa (concluído a partir da ausência de providências) e a ausência de censura aos executivos diretamente envolvidos são apontados como fundantes de uma responsabilidade criminal. Entretanto, também aqui faltaria o exame de diversos critérios, dentre eles a fundamentação da posição de garante por parte dos dirigentes.

Contudo, outras decisões infirmam a hipótese da fundamentação por crime omissivo impróprio, já que afirmam, expressamente, disto não se tratar. É o caso, por exemplo, da decisão relativa a J.A.,

32. Ação penal n. 5036518-76.2015.4.04.7000/PR. Julgado em 21.08.2017.

Presidente do Conselho de Administração da Camargo Corrêa, em que se afirmou:

> "457. Afinal, a falta de providências efetivas da Camargo Corrêa e especialmente do Presidente do Conselho de Administração, mesmo tendo este conhecimento dos fatos, tem por única explicação o fato dele [*sic*] mesmo estar envolvidos nos crimes.
>
> 458. Não se trata de responsabilizá-lo por omissão, mas de apontar que a omissão é mais uma prova indireta de seu envolvimento nos crimes.
>
> 459. Deve, portanto, responder pelos crimes de corrupção ativa, tanto da REPAR como da RNEST, ainda que a efetivação dos pagamentos do segundo acerto tenha ocorrido pela atuação direta de D.A. e E.L."[33]

Tais passagens, embora pretendam esclarecer que a decisão não adotou a estrutura da responsabilidade por omissão,[34] parecem reforçar a ideia de que a ocupação de posição de comando, somada ao conhecimento das condutas ilícitas parece ser suficiente para fundamentar a autoria dos acusados. Esta hipótese torna-se mais contundente com a leitura do seguinte trecho, extraído da decisão do caso Andrade Gutierrez:

> "334. Tratando-se de empreitada coletiva, a responsabilidade não é exclusiva daquele que executa o ato final criminoso, mas também daquele que, em posição de maior ou igual hierarquia, participa conscientemente da prática delitiva."[35]

Quanto a isto, também é interessante notar que as sentenças não costumam aludir a *unidade de desígnios*, *liame psicológico* ou *vínculo subjetivo*, expressões comumente utilizadas para caracterizar um dos requisitos para a ocorrência do concurso de pessoas. Em geral, referem-se ao conhecimento ou consciência do agente, o que remete muito mais a uma operação mental individual do que propriamente a um acordo coletivo.

33. Ação penal n. 5083258-29.2014.4.04.7000/PR. Julgada em 20.07.2015.

34. Contudo, sem a estruturação dos crimes omissivos impróprios, esta argumentação levaria somente a eventual participação, por meio de instigação ou reforço da vontade dos autores principais. Bitencourt: *Tratado*, 553.

35. Ação penal n. 5036518-76.2015.4.04.7000/PR. Julgada em 21.08.2017.

Como um terceiro critério a ser extraído das sentenças, pode afirmar-se que a assinatura de contratos e documentos é tida, embora não como decisiva, como uma presunção de conhecimento de utilização de tais contratos como meios fraudulentos ou simulações. Esta argumentação aparece nas decisões do caso Engevix (no que se refere a G.A.) e do caso OAS. Entretanto, no mesmo caso Engevix, dois executivos foram absolvidos porque, apesar de terem assinado contratos, não houve prova suficiente de que tinham conhecimento de sua utilização para fins escusos.

Da leitura das decisões, percebe-se uma estrutura argumentativa dissociada dos critérios dogmáticos utilizados para a determinação da autoria e da participação, seja na linha de uma teoria unitária, seja na dualista, tampouco com os empregos dos conceitos extensivo ou restritivo de autor. Não se está, aqui, a fazer exame da prova produzida ou do acerto ou erro de condenações. Mas imagina-se que, em processos nos quais houve investigação muito complexa, com emprego de meios investigatórios como interceptação telefônica e telemática, busca e apreensão e um sem número de colaborações premiadas, deve ter sido produzida prova melhor a fundamentar a autoria de dadas práticas ilícitas, dentro da estrutura teórica consolidada para tratamento da matéria.

O uso de critérios próprios e dissociados daqueles desenvolvidos pela dogmática, com fundamento no CPB, doutrina e jurisprudência, faz com que as decisões tornem-se pouco passíveis de controle, já que são menos verificáveis.

Por fim, é importante ressaltar que não se está, aqui, a exigir que o magistrado examine questões menores ou despiciendas. É evidente que, em processos de grande complexidade, como os da *Operação Lava Jato*, as decisões devem orientar-se pela essência dos fundamentos da responsabilidade. Ocorre que, na seara do concurso de pessoas, não há dúvidas de que sua fundamentação, em tais casos, ocupa lugar central no raciocínio a justificar a responsabilização, sendo difícil compreender as razões pelas quais não houve um detalhamento maior da argumentação judicial, tampouco esclarecimento sobre os critérios jurídicos utilizados.

3.2 As decisões proferidas em âmbito recursal

Em âmbito recursal, o universo de decisões analisado foi menor, até porque muitos processos ainda não tiveram suas apelações julgadas. Além disso, diversos acusados aderiram a colaborações premiadas, deixando de recorrer da decisão proferida em primeira instância. Ainda assim, já foi possível identificar um padrão claramente distinto daquelas decisões proferidas em primeiro grau. Nos acórdãos, as discussões sobre autoria e participação foram mais minudentes em segundo grau, havendo inclusive decisões que fazem menções (implícitas ou expressas) à teoria do domínio do fato.

O primeiro caso digno de nota é a análise da apelação de J.A.P.F., da empresa OAS. Examinando a questão, o tribunal fez referências a provas e indícios de que ele participaria diretamente de reuniões com concorrentes, nas quais houvera formação de ajuste ilícito para divisão das obras da Petrobras entre as empreiteiras. A seguir, a corte aderiu à fundamentação da sentença recorrida, no que se refere à falta de providências da empresa para apuração dos fatos após terem sido noticiados pela mídia, e adicionou o seguinte:

> "Sobre as providências, importa consignar que qualquer administrador probo, ao receber notícias de práticas ilícitas, deveria pelo menos adotar medidas buscando sua apuração. A ausência desta providência causa estranheza, de modo a demonstrar que o fato praticado por subordinado não lhe era estranho. Essa prova, por si só, poderia dizer pouco, mas, no contexto inserido, mormente diante da dimensão dos fatos, acaba por dizer muito e justificar tudo aquilo que antes se disse.
>
> Estes elementos permitem concluir haver provas acima de qualquer dúvida razoável de que *o apelante tinha domínio dos fatos ilícitos perpetrados pelo conglomerado de empresas do grupo OAS, do qual era seu dirigente máximo*."[36]

A leitura de tais trechos revela que o tribunal apontou para participação direta do acusado em atos de cartel – que não eram objeto do processo – mas não em atos de lavagem de dinheiro, corrupção ativa e organização criminosa. Quanto a estes outros delitos, não se fez alusão a eventuais elementos de prova que indiquem conduta diretamente praticada pelo acusado.

36. Apelação criminal n. 5083376-05.2014.4.04.7000/PR. Julgada em 09.06.2016. Grifos meus.

Portanto, a condenação acabou sendo confirmada com base na ausência de adoção de providências após a notícia dos fatos ilícitos pela imprensa; na dimensão dos fatos; e em razão de o acusado ser "dirigente máximo" do grupo OAS. Estes elementos levariam à constatação, segundo o tribunal, de que o apelante tinha o "domínio dos fatos ilícitos perpetrados pelo conglomerado de empresas".

Quanto a este ponto, assim como ocorreu na ação penal n. 470, perante o STF, pode constatar-se o uso equivocado da teoria. Aliás, mais correto é dizer que a teoria em si não foi utilizada, pois nada aponta em tal sentido. Apenas referências à ideia de domínio do fato, como argumento retórico, foram feitas para a fundamentação de uma decisão baseada na ocupação de uma posição[37] e na não adoção de medidas investigatórias.

A menção à teoria foi utilizada para fundamentar a punição, e não propriamente para indicar se determinada pessoa fora autora ou partícipe.

Despiciendo alertar que a mera ocupação de uma posição na estrutura empresarial não implica na automática imputação de condutas criminosas, por mais que apresentem dimensão significativa. Igualmente, a não adoção de medidas de apuração interna após a notícia de supostos fatos ilícitos pela imprensa não configura indicativo de prática criminosa anterior, conforme já se examinou acima.

Frise-se uma vez mais que não se está, aqui, fazendo qualquer juízo quanto à prova dos autos ou o acerto ou equívoco de dada condenação ou absolvição. Dentro do limitado escopo do presente trabalho, apenas constata-se que o acórdão não conseguiu, a partir de sua fundamentação e dos elementos de prova ou indiciários a que faz menção, justificar corretamente, à luz dos critérios dogmáticos, a configuração da autoria dos crimes imputados a J.A.P.F.

Há, ainda outros acórdãos que merecem atenção, por também se referirem a "domínio dos fatos" (embora, uma vez mais, sem menção explícita à teoria). O acórdão proferido na Apelação Criminal n. 502568703.2014.404.7000/PR afirma o seguinte:

> "Causa estranheza que um funcionário de pequena estatura na hierarquia funcional do Posto da Torre, cujo contrato de trabalho

37. Exaustivamente sobre esse ponto, Leite: *Domínio do fato*, 145 e ss.

> chegou a ser rescindido para fins de implementação de uma redução salarial, tenha, menos de seis meses depois de tal episódio, passado a tomar parte em operações ilícitas de dólar-cabo empreendida por seu chefe para fins de lavagem de dinheiro oriundo do tráfico internacional de entorpecentes. A súbita elevação de seu prestígio no âmbito de uma organização criminosa que havia acabado de lhe descartar configura indício que conspira contra a tese acusatória de que A. tinha *pleno domínio dos fatos* que estavam se desenrolando."[38]

Uma vez mais, vê-se a discussão do domínio dos fatos ligada à ocupação de certo nível hierárquico, à importância de dada pessoa no âmbito de uma organização. Trata-se, uma vez mais, de equívoco, já que esse dado só teria relevância – ao lado de diversos outros[39] – na hipótese de domínio do fato na modalidade domínio da organização ou outras hipóteses de autoria mediata que se adequem ao caso.

Há, ainda, dois trechos que indicam que o tribunal entende o pleno conhecimento como "domínio":

> "Não bastassem tais elementos, os quais indicam que R. tinha *pleno domínio de todos os meandros do tráfico internacional de drogas* em larga escala e dos meios para ocultar e/ou dissimular os lucros assim obtidos, há, também, mensagens trocadas entre R. e um indivíduo não identificado [...]."[40]

> "O relator, na esteira do que já havia feito o magistrado de primeiro grau, dissecou com precisão os diversos elementos de prova aptos a demonstrar que C. era parte atuante e relevante no seio da organização criminosa. Além de ter sido imediatamente acionado por seus comparsas para o fim de ocultar elementos de prova existentes nos escritórios da organização quando da deflagração da operação policial, fato revelador de seu papel central na trama, há interceptações telemáticas em que N.K. revela sua total confiança no recorrente. Há, igualmente, diálogos entre o apelante e I.G., os quais denotam o seu *pleno conhecimento e domínio dos fatos ilícitos.*"[41]

38. Apelação criminal n. 502568703.2014.404.7000/PR. Julgada em 27.08.2015. Grifos meus.

39. Cf: Roxin: *Strafrecht*, 46 e ss.

40. Apelação criminal n. 502568703.2014.404.7000/PR. Julgada em 27.08.2015. Grifos meus.

41. Apelação criminal n. 5026243-05.2014.404.7000/PR. Julgada em 17.12.2015.

Todos estes trechos sugerem que a utilização da ideia de domínio, embora use a força retórica adquirida pela teoria do domínio do fato, dela se distancie frontalmente. Uma vez mais, fica-se com a impressão de que a ocupação de posição relevante em organização empresarial ou criminosa (indistintamente), somada ao conhecimento de práticas de atos ilícitos em tais estruturas é suficiente para a imputação de responsabilidade criminal, o que muito se aproxima de uma responsabilidade objetiva, proibida no direito penal.

Neste universo, surgiram ao menos algumas decisões cuidadosas, que utilizaram fundamentação consentânea com as discussões dogmáticas ao analisar a situação de alguns partícipes. Neste sentido, o acórdão proferido na Apelação Criminal n. 5045241-84.2015.4.04.7000/PR merece ter a integralidade do trecho transcrito, até para maior fidelidade do raciocínio do Tribunal:

> "O réu J.C. responde na condição de partícipe. [...] Para se responsabilizar alguém criminalmente não basta afirmar que ele tem conhecimento da ilicitude ou que promoveu uma causa acessória para o resultado. Além de saber que seu agir influencia a promoção de uma conduta delitiva, faz-se necessário demonstrar que a contribuição para o deslinde dos fatos resulta em uma 'referência delitiva de sentido', pois, conforme lição de Luís Greco e Adriano Teixeira, 'o partícipe não realiza o tipo, mas promove uma agressão indireta, por meio do autor, ao bem jurídico protegido' (*Autoria como domínio do fato*, 2014, pp. 74/75).
>
> Ou seja, para a configuração da participação é necessário que do comportamento do concorrente resulte em incremento do risco ao bem jurídico tutelado. Em outras palavras, é preciso que a conduta tenha influência no fato, possibilitando ou facilitando a comissão do delito. Se isso não ocorre, estaremos diante daquilo que a doutrina moderna tem denominado de 'ações neutras' no concurso de agentes.
>
> Veja-se, a respeito, a lição de Roxin (*La teoría del delito en la discusión actual*, 2007, p. 507):
>
> Da mesma forma que ocorre para a imputação ao autor, para a imputação ao partícipe também deve adicionar-se à causalidade (acessória) um embasamento consistente em uma criação de perigos legalmente desaprovados. Nisso jogam um papel considerável critérios não acessórios, próprios do partícipe: ali onde não se protege um bem jurídico frente ao partícipe, ou seja,

> onde este não pode em absoluto atacar o bem jurídico de maneira penalmente relevante, é impossível ao partícipe a criação ou o incremento de um perigo juridicamente desaprovado, de maneira que se exclui a imputação de participação, apesar dela se produzir para a autoria.
>
> Amparado em tais renomados doutrinadores, firmo convicção de que as ações realizadas pelo réu J. C. e analisadas anteriormente não são marginais, mas aptas para erigi-lo à condição de partícipe. Isso porque, como visto, encarregar-se de toda a tratativa da documentação e receber comissão por tais serviços, ciente de que se trata de negócios simulados com o fim de repasse de propinas, tem 'referência de sentido delitivo' (ROXIN), que objetivamente pode ser entendida como participação criminal.
>
> Não se trata de providência facilmente substituível, mas de uma ação que estava na perspectiva do fato delitivo planejado (a contribuição só é valiosa para o autor sob a perspectiva do fato delitivo planejado). Assim, excluindo-se mentalmente o aporte do réu J.C., percebe-se que influenciaria o resultado típico da lavagem de dinheiro. Tem, portanto, aptidão para representar uma agressão (ainda que indireta) ao bem jurídico tutelado. Em suma, tem o sentido de ajuda decisiva ao autor, de acordo com o plano adredemente traçado."[42]

Decisões de absolvição, adotando fundamentos semelhantes, foram proferidas em relação a E.Q. e J.P. (ação penal n. 5083401-18.2014.404.7000/PR) e, em sentido oposto, mas também utilizando os fundamentos expostos, porém *a contrario sensu*, foi proferida em relação ao réu R., na mesma ação penal.

Tais decisões, pois, comprovam não apenas o conhecimento adequado das teorias sobre concurso de pessoas e sobre ações neutras, como também a capacidade de sua aplicação correta ao caso concreto.

4. Reflexões sobre o diagnóstico traçado

O panorama acima traçado a partir das decisões jurisprudenciais proferidas no âmbito da *Operação Lava Jato* revela aspectos de imensa preocupação para os operadores do direito. É verdade que, no campo do concurso de pessoas, o CPB traz dispositivos contraditórios,

42. Apelação criminal n. 5045241-84.2015.4.04.7000/PR. Julgada em 27.09.2017.

que poderiam justificar tanto a adoção de um sistema unitário, quanto a de um sistema dualista. Têm razão, ao examinar a matéria, Greco e Teixeira, ao afirmarem que a diferenciação entre autor e partícipe é matéria a ser tratada no campo do tipo penal, e não a partir de regras relativas à aplicação da pena (como fez o CPB). Esta escolha deixa nas mãos do juiz a fundamental distinção entre quem realiza o tipo e quem não o faz.[43]

Além disso, a doutrina brasileira, ao menos preponderantemente, foca seus estudos sobre concurso de pessoas nas críticas ao sistema unitário, tal como tradicionalmente concebido, e acaba por buscar adequar aspectos do sistema dualista ao nosso sistema, até em razão das aberturas que os dispositivos legais brasileiros trazem. Quiçá esforços para desenvolver o próprio sistema unitário em um contexto mais contemporâneo, a partir de bases normativo-funcionais,[44] fossem mais frutíferos em termos de construir um arcabouço teórico mais facilmente aplicável e harmônico à redação do CPB.

Contudo, nada disso autoriza a jurisprudência a criar, sem qualquer base legal ou doutrinária, um conceito de autor, o que é bastante distinto de se diferenciar autor e partícipe apenas no campo da culpabilidade e não no do injusto. O próprio Código adota a teoria da equivalência das condições e a fórmula da *conditio sine qua non*, o que deve ser visto como requisito mínimo para a conceituação de autor, já que expressamente estabelecido por lei. Além disso, cumprindo a função que lhe compete, a doutrina brasileira especializada tem discutido largamente esta matéria, buscando estabelecer modelos compatíveis com o nosso sistema, porém levando em consideração os progressos havidos em âmbito internacional. Estes esforços concluíram, ao menos majoritariamente, pela possibilidade da aplicação da teoria do domínio do fato no sistema brasileiro, porém sempre com observância aos critérios dogmáticos firmados.

A utilização do nome da teoria como subterfúgio para buscar fundamentar a responsabilidade penal a partir de critérios que, como visto, na verdade resultam em responsabilização pela ocupação de uma posição é não apenas equivocado, em termos doutrinários, mas

43. Greco-Teixeira: *Autoria*, 72.

44. Nos termos, por exemplo, da construção de Rotsch: "*Einheitstäterschaft*", 421 e ss.

sobretudo inadmissível à luz da determinação de responsabilidade subjetiva que impera no direito penal. Especialmente as decisões proferidas em casos graves, complexos e rumorosos, tais quais os da *Operação Lava Jato* precisam ser fundamentadas à luz dos critérios de racionalização desenvolvidos pela dogmática, para que possam apresentar-se, perante seus destinatários – que são toda a população brasileira – como dotadas de um sentido coerente e, ainda, para que sejam passíveis de verificabilidade, ou seja, para que possam ser discutidas por meio de um critério científico preestabelecido para o exame de sua validade.

Estes problemas já haviam sido amplamente constatados pela doutrina quando do julgamento da ação penal n. 470, pelo Supremo Tribunal Federal. Tal discussão, que teve imensa repercussão e certamente é conhecida de todos os operadores do direito penal no Brasil, não serviu, em regra, de lição para que as decisões passassem a ser mais cuidadosas no que se refere à sua inserção no modelo racional dogmático, ao menos no que se refere à autoria e à participação.

Mais grave ainda é a constatação da provável hipótese de algumas decisões não mencionarem teoria alguma exatamente para tentarem evitar a causação de polêmicas, valendo-se de critérios dissociados daqueles estabelecidos seja pelo Código, seja pela dogmática.

Esta dissociação entre jurisprudência e dogmática não é inédita e vem se tornando cada vez mais recorrente no âmbito penal no Brasil. Em muitas matérias, há insuficiências doutrinárias, em razão da ausência de desenvolvimento de modelos hermenêuticos para solução de certas questões. Não é o caso dos conceitos de autoria e das regras de concurso de pessoas, que vêm recebendo atenção da doutrina de modo bastante marcado.

Portanto, resta à doutrina, mais uma vez, exercer seu papel de crítica a tais decisões. O caminho para tal crítica, ainda que técnica e fundada em critérios de racionalização desenvolvidos para trazer mais segurança e verificabilidade às decisões judiciais, certamente não será fácil no Brasil atual, onde as discussões têm sido simplórias e maniqueístas. Mas é um caminho que, sem dúvida alguma, precisa ser trilhado.

Bibliografia

Alflen, Pablo Rodrigo: "Teoria do domínio do fato na doutrina e na jurisprudência brasileira – Considerações sobre a AP n 470 do STF", em *Revista Eletrônica de Direito Penal AIDP-GB*. s.l., ano 2, vol 2, n. 2, dez. 2014, 138-164.

Batista, Nilo. *Concurso de agentes*: uma investigação sobre os problemas da autoria e da participação no direito penal brasileiro. 4ª ed., Rio de Janeiro: Lumen Juris, 2008.

Bitencourt, Cesar Roberto: *Tratado de direito penal*: parte geral. 19ª ed. rev., ampl. e atual. São Paulo: Saraiva, 2013.

Bottini, Pierpaolo: "Aplicação da teoria do domínio dos fatos na AP 470". *CONJUR*, <https://www.conjur.com.br/2013-ago-13/direito--defesa-aplicacao-teoria-dominio-fatos-ap-470>(20.10.2017).

Canário, Pedro: "STF aplicou domínio do fato de forma grotesca". Entrevista com Andrei Zenkner Schmidt, em *CONJUR*. <https://www.conjur.com.br/2013-abr-28/stf-aplicou-teoria-dominio-fato-forma-grotesca-advogado> (20.10.2017).

Costa, Helena Regina Lobo da: "A Teoria do Domínio Funcional no Acórdão da Ação Penal n. 470", em *Crônicas Franciscanas do Mensalão*. São Paulo: Quartier Latin, 2014, 223-224.

Greco, Luís; Leite, Alaor: "Fatos e mitos sobre a teoria do domínio do fato", *Folha de S.Paulo*, São Paulo, ano 93, n. 30879, 18 out. 2013, <http://www1.folha.uol.com.br/fsp/opiniao/134367-fatos-e-mitos-sobre-a-teoria-do-dominio-do-fato.shtml> (20.10.2017).

Greco, Luís; Leite, Alaor: "O que é e o que não é a teoria do domínio do fato sobre a distinção entre autor e partícipe no direito penal", em *Revista dos Tribunais*, São Paulo, v. 933, jul. 2013, 1-19.

Greco, Luís–Teixeira, Adriano: "Autoria como realização do tipo: uma introdução à ideia de domínio do fato como o fundamento central da autoria no direito penal brasileiro", em Luís Greco; Alaor Leite; Adriano Teixeira; Augusto Assis, *Autoria como domínio do fato:* estudos introdutórios sobre o concurso de pessoas no direito penal brasileiro, São Paulo: Marcial Pons, 2014. 47-80.

Leite, Alaor: "Domínio do fato, domínio da organização e responsabilidade penal por fatos de terceiros. Os conceitos de autor e partícipe na AP 470 do Supremo Tribunal Federal", em Luís Greco; Alaor Leite; Adriano Teixeira; Augusto Assis, *Autoria como domínio do fato:* estudos introdutórios sobre o concurso de pessoas no direito penal brasileiro. São Paulo: Marcial Pons, 2014, 123-168.

ORTIZ, Mariana Tranchesi: *Concurso de agentes nos delitos especiais*. São Paulo: IBCCRIM, 2011.

ROTSCH, Thomas: "*Einheitstäterschaft*" *statt Tatherrschaft*: zur Abkehr von einem differenzierenden Beteiligungsformensystem in einer normativ-funktionalen Straftatlehre. Tübingen: Mohr Siebeck, 2009.

ROXIN, Claus: *Strafrecht*: allgemeiner Teil. Band II. Besondere Erscheinungsformen der Straftat. Beck: München, 2003.

SANTOS, Juarez Cirino dos: *Direito Penal*. Parte geral. 2. ed., Curitiba: IPCP/Lumen Juris, 2007.

Referências jurisprudenciais

7ª Vara Federal Criminal do Rio de Janeiro, Ação Penal n. 0509503-57.2016.4.02.5101/RJ. Julgada em 20.09.2017.

7ª Vara Federal Criminal do Rio de Janeiro, Ação Penal n. 0510926-86.2015.4.02.5101/RJ. Julgada em 03.08.2016.

13ª Vara Federal de Curitiba, Ação Penal n. 5025687-03.2014.404.7000/PR. Julgada em 20.10.2014.

13ª Vara Federal de Curitiba, Ação Penal n. 5036518-76.2015.4.04.7000/PR. Julgada em 21.08.2017.

13ª Vara Federal de Curitiba, Ação Penal n. 5036528-23.2015.4.04.7000/PR. Julgada em 08.03.2016.

13ª Vara Federal de Curitiba, Ação Penal n. 5045241-84.2015.4.04.7000/PR. Julgado em 17.05.2016.

13ª Vara Federal de Curitiba, Ação Penal n. 5083258-29.2014.4.04.7000/PR. Julgada em 20.07.2015.

13ª Vara Federal de Curitiba, Ação Penal n. 5083376-05.2014.404.7000/PR. Julgada em 05.08.2015.

Tribunal Regional da 4ª Região, Apelação Criminal n. 502568703.2014.404.7000/PR. Julgada em 27.08.2015.

Tribunal Regional da 4ª Região, Apelação Criminal n. 5026243-05.2014.404.7000/PR. Julgada em 17.12.2015.

Tribunal Regional da 4ª Região, Apelação Criminal n. 5045241-84.2015.4.04.7000/PR. Julgada em 27.09.2017.

Tribunal Regional da 4ª Região, Apelação Criminal n. 5083376-05.2014.4.04.7000/PR. Julgada em 09.06.2016.

8

MECANISMOS DE PREVENÇÃO E CONTROLE DA CORRUPÇÃO: O APRIMORAMENTO DO SISTEMA DE INTEGRIDADE CORPORATIVA DA PETROBRAS[1]

MÁRIO SPINELLI[2]

RESUMO: A corrupção tem sido apontada como um dos principais problemas a serem enfrentados pelos estados

1. As opiniões registradas neste artigo são expressamente pessoais e não representam o posicionamento da Petrobras acerca de quaisquer dos assuntos mencionados.

2. Ouvidor-Geral da Petrobras. Doutor em Administração Pública e Governo pela Fundação Getúlio Vargas-SP e Mestre em Administração Pública pela Fundação João Pinheiro-MG. Professor do curso de Pós-graduação em Controle, Detecção e Repressão a Desvio de Recursos Públicos pela Universidade Federal de Lavras/Esaf, do Curso de Especialização em *Compliance* pelo CPEC/Universidad Castilla La Mancha e do Curso de Extensão em *Compliance* pela Pontifícia Universidade Católica do Rio de Janeiro. Foi Controlador-Geral do Estado de Minas Gerais (2015), Controlador-Geral do Município de São Paulo (2013-2014), Conselheiro do Coaf (2010-2013) e Secretário de Prevenção da Corrupção e Informações Estratégicas da Controladoria-Geral da União (2010-2013).

contemporâneos. Nessa conjuntura, é possível observar, ao longo dos últimos anos, uma tendência mundial de se promover a estruturação de sistemas de integridade em organizações, com vistas a prevenir e combater a corrupção e, como consequência, reduzir o efeito de sanções e preservar sua reputação e de seus dirigentes. Este ensaio tem por objetivo analisar as ações realizadas pela estatal brasileira Petrobras para aperfeiçoar seu sistema de integridade, notadamente no período posterior à deflagração da *Operação Lava Jato*. Nesse sentido, observou-se que as várias iniciativas adotadas pela empresa no aprimoramento do seu sistema de integridade enfocaram múltiplas dimensões e incluíram ações relacionadas ao comportamento individual dos agentes, a aspectos da cultura organizacional e, ainda, a seu fortalecimento institucional, estando, portanto, alinhadas com as mais diversas correntes da literatura que se propôs a estudar a corrupção e suas causas.

PALAVRAS-CHAVE: corrupção; controle, *accountability*; *compliance*; integridade empresarial.

SUMÁRIO:

1. Introdução: A corrupção na agenda política brasileira

A corrupção tem sido apontada como um dos principais problemas a serem enfrentados pelos estados contemporâneos. Segundo pesquisa divulgada em 2014 pelo Instituto Ibope Inteligência[3] em parceria com a *World wide Independent Network of Market Research* (WIN), feita com 66.806 entrevistados, de 65 países, a corrupção foi apontada por 21% deles como o principal problema do mundo, superando outras questões globais, como as questões econômicas, a desigualdade social e o desemprego.

No Brasil, a percepção quanto à gravidade do problema não parece ser diferente. A mesma pesquisa apontou que, para 29% dos entrevistados no país, a corrupção é a questão que traz maior preocupação. E entre os jovens brasileiros, o sentimento parece ser o mesmo. Levantamento feito em 2013, pelo governo federal brasileiro, com 3,3 mil jovens, indicou que para 36% deles corrupção é o problema que mais incomoda, ficando à frente da desigualdade social, do poder do narcotráfico e do racismo, entre outros.[4]

Diariamente – talvez, em parte, impulsionados pelos resultados decorrentes do recente aprimoramento da atuação de órgãos de controle e de repressão à corrupção –, os jornais do país dedicam páginas e páginas a noticiar casos de desvios de recursos, as televisões mostram volumes de dinheiro sendo entregues a agentes públicos e novas investigações são divulgadas, o que tem gerado um crescente debate na sociedade brasileira sobre o tema.

A deflagração da *Operação Lava Jato* em 2014, ação que investigou um esquema de desvio de recursos públicos no Brasil, é um marco nesse contexto. Por meio dela, foram apuradas, dentre outros aspectos, irregularidades envolvendo fornecedores de bens e serviços e revelados pagamentos indevidos a partidos políticos, agentes políticos e outros, incluindo alguns ex-executivos da empresa estatal brasileira Petrobras,[5] os quais foram presos e/ou denunciados por crimes como lavagem de dinheiro e corrupção passiva. As investigações apontaram que estes ex-executivos teriam agido em nome e interesses próprios e de agentes políticos, vitimando a empresa, que

3. Ibope: *Corrupção é o principal problema mundial.*
4. Brasil: *Pesquisa nacional sobre perfil e opinião da juventude brasileira.*
5. A Petrobras é uma empresa estatal brasileira, de capital aberto, cuja principal atividade econômica diz respeito à indústria de óleo, gás natural e energia, atuando nos segmentos de exploração, produção, refino, comercialização, transporte, petroquímica, distribuição de derivados, gás natural, energia elétrica, gás-química e biocombustíveis.

sofreu diversos prejuízos decorrentes dos atos de corrupção desvendados.

A partir da deflagração da Operação e de seus desdobramentos, a Petrobras adotou uma série de medidas internas, com o objetivo de fortalecer ainda mais suas estruturas de integridade e linhas de defesa. Este ensaio tem por objetivo apresentar algumas dessas iniciativas e avaliar seu potencial para a criação de uma cultura de integridade corporativa, capaz de prevenir e combater atos de corrupção, à luz da literatura que trata desse fenômeno e dos fatores que a determinam.

Importante assinalar aqui uma questão de cunho metodológico. Embora valha registrar o permanente esforço do autor para efetuar análise objetiva da questão, não se pode desprezar o fato de que, de certa forma, sua visão sobre os fatos pode ter sido influenciada pela sua proximidade com o assunto (o autor é atualmente Ouvidor-Geral da Petrobras). Sobre esse ponto, é essencial ressaltar que as análises desse estudo fundamentaram-se na concepção de que a prática científica deve estar submetida a uma reflexão intelectual permanente, capaz de tirar o verdadeiro do falso, de encontrar no conhecimento adequado do erro os mecanismos adequados para superá-lo e de romper, por exemplo, com aspectos como a familiaridade do autor com o assunto, aquela que, em tese, não lhe permitiria questionar sua veracidade, por conta da concepção aparente que tem do que julga ser o real. Não se quer aqui, todavia, defender a ilusão de que existe neutralidade na pesquisa científica, como pensa o senso comum e certas concepções epistemológicas, interpretação essa que, no limite, inviabilizaria qualquer pesquisa nas ciências sociais. Ao contrário, trata-se de assumir que a ciência é constituída de análises que não são independentes de valores, interesses e ideologias. Registrando-se esses condicionantes das análises e conclusões deste estudo, é preciso mencionar igualmente que aqui se buscou efetuar uma visão crítica sobre a realidade, reconhecendo que, na busca pelo real, não se pode desprezar o peso das interpretações, dos valores e dos pontos de vista do autor com relação ao objeto. Feitas tais considerações, é importante assinalar, ainda, que as opiniões registradas neste texto são expressamente pessoais e não representam o posicionamento da Petrobras acerca de quaisquer dos assuntos mencionados.

2. A corrupção a partir da reflexão teórica

Ao registrar as dificuldades para se chegar a um conceito preciso de corrupção, Jain,[6] em um trabalho de organização e sistematização de estudos empíricos e teóricos sobre o tema, salienta que, embora a definição de corrupção não seja trivial, é possível dizer que há quase um consenso na literatura de que ela se refere a atos nos quais o poder público é usado para benefícios pessoais, contrariando o que estabelecem as normas e os regulamentos.

A respeito da literatura que trata da corrupção, Filgueiras[7] destaca que, no século XX, os estudos sobre o tema podem ser definidos a partir de duas grandes agendas: uma primeira, desenvolvida a partir da década de 1950, de uma perspectiva funcionalista, que trata a corrupção como um óbice à modernização; e, outra, hegemônica nas ciências sociais a partir da década de 1990, baseada na teoria da escolha racional, segundo a qual a corrupção estaria relacionada a um comportamento *rent-seeking*, em que pesam mais as preferências individuais dos agentes políticos, os quais buscam maximizar sua renda privada, dentro ou fora das regras de conduta.

A primeira dessas correntes, baseada na chamada *teoria da modernização*, relaciona corrupção ao subdesenvolvimento. Ela defende que o fenômeno representaria o mau funcionamento das organizações do sistema político, responsáveis por criar sistemas de incentivo para que o desvio possa vir a ocorrer. Segundo essa abordagem, a corrupção seria uma prática aceita pelas sociedades subdesenvolvidas, dada a baixa institucionalização política.[8] O autor ressalta, ainda, que, para a corrente funcionalista, a corrupção poderia, inclusive, ser útil ao desenvolvimento, pois, se mantida sob controle, seria uma alternativa para promover a modernização, já que poderia agilizar a burocracia, tornar mais ágil a emissão de licenças e documentos pelo Estado e aprimorar a relação entre o público e o privado, estabelecendo um laço informal entre burocratas e investidores privados.[9]

6. Jain: *Journal of Economic Surveys*, v. 15, n. 1, 2001, 73.
7. Filgueiras: *Marcos teóricos da corrupção*, 354-357.
8. Huntington, *apud* Filgueiras: *Opinião Pública*, v. 15, n. 2, 2009, 394-395.
9. Leff, *apud* Filgueiras: *Opinião Pública*, v. 15, n. 2, 2009, 395.

Além disso, Filgueiras[10] identifica a existência de certo hiato entre essas duas correntes, visto que, a partir da década de 1970, a literatura sobre corrupção sofre uma mudança de rumo, enfatizando-se a questão cultural e relacionando-a às "interações construídas pelos atores sociais, refletindo experiências e valores que permitem ao indivíduo aceitar ou rejeitar um esquema de corrupção". Nessa abordagem, o desenvolvimento dependeria de mudanças culturais que instituíssem um sistema de valores na sociedade, de modo a impedir a prática da corrupção.

A partir do final dos anos 1980, a segunda grande corrente apontada por Filgueiras[11] fez-se presente. As pesquisas sobre corrupção passam a considerar o fator econômico como fundamental. O trabalho de Susan Rose-Ackerman[12] é um dos marcos dessa nova abordagem. Embora reconheça que fatores culturais e morais tenham impacto sobre a corrupção, a autora assevera que o que mais a determina está relacionado a uma abordagem econômica, fundada na premissa de que agentes atuam em função de suas preferências individuais, buscando aumentar o seu ganho privado. Sua concepção fundamenta-se, pois, em um comportamento chamado pelos economistas de *rent-seeking*, em que agentes usam recursos não apenas para propósitos produtivos, mas também para receber vantagens decorrentes de benefícios econômicos.[13]

Essa nova forma de se compreender o que determina a corrupção trouxe uma nova reflexão das estratégias que deveriam ser utilizadas para reduzir a sua incidência. Até então, conforme já aqui observado, muito percebida como um problema mais relacionado à questão dos valores, das tradições e da cultura, a corrupção passa a ser enxergada como um fenômeno racional, em que o agente realiza uma análise entre o seu custo – representado, por exemplo, pela possibilidade de sanção – e os benefícios econômicos que pode trazer.

A partir de tais definições e tipologias, nas seções seguintes serão apresentadas duas abordagens sobre os fatores determinantes da

10. Filgueiras: *Opinião Pública*, v. 15, n. 2, 2009, 396.

11. Filgueiras: *Marcos teóricos da corrupção*, 357.

12. Rose-Ackerman: *Corruption and government*.

13. Bhagwati, e Krueger, apud Rose-Ackerman: *Corruption and government*, 2.

corrupção, uma enfocando o comportamento dos agentes e questões culturais e outra que se concentra em aspectos institucionais.

2.1 Abordagem personalista da corrupção

Uma das formas de se observar os fatores determinantes da corrupção pode ser mediante uma abordagem que a analisa da perspectiva do agente que pratica o ato de corrupção; ou seja, verificando quais são as causas que o levaram ou o levarão a delinquir.

Segundo Holmes,[14] uma teoria importante da área da criminologia que pode contribuir para uma melhor compreensão da corrupção é a teoria da oportunidade, que, como o próprio nome indica, refere-se aos atos praticados por pessoas que frequentemente aproveitam as oportunidades que surgem para obter vantagens pessoais.

Uma das análises frequentemente utilizadas para abordar a corrupção do ponto de vista individual é aquela em que se faz uma analogia com o chamado "triângulo da fraude", desenvolvido em clássica abordagem de Donald Cressey[15] para identificar os fatores determinantes das fraudes nas organizações.

A fraude pode ser conceituada como qualquer ato de má conduta intencional, planejado para enganar e resultando em perda para alguém e em ganho para seu perpetrador.[16] Como já dito, a definição de corrupção está relacionada ao mau uso da função pública para ganhos privados. Assim, grosso modo, a prática da corrupção pode ser entendida como um dos tipos de fraude. Em função disso, é razoável pressupor que as conclusões de Cressey e outros autores sobre os fatores que determinam as fraudes, por analogia (e desde que observados os devidos cuidados), podem também ser utilizadas nas reflexões sobre as causas da corrupção.

Na concepção do modelo e em seus estudos de doutorado e criminologia, Cressey entrevistou mais de 200 estelionatários presos. Sua pesquisa foi publicada, em 1953, no clássico livro *Other people's money: a study in the social psychology of embezzlement*. Segundo

14. Holmes: *Corruption*, 57.
15. Cressey: *Other People's Money*, 1-300.
16. ACFE: *Managing the Business Risk of Fraud: A Practical Guide*, 5.

essa concepção, três condições seriam determinantes para que as fraudes e desvios pudessem vir a ocorrer, quais sejam:

a) Pressão (em geral, de ordem financeira) definida, por exemplo, pela ambição de adquirir bens, pela busca por status social ou profissional ou por conta de dívidas e contas a pagar;

b) Oportunidade para delinquir, ou seja, chance de praticar o ato ilícito, a qual pode ser determinada pela percepção de baixa probabilidade de detecção e penalização;

c) Racionalização, caracterizada pelo uso de justificativas aceitas de uma perspectiva moral para tentar explicar o ato ilícito. O corrupto, em geral, não se enxerga como um agente transgressor. Ele entende, ou faz querer entender, como justificável seu comportamento, seja baseado em circunstâncias momentâneas, seja fundamentado na cultura (ou tradições) ou, ainda, no suposto desconhecimento das normas.

Em 2004, Wolfe e Hermanson propuseram um redesenho do modelo de Cressey, transformando-o de triângulo para diamante, por meio da inclusão de uma nova variável: a capacidade individual do agente, a sua habilidade para promover a fraude. Segundo Wolfe e Hermanson,[17] para a fraude ocorrer é necessário que o agente também tenha a capacidade de reconhecer a oportunidade e torná-la realidade. Para eles, os traços dessa capacidade individual incluem seis principais aspectos; quais sejam:

a) A posição ou função ocupada pelo agente na organização: a oportunidade para cometer o ato ilícito depende da função ocupada, podendo estar restrita a determinados atores, em decorrência de seu próprio nível hierárquico ou de suas próprias competências funcionais;

b) A capacidade intelectual do agente: o fraudador caracteriza-se por possuir suficiente perspicácia para compreender as fragilidades e limitações dos controles internos e as vulnerabilidades da organização, assim como de saber qual são as possibilidades para usar sua posição ou função para efetuar a prática ilícita;

17. Wolfe; Hermanson: *CPA Journal*, December2004, 38-42.

c) A autoconfiança do agente: o agente responsável pela fraude, em geral, acredita que não será descoberto ou que poderá se livrar de ser acusado caso o esquema seja detectado. Essa autoconfiança (às vezes, arrogância) faz com que fique afetada a própria relação custo versus benefício que o agente efetua ao cometer a fraude; ou seja, quanto mais confiante estiver, menores serão os custos em relação ao benefício eventualmente obtido;[18]

d) A capacidade coercitiva do agente: fraudadores frequentes são capazes de coagir os outros a participar ou efetuar a fraude, ou, ainda, a encobri-la;

e) A capacidade de mentir: fraudadores de sucesso são capazes de mentir de forma convincente. Eles têm habilidades para ludibriar auditores, forjando situações que possam servir de justificativas para seus atos;

f) A capacidade de lidar com o estresse: a prática de fraudes ao longo do tempo é bastante complexa. O risco de ser descoberto, a necessidade de permanentemente esconder a fraude e os benefícios dela decorrentes podem impor ao agente um estado de permanente estresse.

Outra perspectiva que pode ser utilizada para se analisar a corrupção sob o ponto de vista dos agentes vem sendo desenvolvida nas pesquisas conduzidas principalmente nos estudos conduzidos por Dan Ariely, que enfocam a questão sob o ponto de vista da psicologia comportamental. Esses estudos, além de concluírem que moral é um conceito dinâmico e maleável, também apontaram que grande parte dos comportamentos antiéticos resulta da ação de vários indivíduos que, embora valorizem a moralidade e desejem ser vistos como pessoas éticas, acabam por praticar delitos, desde que esses atos não sejam suficientes para afetar sua autoimagem de honestidade. Suas pesquisas também apontam que a desonestidade é "contagiosa", ou

18. Allan registra, em sua obra *A face humana da fraude*, que um dos traços mais característicos dos fraudadores é o egoísmo. Para o autor, o fraudador é alguém que "é direcionado a ter êxito a todo custo, é egoísta, autoconfiante e narcisista". (Allan *apud* Wolfe – Hermanson: *The CPA Journal*, December 2004, 40).

seja, que as pessoas são mais propensas a praticar atos desonestos quando percebem que seus semelhantes fazem o mesmo.[19]

Essas abordagens embora importantes, todavia, são insuficientes para a compreensão do problema da corrupção, haja vista considerarem apenas aspectos relacionados ao comportamento individual dos próprios agentes. É o que justamente aponta Holmes,[20] para quem as explicações de corrupção que focam somente o aspecto individual são incompletas, na medida em que os atores são condicionados pelo contexto em que vivem e trabalham.

É evidente, pois, que a conduta individual tem muita importância e, por isso, não pode ser totalmente menosprezada. Por outro lado, é fundamental refletir que, em grande parte das situações, juntamente com ela, também terão influência as condições institucionais. São essas condições que determinarão o contexto em que a fraude pode vir a ocorrer. Por exemplo, a oportunidade prevista no triângulo da fraude pode ser gerada pelo poder à disposição do agente, pela discricionariedade que possui ou pela convicção de que permanecerá impune, dada a fragilidade dos controles institucionais ou a inexistência de mecanismos de penalização.

2.2 Abordagem institucional da corrupção

Outra forma de se identificar os fatores que determinam a corrupção é a que a aborda sob o ponto de vista das condições institucionais que favorecem ou não a ocorrência do fenômeno.

Para Jain,[21] a existência da corrupção requer a existência de três elementos: poder discricionário, vantagens econômicas associadas a esse poder e um sistema legal/judicial que apresente baixa probabilidade de detecção e/ou penalização para o responsável pelo ilícito. Enquanto os dois primeiros fatores, vantagens econômicas e discricionariedade, combinam-se para criar incentivos à corrupção, o último atuaria como um impedimento a sua prática. Por ter natureza distinta dos demais, este será tratado, separadamente, na próxima seção.

19. Ariely; Gino: *Dishonesty explained,* 322-344.
20. Holmes: *Corruption*, 56.
21. Jain: *Journal of Economic Surveys*, v. 15, n. 1, 2001, 77-85.

Parece óbvio que as vantagens econômicas são claramente um fator determinante da corrupção. Se analisado o comportamento de funcionários e agentes políticos sob a lógica da escolha racional, conclui-se que tenderiam a agir como *rent-seekings*, buscando aumentar seu patrimônio privado, em contraposição ao interesse público. Assim, muito embora possa haver situações em que a corrupção seja usada como uma alavanca para ocupar posições profissionais ou cargos públicos (e, desse modo, proporcionar status profissional ou social) – ou, ainda, nos casos em que ela é usada pela classe política para se manter no poder –, é inegável que, pela sua própria natureza, a corrupção está relacionada, mesmo indiretamente, a benefícios financeiros. Com base nessa abordagem, quanto maior a vantagem financeira obtida pelo agente em relação a sua expectativa, maior seria o risco da prática da corrupção.

No que tange a segunda variável, a discricionariedade é o fator que permite ao funcionário desviar-se das normas e regulamentos para obter benefícios individuais. Conforme já mencionado, o poder discricionário é aquele que confere certa liberdade para a atuação do agente, sendo estabelecida margem de liberdade para que a decisão possa ser tomada.[22]

Pires[23] destaca que a discricionariedade ocorre quando a norma possui conceitos vagos ou imprecisos ou quando permite uma alternatividade de conduta. Isto é, segundo essa concepção, a discricionariedade dos funcionários pode dar-se por meio de autorização expressamente conferida pelo próprio conteúdo das normas – notadamente, quanto os formuladores assim o desejarem, por entenderem, por exemplo, ser necessário conferir uma maior flexibilidade, capaz de proporcionar melhorias no processo de implementação das políticas públicas – ou, o que parece ser mais comum, pela falta de objetividade, imprecisão, ininteligibilidade ou obscuridade das leis e regulamentos. Essas são algumas das características que podem criar um ambiente propício à corrupção. A análise de uma amostra de 26 países africanos por Lambsdorff e Cornelius[24] indicou uma associação positiva

22. Di Pietro: *Direito Administrativo*, 220.
23. Pires: *Manual de direito administrativo*, 31.
24. Lambsdorff e Cornelius *apud* Lambsdorff: *Consequences and causes of corruption*, 18.

entre a ausência de objetividade e clareza nas normas governamentais e a corrupção. Bobbio, Matteucci e Pasquino,[25] apontam que um dos níveis da corrupção "é o da aplicação das normas por parte da administração pública e de suas instituições. [...] Serão tanto maiores as probabilidades de êxito, quanto mais elástica e vaga for a formulação das normas".

No que diz respeito às estratégias consideradas mais eficazes para reduzir a corrupção, é possível perceber que não são poucos os autores que mencionam o controle da discricionariedade como uma das iniciativas que poderiam ser importantes para evitar eventuais desvios. Kaufmann[26] registra que as evidências indicam claramente que as reformas econômicas são meios importantes para enfrentar a corrupção e que a concepção desses programas deve considerar a discricionariedade à disposição de políticos e funcionários.

A discricionariedade é, portanto, fator importante para a ocorrência da corrupção. Entretanto, limitá-la não parece ser, pelo menos em boa parte dos casos, a melhor solução. É ela que, em tese, permitiria ao burocrata flexibilizar as rígidas regras do serviço público, o que, sob o ponto de vista da eficiência administrativa e do interesse da sociedade, pode ser absolutamente desejável. Resta como opção, pois, analisar formas de controlá-la, sem, no entanto, fazer com que isso represente ineficiência ou crie mais rigidez à estrutura de uma empresa estatal, como é o caso da Petrobras.

2.3 O controle da corrupção

Além das vantagens econômicas e do poder discricionário, já relacionadas na seção anterior, o terceiro fator determinante da corrupção apontado por Jain[27] é a baixa possibilidade de detecção e de recebimento de sanções. Essa variável está, portanto, intimamente ligada aos mecanismos de controle e de penalização de eventuais responsáveis.

25. Bobbio; Matteucci; Pasquino: *Dicionário de política*, 292.
26. Kaufmann: *Foreign Policy*, 107, 1997, 114-131.
27. Jain: *Journal of Economic Surveys*, v. 15, n. 1, 2001, 80-81.

Para Tanzi,[28] ao menos em tese, se mantidas as demais condições constantes, a corrupção poderia ser reduzida pelo aumento da possibilidade de punição. Citando as clássicas análises de Gary Becker sobre a prevenção de crimes, Tanzi aponta que um sistema de sanções, aliado à existência de controles institucionais são fatores que podem reduzir a incidência do fenômeno. Já Mishra[29] destaca a importância dos procedimentos de controle para limitar ou fomentar a corrupção. Para o autor, o sucesso de medidas anticorrupção depende, em grande parte, dos esforços para monitorar o comportamento dos agentes. Segundo Treisman, a propensão à corrupção pelo agente público é determinada por meio de um balanço entre o custo e o benefício decorrente da ação. Assim, o agente avalia os custos, incluindo os aspectos psicológicos, sociais e financeiros, e os pondera diante dos benefícios oriundos da corrupção. Para o autor, cientistas políticos e economistas vêm sugerindo uma série de características dos sistemas econômicos, financeiros e políticos dos países que possam afetar essa relação entre custos e benefícios. Enfatiza, porém, que "o custo mais óbvio é o risco de ser pego e punido".[30]

Uma das formas de se compreender as nuances do processo de controle e responsabilização de agentes públicos pode ser vista a partir do conceito de *accountability* e das ações colocadas em prática para a sua efetivação. São esses mecanismos que podem fazer com que não haja distorções nas atividades de agentes públicos. Conforme a conceituação definida pelo CLAD,[31] *accountability* representa a obrigação que o governo tem de prestar contas à sociedade, estando sua concretização condicionada à capacidade dos cidadãos de atuarem na definição das metas coletivas e da construção de mecanismos institucionais que garantam o controle público das ações dos governantes, não apenas através das eleições, mas também ao longo do mandato dos representantes.

Klitgaard,[32] em clássica formulação, sugere que a corrupção pode ser expressa por uma equação em que ela seria igual ao mono-

28. Tanzi: *IMF Staff* Papers, 45, 4, 1998, 19.
29. Mishra: *Corruption, hierarchies and bureaucratic structure*, 189-215.
30. Treisman: *Journal of Public Economics*, 76, 3, 2000, 402.
31. CLAD: *La responsabilización en la nueva gestión pública latinoamericana*, 8.
32. Klitgaard: *Controlling corruption*, 90.

pólio do poder decisório, acrescido do poder discricionário, menos a *accountability* (C=M+D-A). Com base nessa concepção, maiores graus de controle permitiriam reduzir a corrupção sem que, necessariamente, houvesse redução da discricionariedade. Tanzi[33] destaca a importância dos controles, principalmente os existentes dentro das próprias instituições, para a prevenção da corrupção. Para o autor, procedimentos transparentes, boas estratégias de auditoria e regras claras sobre comportamento ético, entre outros aspectos, têm papel importante para reduzir a incidência do fenômeno.

Fácil perceber que, nos termos da literatura apresentada neste trabalho, que aponta a corrupção como um fenômeno multicausal, medidas de combate à corrupção devem abordar aspectos relacionados à questão comportamental – foco nos indivíduos e na cultura –, mas também as regras institucionais a que estão submetidos os agentes, incluindo-se por óbvio, os controles a que estão sujeitos. Essas medidas devem, por óbvio, enfocar aspectos que regulem não apenas as ações dos agentes pertencentes à estrutura do poder público, mas também do setor privado que com ele se relaciona (fornecedores etc.). Trata-se, portanto, de buscar adotar medidas que impeçam ou dificultem a prática da corrupção, tanto por parte do corrupto (corrupção passiva), como também pelo corruptor (corrupção ativa).[34]

2.4 O papel do compliance *na prevenção e combate à corrupção*

No caso específico de organizações empresariais, como é o caso da estatal Petrobras, a adoção de práticas de integridade e de controle que tenham por objetivo prevenir e combater a corrupção (e, a depender do caso, também outras espécies de fraudes), usualmente é inserida nos chamados programas de *compliance* e tem recebido cada vez mais importância, com forma de controlar os atos praticados e de reduzir os riscos de responsabilização da própria empresa e também de seus dirigentes.

33. Tanzi: *IMF Staff* Papers, 45, 4, 1998, 19.

34. O Código Penal Brasileiro, em seus artigos 317 e 333, estabelece que o crime de corrupção pode configurar-se sob a forma "passiva", quando é praticado por funcionário público, ou sob a forma "ativa", quando o autor oferece ou promete vantagem indevida a esse agente.

O *compliance*, segundo Block, está relacionado com o "dever de cumprir e fazer cumprir regulamentos internos e externos impostos às atividades da instituição"[35] e, segundo a autora, vai além das barreiras legais, incorporando princípios de integridade e conduta ética. Para Alfaro,[36] o *compliance* orienta a organização no sentido de cumprir as normas jurídicas, por meio da imposição de valores, códigos, regras e procedimentos que tenham por objetivo prevenir, detectar e sancionar práticas ilícitas. Já Mendes[37] destaca uma progressiva tomada de consciência sobre a importância do *compliance*,[38] dada sua capacidade de "evitar litígios, sanções, restrições regulatórias e danos à reputação das empresas"[39] e os sistemas e medidas colocados em prática com o intuído de promover a integridade podem ter impacto na avaliação da responsabilidade (coletiva e individual) e na determinação das sanções aplicáveis. Alerta o autor, porém, que um dos perigos do *compliance* é a agravação das sanções aplicadas em função de "programas de *compliance* mal concebidos ou deficientemente implantados".[40]

No caso específico do *compliance* em uma empresa estatal, como é o caso da Petrobras, há uma distinção importante que precisa ser destacada, em relação ao que ocorre no setor privado. Ao contrário do que ocorre em empresas privadas, em que o *compliance*, quando se refere à relação dessas organizações com o poder público, tem o foco em impedir a prática da chamada corrupção ativa, no caso de uma estatal a preocupação é mais ampla, pois engloba tanto a prática da corrupção passiva (recebimento de vantagem por seus empregados), assim como a corrupção ativa. Um programa de *compliance* de uma empresa estatal deve, por conseguinte, ser desenvolvido sobre essas

35. Block: *Compliance e governança corporativa*, 15.

36. Alfaro: *Implementación de Los Compliance Programs y sus Efectos de Exclusión o Atenuación de Responsabilidad Penal de Los Sujetos Obligados*, 463.

37. Mendes: *Law Enforcement & Compliance*, 11-20.

38. No Brasil, seguindo uma tendência mundial, o tema do *compliance* ganhou mais destaque notadamente a partir da Lei n. 12.846/2013, também conhecida como Lei Anticorrupção ou Lei da Empresa Limpa, que estabeleceu que a adoção de políticas de integridade atenuaria sanções porventura aplicadas a pessoas jurídicas que praticarem atos de corrupção contra a Administração Pública brasileira ou estrangeira.

39. Mendes: *Law Enforcement & Compliance*, 12.

40. Mendes: *Law Enforcement & Compliance*, 15.

bases, definindo ações que tenham a capacidade de abranger os dois aspectos aqui considerados.

E é com base nessas observações que, nas seções seguintes, serão expostas as medidas adotadas pela Petrobras para o aprimoramento de seu sistema de integridade conduzido após a deflagração da *Operação Lava Jato*. Buscar-se-á, portanto, avaliar se tais medidas foram adequadamente concebidas, estando alinhadas com a literatura até aqui apresentada, contemplando ações, de um lado, relacionadas a questões comportamentais e, de outro, a aspectos institucionais e seu potencial para reforçar a *accountability* e prevenir e combater a corrupção nas suas mais diversas formas.

3. O aperfeiçoamento do sistema de integridade corporativa da Petrobras

Um sistema de integridade corporativo pode ser entendido como o conjunto de estruturas, mecanismos e ações que têm o objetivo de fazer com que a atuação da organização, inclusive nas suas relações com seus públicos de interesse, fundamente-se na legalidade, moralidade, ética e transparência.

No caso da Petrobras, além das medidas externas adotadas para a reparação dos danos causados à empresa, uma série de ações foram implementadas internamente, com o objetivo de aperfeiçoar o sistema de integridade corporativo, aprimorar a governança e os mecanismos de controle interno.

3.1 Reestruturação organizacional

A reformatação de um sistema de integridade corporativa pela Petrobras incluiu um processo de reestruturação organizacional, desenvolvido principalmente a partir do ano de 2014. Foi criada uma diretoria específica para cuidar das áreas de governança e conformidade. A Diretoria de Governança e Conformidade – DGC, criada ao final de 2014 (ocasião em que também era responsável pela área de riscos e, por isso, tinha a denominação de Diretoria de Governança, Riscos e Conformidade), assumiu, entre outros, o papel de conduzir a política de *compliance* da empresa, operando de modo a gerenciar os riscos de fraude e corrupção e a assegurar a conformidade dos processos.

O titular designado para comandar a DGC teve seu nome aprovado pelo Conselho de Administração, com base em lista tríplice definida por empresa especializada em seleção de executivos, a qual buscou no mercado profissionais com notório reconhecimento de competência na área. De modo a conferir a independência necessária para o cumprimento de suas funções, foi estabelecido mandato de 3 anos, permitida recondução, sendo que sua destituição somente pode ocorrer por deliberação do Conselho de Administração, com quórum que tenha o voto de pelo menos um dos membros eleitos pelos acionistas minoritários ou preferencialistas.

Além da criação da DGC, áreas já existentes com papel importante no campo da integridade tiveram seus processos aperfeiçoados, a exemplo da Auditoria Interna e da Ouvidoria Geral, ambas diretamente subordinadas ao Conselho de Administração. A Auditoria Interna enfatizou a realização de exames periódicos nas diversas áreas da companhia, com foco nos principais riscos identificados, avaliando as ações de gerenciamento desses ricos e a adequação dos controles internos. À Ouvidora Geral coube, entre outras tarefas, remodelar o tratamento das denúncias de fraude e corrupção, incluindo a gestão de um novo canal para o recebimento dessas denúncias, conforme detalhado adiante. Essas duas áreas também passaram a ser comandadas por profissionais selecionados por processo seletivo nos mesmos moldes já descritos para o Diretor de Governança e Conformidade, incluindo as regras concernentes ao mandato de 3 anos.

Essas alterações na estrutura organizacional da empresa tiveram como principais objetivos aprimorar o seu sistema de controles e ampliar a capacidade de detecção de irregularidades. Como resultado, foi aprimorado o sistema de integridade, por meio da criação ou da reformulação de unidades especializadas, as quais passaram a ser comandadas por profissionais com reconhecido conhecimento técnico e com prerrogativas que lhes permitem atuar com independência (determinada, principalmente, pelo instrumento do mandado e pela subordinação direta ao Conselho de Administração). Assim, é simples observar que tais medidas, ao ampliarem a estrutura de controle, se alinham com a literatura já abordada neste trabalho, notadamente a que enfoca questões institucionais como determinantes da corrupção e que estabelece a importância do aumento da *accountability* como medida capaz de reduzir sua incidência, a exemplo das obras de Klitgaard, Tanzi, Treisman, Jain e Mishra.

3.2 Aprimoramento da governança corporativa

A Petrobras também implementou uma série de medidas relacionadas ao aprimoramento de seu modelo de governança corporativa e de seu sistema interno de integridade. Essas ações foram desenvolvidas de modo a se priorizar decisões colegiadas e aumentar o nível de responsabilização dos gestores da companhia.

Uma das primeiras mudanças realizadas foi a reestruturação, a partir de 2015, do próprio Conselho de Administração, que passou a ser composto por conselheiros sem vínculos formais com o governo, e de seus cinco comitês a ele vinculados: Comitê de Auditoria Estatutário, Comitê de Assuntos Estratégicos, Comitê Financeiro, Comitê de Indicação, Remuneração e Sucessão e o Comitê de Segurança, Meio Ambiente e Saúde.

Cada um desses comitês é presidido por membro do Conselho de Administração e é composto por especialistas nas respectivas áreas (a única exceção é o Comitê de Auditoria Estatutário, formado apenas por membros do próprio conselho). A esses comitês cabe dar assessoramento técnico e contribuir para o processo de tomada de decisões do Conselho de Administração.

O Comitê de Auditoria Estatutário teve seu regimento reformulado e suas atribuições foram reforçadas, de modo a atender requisitos da Comissão de Valores Imobiliários (CVM) e da agência norte-americana *Securities and Exchange Commission* (SEC). Esse comitê, entre outras atribuições, é responsável por prestar assessoramento ao Conselho de Administração nos assuntos relativos às demonstrações financeiras da companhia e promover permanente interlocução com as unidades integrantes do sistema interno de integridade corporativa.

Além disso, também foram criados comitês técnicos estatutários, compostos por gerentes da companhia, e comitês executivos, com composição multidisciplinar e de natureza deliberativa ou consultiva, os quais têm a função de propor e analisar do ponto de vista técnico matérias submetidas à Diretoria Executiva da empresa.

Todas essas medidas aprimoraram o processo decisório da Petrobras. Mesmo sujeitos a determinados limites, gestores tinham poder de tomar decisões de grande impacto para a empresa. O modelo de decisão compartilhada e a atividade dos comitês alterou essa dinâmica. A limitação de decisões individuais em todos os níveis da empresa fez com que aspectos técnicos fossem ainda mais priorizados, riscos fossem ainda mais considerados e responsabilidades fossem compartilhadas. Tais iniciativas, portanto, promoveram um aumento do controle da discricionariedade à disposição dos dirigentes da empresa. E a discricionariedade, como já assinado neste trabalho, é apontada pela literatura como um dos fatores determinantes da corrupção.[41] Conforme bem salientado por Filgueiras e Aranha,[42] é o controle que assegura que a discricionariedade não resulte em corrupção e isso é essencial para construção da legitimidade no âmbito das organizações.

Outra medida de destaque foi a adoção de uma política de integridade nas nomeações para posições gerenciais. A partir dela, uma série de requisitos foi estabelecida para os ocupantes de cargos no Conselho de Administração, no Conselho Fiscal, na Diretoria Executiva e em seus comitês, em aderência com dispositivos previstos na Lei das Estatais (Lei n. 13.303), sancionada em 30.06.2016. Além disso, instituiu-se um procedimento de verificação das condições de integridade dos ocupantes de todas as funções gerenciais. Esse procedimento, similar a uma sindicância de vida pregressa e denominado de *Background Check* de Integridade (BCI), tem por objetivo avaliar o perfil e histórico funcional do empregado, assim como examinar registros da própria companhia ou situações externas a ela, que possam indicar possíveis incompatibilidades para a ocupação da função. É sabido que muitos dos grandes esquemas de corrupção no Brasil se utilizam de uma estrutura em que agentes políticos indicam pessoas de seu interesse para postos de comando nas organizações públicas, alguns deles técnicos de carreira, com o intuito de promover desvios e repassar parte da quantia desviada aos responsáveis pela indicação. Razoável pressupor, nessa conjuntura, a importância de

41. Klitgaard: *Controlling corruption*, p. 90; Kaufmann: *Foreign Policy*, 107, 1997, 114-131; Jain: *Journal of Economic Surveys*, v. 15, n. 1, 2001, 80-81.

42. Filgueiras; Aranha: *Dados*, 54, 2011, 349-387.

medidas como o BCI, como forma de *accountabilty*, controlando as indicações para funções gerenciais de profissionais que não apresentem condições, do ponto de vista da integridade, de ocupar o posto para os quais foram indicados.

3.3 O desenvolvimento de práticas de conformidade (compliance)

O sistema de conformidade foi desenhado de modo a se constituir na segunda linha de defesa da companhia. A primeira linha seria de competência dos próprios gestores, por meio de seus controles internos, e a terceira linha caberia à auditoria interna, responsável pelo controle "independente". Com base nesse modelo, a "função conformidade" (*compliance*) é a responsável por desenvolver e monitorar os controles da primeira linha de defesa, assessorando as diversas áreas da empresa na prevenção de atos contrários às normas e procedimentos.

Na Petrobras, a Gerência-Executiva de Conformidade, unidade vinculada à DGC assumiu a responsabilidade por tais atribuições, sendo responsável por planejar, orientar, coordenar e avaliar as ações de integridade e de prevenção à fraude, à corrupção e à lavagem de dinheiro.

Nas subseções seguintes serão detalhadas algumas das medidas de integridade adotadas pelo sistema de promoção da integridade desenvolvido pela Petrobras.

3.3.1 Os códigos de ética e de conduta, os treinamentos e divulgação sobre integridade e os agentes de *compliance*

Regras de conduta podem ser compreendidas como o conjunto de orientações de comportamento em situações da vida profissional. E, atualmente, seja no ambiente das empresas privadas, seja no ambiente público a criação de códigos de ética e guias de conduta tem sido uma prática recomendada justamente para permitir que se dê transparência aos princípios e condutas desejadas pela empresa. O caso das empresas estatais não é diferente e a própria a nova Lei das Estatais, sancionada em 2016, a Lei 13.303, assim como o decreto que a regulamentou, estabelecem, em uma série de dispositivos, a obrigatoriedade de elaboração de Códigos de Conduta e Integridade.

No caso da Petrobras, o código de ética da empresa existia desde 1998. Abrange todo o sistema Petrobras (a *holding* e mais as empresas controladas) e é um documento que define os princípios éticos que norteiam as ações da companhia e seus compromissos de conduta, tanto institucionais quanto por parte de seus empregados. Sofreu revisões em 2002 e 2005, essa última para atender às exigências da Lei Sarbanes-Oxley.[43] Já o Guia de Conduta, criado em novembro de 2014 e revisado em novembro de 2016, complementa o Código de Ética, com desdobramentos práticos, do dia a dia de trabalho. Com o objetivo de disseminar as ideias contidas em seu Código de Ética e em seu Guia de Conduta, a Petrobras diligenciou para que todos seus empregados conhecessem ambos, sendo utilizado um sistema eletrônico para o registro obrigatório de um termo de ciência de seu teor.

Outro ponto abrangente da política de integridade da Petrobras diz respeito aos treinamentos realizados sobre temas relacionados à prevenção e combate à corrupção. Utilizando-se ferramentas de educação presencial e à distância, temas de destaque foram ministrados não apenas a empregados próprios da Petrobras, mas também àqueles vinculados as empresas contratadas. Apenas exemplificando, uma capacitação em educação à distância criada e cedida pelo Pacto Global das Nações Unidas sobre corrupção contou com a participação de mais de 60 mil empregados. Além disso, cursos presenciais sobre prevenção à corrupção também foram oferecidos aos empregados mais expostos a riscos de integridade, a exemplo daqueles que atuam em áreas de contratação ou que têm poder decisório em projetos estratégicos para a companhia. Esses treinamentos também foram tornados obrigatórios a membros da Diretoria Executiva e, em alguns casos, do Conselho de Administração. Em 2016, 96% dos empregados da Petrobras (*holding*) e 86% dos empregados do grupo Petrobras (controladas) participaram de treinamentos relacionados a práticas de integridade, totalizando 63.923 pessoas treinadas.

Com o objetivo de registrar e disseminar as medidas de integridade interna desenvolvidas pela empresa, a Petrobras também

43. Lei federal norte-americana de 2002, que trata da criação de mecanismos de auditoria, segurança e controle nas empresas.

elaborou um plano de prevenção da corrupção. O Plano Petrobras de Prevenção da Corrupção (PPPC) reúne os principais conceitos e medidas adotados pelo programa de integridade. Dividido em 21 seções, o PPPC destina-se ao público interno e externo que se relaciona com a Petrobras (clientes, parceiros, fornecedores, poder público, investidores, empregados próprios e de empresas contratadas) e descreve detalhadamente as principais ações de prevenção, detecção e correção a atos de fraude corrupção e lavagem de dinheiro.[44] No PPPC, entre outros aspectos, estão descritas as principais legislações anticorrupção a que se sujeita à Petrobras; os sistemas disciplinar, de gestão da ética e de responsabilização de fornecedores; os mecanismos de investigação interna; a gestão de riscos de corrupção e lavagem de dinheiro; a política de relacionamento com terceiros; e, os procedimentos relativos a não aceitação de apoio e contribuição a partidos políticos. O PPPC foi elaborado para atender práticas de integridade utilizadas no mercado e também de modo a contemplar aspectos inerentes à legislação nacional e internacional anticorrupção, a exemplo da Lei n. 12.846/2013, do *Foreign Corrupt Practices Act* (FCPA)[45] e ao *UK Bribery Act.*[46]

Além dessas iniciativas e também com o intuito de disseminar e acompanhar as atividades de controle e conformidade, a Petrobras criou a figura dos agentes de *compliance.* São cerca de 180 profissionais (incluindo seus adjuntos) das diversas unidades da companhia designados para, no âmbito de sua atuação, contribuir para o desenvolvimento das ações de *compliance*, notadamente aquelas relacionadas à prevenção de fraudes, corrupção e lavagem de dinheiro. As atribuições dos agentes de *compliance* incluem a divulgação de programas e materiais relacionados à conformidade, à identificação de riscos e de irregularidades em sua área, ao monitoramento das fragilidades identificadas em relatórios de apuração interna e à orientação sobre o uso do canal de denúncia e sobre as normas de integridade da companhia.

É razoável pressupor que a ampla disseminação e a valorização de princípios éticos e regras de conduta a todo conjunto da força

44. Petrobras: *Programa Petrobras de Prevenção da Corrupção.*

45. Lei federal norte-americana de 1977, que trata da corrupção transnacional.

46. Lei britânica de 2010, que trata do combate e prevenção à corrupção.

de trabalho possa ter como resultado a criação de um ambiente de menor tolerância a desvios, inclusive os considerados de pequeno impacto. Como já visto, parte da literatura, que se concentra mais na análise da corrupção sob o ponto de vista da psicologia comportamental (como é o caso da seminal avaliação de Donald Cressey[47] e das recentes pesquisas de Dan Ariely[48]), defende que a prática ilícita, entre outros fatores, está intimamente ligada a um processo de racionalização por parte do agente, que busca razões para justificar seu ato. E um dos argumentos frequentemente utilizados por esses agentes está em concluir que muitos outros fariam práticas similares se tivessem as mesmas oportunidades. Diante dessa avaliação, é fácil perceber que um ambiente de baixa tolerância a práticas indevidas, as possibilidades de racionalização ficariam, em muito, reduzidas. E esse processo de mudança cultural pode não se limitar à redução da pequena corrupção, mas se estender inclusive aos grandes desvios. Além disso, também parece óbvio que, em um ambiente que valoriza a ética e a integridade, as pessoas se sintam mais confortáveis para reportar atos de corrupção por elas identificados.

3.3.2 *Due Diligence* de Integridade (DDI)

A fim de aprimorar seu processo de contratação de terceiros, a Petrobras criou mecanismo de levantamento de informações relacionadas à reputação, à idoneidade e à transparência de seus fornecedores e prestadores de serviços. Esse procedimento, que recebeu a denominação de *Due Diligence* de Integridade (DDI), avalia o grau de risco, notadamente quanto à possibilidade de fraude, corrupção e lavagem de dinheiro, das empresas que se inscrevem no cadastro da Petrobras com o intuito de participar de processos de seleção e contratação. Com base no DDI, a Petrobras avalia o Grau de Risco de Integridade de cada fornecedor (GRI), índice calculado por meio da ponderação de diversos fatores de risco e dividido em três níveis: baixo, médio e alto.

O DDI foi concebido em várias etapas, sendo que a realização ou não de cada uma delas é definida de acordo com os riscos identificados. Essas etapas basicamente são as seguintes:

47. Cressey: *Other People's Money*, 1-300.
48. Ariely; Gino: *Dishonesty explained*, 322-344.

a) Inicialmente, no momento da inscrição, reclassificação ou renovação do cadastro junto à Petrobras, o fornecedor é obrigado a responder um questionário de integridade, no qual se busca obter informações sobre: seu perfil; a existência de eventuais relacionamentos, incluindo por parte de seus administradores, com o setor público; seu histórico e reputação; a consistência de seu programa corporativo de integridade; e, por fim, suas relações com intermediários. Ressalte-se que, em determinadas situações, documentação comprobatória das situações declaradas pode ser solicitada;

b) Com base no conteúdo das respostas a esse primeiro questionário, avalia-se a necessidade de preenchimento pelo fornecedor de questionário de integridade complementar, sendo que, caso se considere esse último desnecessário, o fornecedor é avaliado na categoria GRI baixo (estão excetuados dessa regra determinados segmentos de contratação, considerados de maior risco, para os quais o questionário de integridade complementar é sempre obrigatório);

c) Além dos questionários, também são utilizadas ferramentas de pesquisa em bancos de dados externos e internos, é verificado o histórico do fornecedor na Petrobras, a ocorrência de sanções por ele recebidas, entre outros aspectos. Em casos considerados de maior risco, diligências também podem ser feitas, a fim de se buscar informações mais detalhadas ou se averiguar situações específicas.

Concluída a fase de levantamento das informações e a avaliação do risco, o GRI é registrado no cadastro da Petrobras e o resultado informado ao fornecedor. Aqueles classificados com GRI alto ficam impedidos de participar de processos de seleção para contratação, excetuando-se situações de inviabilidade de competição, nas quais é obrigatória justificativa formal da área responsável e comunicação expressa à área de conformidade. Do mesmo modo, a cada aditivo contratual, o GRI do contratado deve ser verificado e, se considerado alto, além de se notificar a área de conformidade, inicia-se negociação para a incorporação de dispositivo no contrato que obrigue a adoção de medidas de integridade. Fornecedores com GRI alto somente podem pedir uma reavaliação dessa classificação, decorridos seis meses do processo anterior.

No ano de 2015, quando o DDI passou a ser executado (a partir do mês de agosto), mais de 1.500 fornecedores foram examinados e seu GRI classificado nos graus alto, médio ou baixo pela Petrobras. Já em 2016, exatamente 9.532 fornecedores submeteram-se ao mesmo procedimento.

Com o desenvolvimento sistemático do DDI, a empresa passou a ter melhores condições de identificar os riscos envolvidos em suas contratações. E essa medida obrigou aos fornecedores da empresa a também desenvolverem seus sistemas internos de integridade. Com efeito, além do óbvio potencial para produzir mudanças de ordem cultural, foi estabelecido um maior grau de *accountability* no que concerne ao processo de contratação, medida que, como já exaustivamente apontado, é descrita pela literatura como capaz de reduzir a corrupção.

3.4 O canal de denúncia

Uma das medidas de maior impacto na reformulação do sistema de integridade corporativa da Petrobras foi a criação de um canal de denúncias independente, administrado por uma empresa externa. Essa opção teve como principal objetivo proporcionar confidencialidade ao denunciante, sigilo e integridade das informações e rastreabilidade do processo e tratamento da totalidade das denúncias recebidas.

O novo canal de denúncia iniciou seu funcionamento em novembro de 2015, sendo aberto aos públicos interno e externo da Petrobras. O canal anterior limitava-se a receber denúncias relacionadas a questões contábeis, financeiras, controles internos e auditorias (Lei Sarbanes-Oxley) e era restrito ao público interno. Esse novo canal, além de funcionar vinte e quatro horas por dia, possibilita atendimento em três línguas (português, inglês e espanhol) e tem por objetivo receber denúncias de fraude, corrupção, lavagem de dinheiro e irregularidades, além das relativas a questões comportamentais, como casos de violência física ou psicológica, discriminação, entre outras.

Recebida a denúncia de fraude e corrupção pelo canal externo, seu tratamento é conduzido pela Ouvidoria-Geral da Petrobras, que faz uma triagem inicial, classifica a denúncia e a distribui à DGC, área responsável pela sua apuração. Posteriormente, recebe o resultado das apurações, avalia se todos os pontos relatados na denúncia foram contemplados e envia resultado, quanto a sua procedência ou não, ao denunciante.

A classificação das denúncias com base em uma matriz de riscos foi desenvolvida pela Ouvidoria-Geral com o objetivo de identificar os relatos que apresentariam maior potencial de prejudicar o alcance dos objetivos estratégicos da empresa. Essa matriz considera, entre outros aspectos, a materialidade (valores envolvidos), os níveis hierárquicos dos denunciados e o potencial da denúncia para, se confirmada, causar danos à imagem da companhia. Com base nesses critérios, a denúncia pode ser classificada em quatro categorias: denúncias de muito alto risco, de alto risco, de médio risco e de baixo risco. Feita a classificação, foram definidos procedimentos distintos para o acompanhamento e apuração das denúncias consideradas com elevado grau de risco, de modo a garantir que os relatos de fatos em tese considerados mais graves pudessem ter um acompanhamento diferenciado.

Como bem lembra Treisman,[49] o agente propenso à prática da corrupção faz uma avaliação de seus benefícios e custos, e o maior desses custos é a possibilidade de ser pego e punido. A literatura também aponta que um adequado sistema de identificação de ilícitos e de responsabilização tem potencial para reduzir a prática da corrupção.[50] Assim, quanto maiores as possibilidades de detecção do ato ilícito, é possível pressupor que menos atraente será a prática da corrupção. E as denúncias são uma das principais fontes para detecção de irregularidades. É o que se pode depreender, por exemplo, a partir de pesquisa realizada em 2016, pela *Association of Certified Fraud Examinors*,[51] que apontou que 39,1% das fraudes em organizações foram inicialmente detectadas por meio de denúncias, dado esse que ratifica a importância da medida adotada pela Petrobras, ao instituir um canal exclusivo para recebimento de tais demandas.

4. Considerações finais

A corrupção é um fenômeno global que atinge as democracias contemporâneas. A implementação de medidas de integridade

49. Treisman: *Journal of Public Economics*, 76, 3, 2000, 402.
50. Tanzi: *IMF Staff* Papers, 45, 4, 1998, 19.
51. ACFE: *Report to the Nations on Occupational Fraud and Abuse*.

ou aprimoramento daquelas já existentes, seja no setor púbico ou privado, demonstra-se cada vez mais necessária, de modo que se tenha condições de prevenir e detectar eventuais fraudes e desvios e, assim, proteger os ativos e a imagem das organizações.

As iniciativas adotadas pela Petrobras no aperfeiçoamento de seu sistema de integridade corporativa permitem observar que tais medidas foram concebidas de modo a enfocar as três dimensões apontadas por boa parte da literatura como determinantes para a corrupção: individual (comportamental), cultural e institucional.

As questões comportamentais e culturais inserem-se no âmbito de uma série de ações que estabeleceram, entre outros aspectos, ampla disseminação de práticas éticas junto aos públicos de interesse que se relacionam com a companhia. A título de exemplo, mais do que documentos meramente formais (como comumente ocorre em várias organizações), a incisiva política de treinamento e disseminação sobre o teor do código de ética e do guia de conduta, que abrangeu praticamente toda a força de trabalho e incluiu os empregados contratados (terceirizados), evidencia o esforço de se promover uma mudança cultural e comportamental daqueles que atuam em nome da empresa ou que se relacionam diretamente com ela. Do mesmo modo, a elaboração e divulgação do Plano Petrobras de Prevenção da Corrupção (PPPC) deu publicidade às medidas concebidas para fomentar a cultura de integridade.

Além disso, a disponibilização de um canal de denúncia independente que permitiu a qualquer pessoa, interna ou externamente, reportar, inclusive de forma anônima, eventuais desvios de conduta, tem o potencial para contribuir para o fomento de uma cultura de integridade, dando-se meios de identificar-se e, se for caso, coibir tais práticas.

Do mesmo modo, no que diz respeito à dimensão institucional, inúmeras foram as regras adotadas para assegurar a conformidade nos negócios efetuados pela empresa.

No campo da estrutura organizacional, áreas foram criadas e outras reformuladas de modo a ter uma atuação mais incisiva na prevenção e combate à corrupção ativa. Titulares das unidades de maior destaque no sistema de integridade corporativo criado pela Petrobras foram selecionados no mercado e a eles foi estabelecido instrumento do mandato, com prazo fixado (3 anos), de modo a conferir-lhes a devida independência e isenção.

No mesmo sentido, iniciativas relacionadas à governança corporativa trouxeram um maior controle sobre o processo decisório, restringindo eventuais espaços de discricionariedade dos gestores e criando mecanismos de monitoramento e responsabilização. Inserem-se nesse contexto, não apenas a criação de diversos comitês, que passaram a se posicionar sobre assuntos de ordem técnica, mas também a adoção de decisões colegiadas e o aumento do nível de responsabilização dos gestores da companhia.

Além disso, verificação prévia de requisitos de integridade, não somente nas nomeações dos ocupantes de funções gerenciais, mas também nos potenciais fornecedores da companhia, estabeleceu uma nova forma de a Petrobras se relacionar com o mercado, deixando clara sua política de considerar relevantes aspectos relacionados à reputação, idoneidade e transparência de seus colaboradores, fornecedores e prestadores de serviços.

A efetividade de todas essas medidas no ambiente dos negócios e sua real capacidade de prevenir a corrupção ativa somente poderá ser mensurada ao longo do tempo. Como exaustivamente mencionado neste trabalho, a corrupção é um fenômeno multifacetado e multicausal e, por isso, de difícil prevenção e controle. Cada vez mais, estratégias complexas são e serão utilizadas para dificultar a detecção da prática da corrupção e da lavagem do dinheiro obtido ilegalmente, o que torna necessário que as organizações tenham a permanente capacidade de adaptação de seus sistemas de controle a esse novo contexto. O que se demonstrou neste estudo é que as várias iniciativas adotadas pela Petrobras no aprimoramento do seu sistema de integridade enfocaram múltiplas dimensões e incluíram ações relacionadas ao comportamento individual dos agentes, a aspectos da cultura organizacional da empresa e, ainda, a seu fortalecimento institucional, estando, portanto, alinhadas com as mais diversas correntes da literatura que se propôs a estudar a corrupção e suas causas.

Bibliografia

ACFE – Association of Certified Fraud Examiners: *Managing the Business Risk of Fraud: A Practical Guide;*<https://www.acfe.com/uplo-

adedfiles/acfe_website/content/documents/ managing-business-risk.pdf> 09.03.2018.

ACFE – Association of Certified Fraud Examiners: *Report to the Nations on Occupational Fraud and Abuse*; <http://www.acfe.com/rttn2016/detection.aspx>, 31.01.2018.

ALFARO, Luis Miguel Reyna: "Implementación de Los *Compliance* Programs y sus Efectos de Exclusión o Atenuación de Responsabilidad Penal de Los Sujetos Obligados", em Kai Ambos; Dino Carlos Caro Coria; Ezequiel Malarino (org.), *Lavado de Activos y Compliance – Perspectiva Internacional y Derecho Comparado*, Lima-Peru, Jurista Editores, 2015, 449-485.

ARIELY, Dan; GINO, Francesca: "Dishonesty explained: what leads moral people to act immorally", em A.G. Miller, *The Social Psychology of Good and Evil*, New York: The Guilford Press, 2016, 322–344.

BLOCK, Marcela: *Compliance e governança corporativa*, Rio de Janeiro: Freitas Bastos, 2017.

BOBBIO, Norberto; MATTEUCCI, Nicola; PASQUINO, Gianfranco: *Dicionário de política*, 11. ed. Brasília, DF: Editora UnB, 1998.

BRASIL: "Pesquisa nacional sobre perfil e opinião da juventude brasileira", em *IPEA*, <http://www.ipea.gov.br/participacao/images/pdfs/participacao/pesquisa%20perfil%20da%20juventude%20snj.pdf> (23-05-2017).

CLAD – Centro Latinoamericano de Administración Para El Desarrollo: *La responsabilización en la nueva gestión pública latinoamericana*, Buenos Aires: Eudeba, 2000.

CRESSEY, Donald Ray: *Other people's money: a study in the social psychology of embezzlement*, Glencoe, IL, The Free Press, 1953.

DI PIETRO, Maria Sylvia Zanella: *Direito Administrativo*, 26. ed., São Paulo: Atlas, 2013.

FILGUEIRAS, Fernando: "Marcos teóricos da corrupção", em Leonardo Avritzer; Newton Bignotto; Juarez Guimarães; Heloisa Maria Murgel Starling, *Corrupção: ensaios e críticas*, Belo Horizonte: Editora UFMG, 2008, 353-361.

FILGUEIRAS, Fernando: "A tolerância à corrupção do Brasil: uma antinomia entre normas morais e prática social", em *Opinião Pública*, Campinas, v. 15, n. 2, 2009, 386-421.

Filgueiras, Fernando – Aranha, Ana Luiza Melo: "Controle da corrupção e burocracia da linha de frente: regras, discricionariedade e reformas no Brasil", em *Dados*, Rio de Janeiro, v. 54, 2011, 349-387.

Holmes, Leslie: *Corruption: a very short introduction*, New York: Oxford Univ. Press, 2015.

Instituto Ibope Inteligência: "Corrupção é o principal problema mundial aponta pesquisa", em *Ibope Inteligência,*<http://www.ibopeinteligencia.com/noticias-e-pesquisas/corrupcao-e-o-principal-problema-mundial-aponta-pesquisa/> (31.01.2018).

Jain, Arvind: "Corruption: a review", em *Journal of Economic Surveys*, Oxford, v. 15, n. 1, 2001, pp. 71-121.

Kaufmann, Daniel: "Corruption: the facts", em *Foreign Policy*, n. 107, 1997, 114-131.

Klitgaard, Robert: *A Corrupção sob Controle*, Rio de Janeiro, Jorge Zahar Editor, 1994.

Lambsdorff, Johann Graf: *Consequences and causes of corruption: What do we know from a cross-section of countries?* Passau, Germany: University of Passau, 2005, 1-35.

Mendes, Paulo de Sousa: "Law Enforcement & Compliance", em Maria Fernanda Palma; Augusto Silva Dias; Paulo de Sousa Mendes (Coord.). *Estudos sobre Law Enforcement, Compliance e Direito Penal*. Coimbra, Portugal: Almedina, 2018.

Mishra, Ajit: "Corruption, hierarchies and bureaucratic structure", em Susan Rose-Ackerman (Ed.). *International Handbook on the Economics of Corruption.* Cheltenham, UK, Edward Elgar Publishing Limited, 2006, 189-215.

Petrobras: *Programa Petrobras de Prevenção da Corrupção*, Rio de Janeiro, 2016.

Pires, Antônio Cecílio Moreira: *Manual de direito administrativo*, São Paulo: Ed. Atlas, 2013.

Rose-Ackerman, Susan: *Corruption and government: causes, consequences and reform*. New York: Cambridge University Press, 1999.

Tanzi, Vito: "Corruption around the world: causes, consequences, scope and cures", em *IMF Staff* Papers, Washington, D.C., v. 45, n. 4, 1998, 1-39.

Treisman, Daniel: "The causes of corruption: across-national study", em *Journal of Public Economics*, 76, 3, June, 2000, 399-457.

Wolfe, David; Hermanson, Dana: "The fraud diamond: considering the four elements of fraud" em *The CPA Journal*, New York, 2004, 38-42.

Referências Legislativas

Brasil: "Lei n. 13.303, de 30 de junho de 2016. Dispõe sobre o estatuto jurídico da empresa pública, da sociedade de economia mista e de suas subsidiárias, no âmbito da União, dos Estados, do Distrito Federal e dos Municípios". *Diário Oficial da União*, Brasília, (01.07.2016).

AUTORES

Fábio Ramazzini Bechara

Doutor em Direito Processual Penal pela Universidade de São Paulo (USP). Mestre em Direito Processual Penal pela Pontifícia Universidade Católica de São Paulo (PUC/SP). Global Fellow no Woodrow Wilson International Center for Scholars em Washington. Membro do Grupo de Análise de Conjuntura Internacional da USP – GACINT. Professor dos Programas de pós-graduação e graduação da Universidade Presbiteriana Mackenzie. Promotor de Justiça em São Paulo.

Gianpaolo Poggio Smanio

Doutor e Mestre em Direito das Relações Sociais pela Pontifícia Universidade Católica de São Paulo (PUC/SP). Coordenador e Professor do Programa de Pós-graduação em Direito Politico e Econômico da Universidade Presbiteriana Mackenzie. Procurador-Geral de Justiça do Estado de São Paulo.

Helena Regina Lobo da Costa

Mestre, Doutora e Livre-docente em Direito Penal pela Faculdade de Direito da Universidade de São Paulo (USP). Professora Associada nos cursos de graduação e de pós-graduação da Faculdade de Direito da Universidade de São Paulo (USP). Advogada.

Kai Ambos

Professor Catedrático de direito penal, direito processual penal, direito comparado e direito penal internacional na Faculdade de Direito da Universidade Georg-August-Universität Göttingen (Alemanha). Diretor Geral do Centro de Estudos em Direito Penal e Processo Penal Latino-Americano (CEDPAL) da Universidade de Göttingen, Juiz do Tribunal (Landgericht) de Göttingen, Alemanha (atualmente em licença). Juiz do Tribunal Especial para o Kosovo (Kosovo Specialist Chambers), Haia, Países Baixos. Amicus Curiae do Tribunal para a Paz da Jurisdição Especial pela Paz, Bogotá, Colômbia.

Marcos Paulo Veríssimo

Professor Doutor de Direito do Estado da Faculdade de Direito da Universidade de São Paulo (USP). Mestre e Doutor em Direito pela Faculdade de Direito da Universidade de São Paulo (USP). Pesquisador visitante na Faculdade de Direito da Universidade de Yale (EUA-2005). Foi chefe do Gabinete da Presidência do BNDES entre 2009 e 2013 e Conselheiro do CADE entre 2011 e 2013.

Marcos Zilli

Professor Doutor de Direito Processual Penal nos cursos de graduação e de pós-graduação da Faculdade de Direito da Universidade de São Paulo (USP). Mestre e Doutor em Direito Processual Penal pela Faculdade de Direito da Universidade de São Paulo (USP). Membro do Grupo Latino-americano de estudos de Direito Penal Internacional promovido pela Fundação Konrad Adenauer. Coordenador do Conselho Editorial da Revista Fórum de Ciências Criminais. Juiz de Direito.

Mario Spinelli

Ouvidor-Geral da Petrobras. Doutor em Administração Pública e Governo pela Fundação Getúlio Vargas-SP e Mestre em Administração Pública pela Fundação João Pinheiro-MG. Professor do curso de Pós-graduação em Controle, Detecção e Repressão a Desvio de Recursos Públicos pela Universidade Federal de Lavras/Esaf, do Curso de Especialização em Compliance pelo CPEC/Universidad Castilla La Mancha e do Curso de Extensão em Compliance pela Pontifícia Universidade Católica do Rio de Janeiro.

Marta Saad

Professora Doutora de Direito Processual Penal nos cursos de graduação e de pós-graduação da Faculdade de Direito da Universidade de São Paulo (USP). Mestre e Doutora em Direito Processual Penal pela Faculdade de Direito da Universidade de São Paulo (USP). Advogada.

Paulo Adib Casseb

Doutor e Mestre em Direito pela Faculdade de Direito da USP. Professor Titular de Direito Constitucional da Faculdade de Direito da FMU. Professor de Direito Constitucional da Faculdade de Direito do Instituto de Direito Público de São Paulo – IDP. Juiz do Tribunal de Justiça Militar do Estado de São Paulo, no qual ocupou os cargos de Corregedor-Geral da Justiça Militar (2012/2013) e Presidente do Tribunal (2014/2015).

Paulo de Sousa Mendes

Professor Associado da Faculdade de Direito da Universidade de Lisboa (FDUL). Professor Coordenador dos Estudos Pós-Graduados da FDUL. 2.º Vice-Diretor do Centro de Investigação em Direito Penal e Ciências Criminais (CIDPCC) da FDUL. Membro do Conselho Científico do Centro de Estudos de Direito Penal e Processual Penal Latino-americano (CEDPAL) da Georg-August-Universität Göttingen.

Tiago Essado

Doutor em Direito Processual Penal pela Universidade de São Paulo (USP). Mestre em Direito Público pela Universidade de Franca (Unifran) (Universidade de Franca). Professor da Escola Superior do Ministério Público de São Paulo. Autor da obra *A perda de bens e o novo paradigma para o processo penal brasileiro* (Lumen Juris). Promotor de Justiça.